名师名校名校长

凝聚名师共识
回应名师关怀
打造名师品牌
培育名师群体

张志勇题

健康生活视角下的高中生物核心素养培育

JIANKANG SHENGHUO SHIJIAO XIA DE
GAOZHONG SHENGWU HEXIN SUYANG PEIYU

邹艳 / 主编

东北师范大学出版社

长 春

图书在版编目（CIP）数据

健康生活视角下的高中生物核心素养培育/邹艳主编.— 长春：东北师范大学出版社，2022.1
ISBN 978-7-5681-8647-6

Ⅰ.①健⋯ Ⅱ.①邹⋯ Ⅲ.①生物课—教学研究—高中 Ⅳ.①G633.912

中国版本图书馆CIP数据核字（2022）第008792号

□责任编辑：石　斌　　　　□封面设计：言之凿
□责任校对：刘彦妮　张小娅　□责任印制：许　冰

东北师范大学出版社出版发行
长春净月经济开发区金宝街 118 号（邮政编码：130117）
电话：0431-84568023
网址：http://www.nenup.com
北京言之凿文化发展有限公司设计部制版
北京政采印刷服务有限公司印装
北京市中关村科技园区通州园金桥科技产业基地环科中路 17 号（邮编：101102）
2022年1月第1版　2022年7月第1次印刷
幅面尺寸：170mm×240mm　印张：17　字数：263千

定价：45.00元

编　委　会

前 言
FOREWORD

　　笔者从事生物教学工作三十多年，一直希望学生在学习生物这门课程时能真正学以致用，比如从了解自身入手，关注健康，关爱生命，成为德智体美劳全面发展的社会主义接班人。本书在高中生物学的基础上拓展有关人体健康方面的知识，可作为生物新课程标准要求中的选修课程，为高中生提供"健康生活"校本教材读本，培养学生健康生活的社会责任感，满足一部分师生从事科学研究的需求。

　　本书选取与高中生物课本有关联的健康知识与技能，依循教学安排顺序编排，方便学生在学习不同阶段都能结合课本知识拓展健康知识，内容涵盖必修一：组成人体细胞的元素、化合物的种类与缺乏症，营养物质的摄入与搭配，细胞的衰老、凋亡与自噬；必修二：基因突变与癌症，单基因遗传病，多基因遗传病，染色体异常遗传病，遗传病的检测、预防与治疗；选择性必修一：内环境生化检测及稳态失调病，参与物质交换的消化、呼吸、循环、泌尿系统结构及相关疾病，参与稳态调节的神经系统、内分泌系统、免疫系统结构及相关疾病，还包含免疫学应用、传染病预防等模块。

　　本书的每个章节依据内容要求分别设立了了解人体基础知识的"基本知识"、锻炼学生思维能力的"科学思维"、基于真实情境创设的培养实验探究能力的"科学探究"、针对疾病预防治疗检测等方面的"社会责任"、了解现代社会新成果并拓展学生新视野的"兴趣链接"这些板块，紧密联系实际，全面培养生物学科核心素养，立足改善公民个体的健康状况，进而促进整个社会的健康发展。

　　因为有邹艳名教师工作室成员的大力支持，有陈琳老师的漫画制作，有笔者的父亲邹华恩贡献出自己多年的从医心得，在医学专业知识方面给予的指导，还有各方面人士的大力支持，本书才得以顺利完成，在此一并表示感谢。现摘录各位成员（按姓氏笔画排序）编写本书的一些感想供读者做一些了解。

　　王云灵本人与邹艳老师一起编写了本书的第三章其中两节。"基因突变与癌症"着重介绍了人类常见的癌症症状及目前的治疗方案。癌症会给人类带来身体和心理的痛苦，但是，在医学越来越发达的今天，科学家们逐渐运用多种新型治疗方案，如免疫疗法、基因疗法等攻克癌症，给人类带来了希望。为了拓展读者视野，增加文章的趣味性，本节设置了"熬夜也会致癌""癌症性格"等内容。"遗传病的检测、预防和治疗"部分着重介绍了遗传病的预防措施，其中基因检测和治疗、基因编辑、试管婴儿等技术在预防及治疗遗传病方面有很大的潜力，本节也设置了"基因身份证""精子也要比'颜值'"等趣味内容提高阅读兴趣。

王迪本人与邹艳老师一起编写了本书的第二、九章。本部分内容灵感来源于"生物谷""科研圈"等公众号，为使编写内容更具科学性，笔者参考了《科学发现者》以及大学的相关教材等。然而，当笔者把初稿交给几名高中生阅读时，他们给予的反馈是：内容太学术了！这导致他们没有兴趣继续阅读。于是，在邹艳老师的帮助下，本部分内容以读者的阅读兴趣作为出发点，用科学又不失幽默的语言，将一些前沿的生物学研究成果与生活中的实例联系起来。例如，第九章中对于"帕金森病"等疾病的描述，第二章每小节后的"科学探究"中思考的问题等。读者阅读本部分内容后能科学解释生活中实例，对该部分知识做进一步探究，从而增强对高中生物教材的理解与学习，还能养成健康的生活习惯。

刘甜静本人与邹艳老师一起编写了本书的第八章。本章主要介绍了泌尿系统的结构及功能，然后针对比较典型的疾病进行了说明。其实泌尿系统相关疾病都是长久肾脏病变积累的结果，平时若能注重健康生活方式和定期体检等，这些疾病并没有想象中的那么可怕。此外，很多科研工作者都将研究重点聚焦在具体药物对肾脏疾病和其他复合疾病如糖尿病等的综合治疗上，专业性较强，因此笔者主要选取了再生肾、尿毒症呈现年轻化的趋势等热点，通过"科学探究"和"社会责任"栏目的设置，使同学们体会到科学研究并非易事，需要综合多种能力甚至一些运气，而各种能力的积累都源于平时的良好学习态度和学习品质。

李语嫣本人与邹艳老师一起编写了本书的第七章。这一板块内容与高中生物课本选择性必修一联系紧密。在认真阅读初高中课本、《实用内科学》、高中生物学中的医学常识读本等参考书籍后，笔者发现课本对于一部分高中生来说知识有限，而另外两部书籍则在表达方式的趣味性和最新研究成果上稍有缺乏。因此，本章借鉴了疾病科普动画《深读视频》中一些独具特色、通俗易懂的表达方式，增加了公众号"生物谷"中一些前沿的研究成果。希望读者阅读本章后不仅能拓宽自己的知识面，还能在日常生活中做好家庭的健康小卫士。

李智华本人与邹艳老师一起编写了本书的第一章其中两节。通过教材，我们知道了构成细胞的各种化合物的作用。"化合物缺乏带来的影响"使我们以不同视角去审视这些化合物在人体中的作用。"水中毒""糖的妙用"等，带领各位重新认识这些常见化合物，应了一句老生常谈：不是越多越好，适合才是最好。"营养物质的摄入和搭配"让大家"吃得好，睡得香，打败失眠，战胜肥胖"。各位正在长身体的同学不妨走进这里的世界，试试做一次自己的营养搭配师，让自己身体棒棒，每天精神倍爽！

吴秋丽本人与邹艳老师一起编写了本书的第四章。该章结合内环境及稳态的基础知识对空调病、中暑、水中毒、乙肝病毒检测、血常规检测、尿液常规检测等日常生活会接触到或者听到的问题用通俗易懂的语言进行拓展，以扩大学生的学习视野，提高学生应用生物学知识分析并解决生活实际问题的能力；也有助于引导学生关注个人健康，学会并宣传科学健康的生活方式。

陈培莹本人与邹艳老师一起编写了本书的第三章其中三节。本部分与人教版高中生物学必修二基因突变、染色体变异、人类遗传病等相关章节的内容紧密联系。为了让内容更加生动形象、直观易懂，笔者在编写本部分过程中参考了大量文献研究，保证内容科学性的同时，尝试引用一些"趣味科学小故事""科普小常识"，提高读者对生物这门学科的兴趣。本部分提到色盲症、白化病、唐氏综合征等相关遗传病的发病机理、治疗方式以及预防措施，有利于提高读者对人类遗传病的认识，促使他们今后能够运用所学的健康知识来指导优生优育，创建更加幸福美好的家庭。

范文欣本人与邹艳老师一起编写了本书的第十一章。本章对部分常见的疾病种类，如艾滋病、类风湿关节炎、系统性红斑狼疮、过敏反应等结合免疫系统的基本结构功能进行了健康常识的讲解，免疫学应用也紧密联系了当下所发生的新冠疫情，以增强实效性。为了避免内容晦涩难懂，增强读本的普及性和吸引力，本章增加了许多读者喜闻乐见的内容。如"兴趣链接"中的一些热门话题、科学历史、生活常识等，以及"社会责任"中相关科学的最新进展和研究。除了较专业的文本内容阅读外，为了提升读者的思考力度和探究欲望，本书还设置了"科学思维"和"科学探究"栏目，让读者尝试从医护人员的角度去进行科学操作。希望通过本章的学习，读者能更多关注健康常识，能运用免疫等相关知识为自己、为他人的健康"把脉"。

林丽莎本人与邹艳老师一起编写了本书的第六章。该部分结合高中生物教材选择性必修一第一章进行拓展，选择呼吸系统疾病，如常见的流行性感冒、肺炎链球菌肺炎、禽流感病毒性肺炎、烟草导致的肺炎、肺结核以及新冠病毒肺炎进行知识科普，帮助学生形成健康的观念，养成良好的生活习惯。为了满足学生的"求知欲"，本章通过增加"科学思维"和"科学探究"栏目，让读者学以致用，尝试用学过的知识来分析出现健康问题可能的原因，在探究过程中认识到科学数据采集的复杂性、科学性以及严谨性。

黄伟坚本人与邹艳老师一起编写了本书的第五章。本书主要面向的是高中学生，所以笔者一直在思考：怎么把很专业的术语转化成中学生有兴趣，而且能够读懂的内容。笔者先把消化系统有关内容的书籍查阅一遍，再请教了南方珠江医院消化内科的主任医师，并查阅了大量百度百科的相关内容等。初稿出来后，先给高一的学生阅读，从学生角度反馈问题；同时给主编邹老师审阅，从专业角度反馈问题，再进行修正。在这个过程中，笔者感受到编书的核心在于平时要做一位有心的教师，注重平时教学反思和教学素材的积累，协调好工作、生活、编书之间的时间和精力分配，培养持之以恒的精神。另外，校本课程的内容要符合学生的认知水平。

植智聪本人与邹艳老师一起编写了本书的第十章。本章结合高中生物课本选择性必修一来进行拓展。在平时的教学过程中，学生对课本的知识和实际应用往往较难联系起来。本章通过对相关疾病的介绍，可以拓宽学生的知识面，让学生在学习了课本知识的基础上更深入地了解相关疾病；同时通过"科学探究"和"科学思维"栏目引导学生进一步思考，锻炼学生的思维和探究能力，通过"社会责任"栏目让学生了解相关疾病的预防和治疗等方面的知识，规范自身的行为，养成良好的生活习惯。

黎庆敏本人与邹艳老师一起编写了本书的第一章第一节。妈妈的爱心"补钙"骨头汤、药店里"补锌"的保健品、博主推荐的"补铁"食品，是"智商税"还是真有用？元素的确影响生长发育，还和多种常见疾病有着密切的关系，包括消化性溃疡、糖尿病、近视、精神疾病等。身体中元素的含量如何实现稳态？随着年龄增长会有变化吗？从元素的角度，怎么解释调整饮食结构对疾病防治有积极作用呢？

本章节联系高中生物教材必修内容"物质跨膜运输的方式"、选择性必修内容"动物和人体生命活动的调节"，介绍疾病的研究和治疗技术，从元素出发，展现物质、结构、功能之间的关系。我们一起来探索元素和健康的奥秘，成为精明的消费者和家庭中的"保健小医生"吧。

　　陈琳本人收到邹老师的邀请时，还是在读研究生，能够参与这次书本插图的绘制，与各位教学经验丰富的生物学教师一起交流学习，我内心澎湃。我始终相信，生动形象的漫画插图，不仅能够满足读者的读图需求，还能帮助读者理解生物学概念和生物学过程，除此以外还能给予读者美的享受。漫画，也许可以给生物学带来一些小乐趣，一些小惊喜，抑或一些小回味。今后我在漫画生物学教学的路上还会继续努力！

目 录
CONTENTS

第五章　人体对物质和能的获取——消化系统

第六章　人体的气体交换——呼吸系统

第七章　人体的物质运输——循环系统

第八章　人体的排泄——泌尿系统

第九章　人体的神经调节——神经系统

第十章　人体的体液调节——内分泌系统

第十一章 人体的防御——免疫系统

细胞是人体最基本的结构和生命活动的基本单位，是机体完成所有生命活动的基础。细胞由多种多样的分子组成，包括水、无机盐、糖类、脂质、蛋白质和核酸等。我们就从细胞开始，来了解一下组成细胞的元素和化合物对人体健康的影响。

第一章

人体细胞的化学组成

我们的细胞中元素种类非常多，根据含量分为大量元素和微量元素。这些元素形成化合物或直接以离子的形式存在于细胞中，担负着组成细胞结构成分、调节代谢活动、维持细胞正常形态和生理功能等重要责任。

组成细胞的元素和化合物的来源与我们的饮食密切相关。一方面，随着我国生活水平提高，因为营养结构不合理、环境污染等原因，许多疾病严重影响人们的生活质量；另一方面，随着健康养生意识的增强，人们对自身健康的过度焦虑、对保健品的滥用等，也会对我们的身体造成影响。让我们一起来学习关于细胞中元素和重要物质的小知识，理智看待自身和家人的健康，通过健康的生活态度和习惯防治疾病。

第一节　细胞中的元素

> **导读**
>
> 1. 细胞中常见的元素有哪些？
>
> 2. 元素有哪些生理作用？
>
> 3. 元素缺乏或过量会引起哪些疾病？
>
> 4. 提倡饮食结构合理均衡，口味清淡，有什么意义呢？

一、元素和人体健康

基本知识

1. 人体细胞中的元素

在医学和营养学上，把达到人体总重量万分之一的元素，称为常量元素，如C、H、O、N、P、S、K、Ca、Mg、Na等。人体内的微量元素有几十种。其中一些是人体所必需的，包括氟（F）、碘（I）、铁（Fe）、铜（Cu）、锌（Zn）、锰（Mn）、钴（Co）、铬（Cr）、钼（Mo）、镍（Ni）、钒（V）、硒（Se）、锡（Sn）等。

磷是人体遗传物质核酸的重要组分，也是人类能量转换的关键物质三磷酸腺苷（ATP）的重要成分，还是多种酶及生物膜磷脂的组分，是构成骨骼、牙齿的重要成分，是维持人体生命活动运转的"齿轮"，对生物体的遗传代谢、生长发育、能量供应等方面都是不可缺少的。

Na^+和神经细胞的动作电位形成有关，人体如果缺乏Na^+，神经、肌肉细胞的兴奋性容易降低，最终引发肌肉酸痛、无力等。

钙是骨骼和牙齿的主要成分，骨骼的形成、生长、硬度保持，和Ca、P、Mg、Sr等密切相关。哺乳动物的血液中Ca^{2+}的含量太低，会出现抽搐。细胞分裂、血液凝固和肌肉收缩均需要Ca^{2+}。除了维持细胞正常的生理活动，构成人体组织和细胞，某些离子对维持细胞的酸碱平衡也非常重要。

2. 元素和人体健康

即使是含量不多的微量元素，含量异常也会对人体正常生理活动，如个体的生长发育、精神行为、免疫功能等，造成重大影响。我们可以通过血液检测人体中元素的含量，进而判断个体发育或疾病发生情况。例如，婴幼儿体检中，会检查血液中钙、锌、铁、镁、铜等元素含量。有时还会检测有害元素，如铅元素等。另外，一些疾病的发生和元素的含量密切相关。许多国内外研究证实，幼儿呼吸道感染的发作频度与血清铁、锌的下降幅度有关。某些疾病通过直接补充相关元素来治疗，能取得良好的效果。

组成人体细胞的元素也会引起中毒，可能的原因有两种。第一种是元素含量过高，例如铜过量，严重时会导致细胞溶解，结缔组织沉积。第二种是特殊的存在形式，如海带中的砷无毒，但是三氧化二砷却是大名鼎鼎的剧毒砒霜。

3. 微量元素的生理作用和作用机制

微量元素具有抗氧化作用。细胞中存在自由基，自由基引发的自由基反应是循环连锁的。每一次循环都会产生过氧化物，对核酸、生物膜等结构造成氧化损伤。有些微量元素，如Se，能清除自由基，抑制自由基反应，并参与抗氧化酶的构成，协同其他抗氧化物，起到中止自由基反应，清除自由基和过氧化物的作用，避免人体提早衰老或产生疾病。

微量元素具有解毒作用。如Zn能诱导合成金属硫蛋白（MT）。MT能和有毒的重金属Hg、Pb结合，使其失去毒性。如果人体内Zn不足并有大量上述有毒重金属进入人体，就会造成中毒。

微量元素能对代谢进行调控，使人体更好地适应内外环境的变化。神经调节和体液调节是人体内环境稳态重要的调节途径。神经递质的合成、释放及信息传递等功能的发挥，都和元素有着密切的关系。例如，5-羟色胺的合成需要含铁的酶。体液中的激素和细胞因子通常作为第一信使，影响细胞内第二信使——酶的合成和发挥功能的过程，进而影响代谢功能，如Zn是核苷酸还原酶的组成成分，该酶是DNA合成的关键酶，Zn还能与胰岛素结合，从而延长胰岛素发挥作用的时间。微量元素正是通过影响酶、激素和神经递质的合成来调控代谢过程的。

微量元素对免疫系统的功能有影响。动物实验显示，胸腺、脾脏、淋巴结功能不全，可以通过补Zn来恢复功能。吞噬细胞的吞噬功能，和体内Zn的水平有一定相关性。缺铁会抑制抗体的产生，干扰溶菌酶的活性。白细胞介素等细胞因子的产生、功能增强，也和微量元素有关。另外，微量元素过量会对人体免疫功能造成损害。例如，温泉地区生活的人们，为了节省能源，常常利用温泉水煮饭冲茶等，这些都有可能造成摄入微量元素过多，进而导致多种免疫细胞数量、活性降低。

微量元素和衰老也有关系。相关的机制包括：影响DNA的合成；消除自由基和使自由基反应的能力减弱；参与保护血管、骨骼、皮肤等结缔组织的弹性、硬度、完整性等。

二、大量元素和相关疾病

（一）钙元素及与钙相关的疾病

📖 基本知识

血钙浓度的调节，和甲状腺有重要关系。甲状腺是人体内重要的内分泌器官，除了分泌甲状腺激素外还可以分泌降钙素和甲状旁腺激素（PTH）。具体机制如图1-1所示。

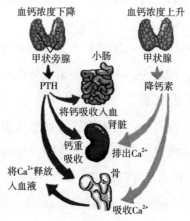

图1-1

血液中的钙主要以无机盐的形式存在。当人体血钙浓度高于正常值时，降钙素可通过下列途径来降低血钙浓度：使血钙向骨转移，促进骨中钙盐的沉积；抑制肾小管对钙的重吸收。血钙浓度下降，继而降钙素分泌量减少，可见血钙浓度调节的机制属于负反馈调节。

PTH除了可以通过肾脏重吸收、骨骼溶解直接提升血钙之外，还可以通过活化维生素D间接提升血钙含量。也就是说，PTH的靶器官是肾脏、骨骼和小肠。

和钙相关的病症：

1. 骨质疏松

骨骼中缺钙会造成低骨量和骨组织微结构破坏，导致骨质脆性增加和易于骨折的全身性骨代谢性疾病。病常见于老年人，但各年龄时期均可发病。本身无症状，无疼痛感，无畸形体征，可以通过骨密度检查发现。由于不容易察觉，患者容易因为咳嗽、打喷嚏、轻微外伤等诱发椎体骨折，或者不知不觉中发生椎体压缩骨折。

2. 缺钙引起的抽搐

正常情况下，神经冲动传导到神经末梢时，会刺激钙离子通道开放，钙离子内流，促进突触小泡和突触前膜融合，释放乙酰胆碱，导致突触后膜形成动作电位，导致肌肉收缩。在这个过程中，钙离子还起到了封闭钠离子内流通道的作用。平常细胞外表面比内表面电势高70 mV左右，即静息电位。当钠离子因为某些原因内流到一定程度达到阈电位，比如55 mV时，钠通道会大量开放，钠离子大量内流，像雪崩一样，细胞会因此产生动作电位。那么这个静息电位和阈电位差值是70-55=15（mV），即需要内流进至少15 mV的钠离子才能引发动作电位，即引起兴奋。

如果组织内钙离子浓度太低，钠离子通道没有被封闭好，带正电的钠离子更容易内流。此时静息电位由于胞外钙离子（血钙）浓度低，可能会下降到65 mV。引起钠通道大量开放的阈电位并没变化，还是55 mV，此时静息电位-阈电位=10 mV。可以看出在缺钙条件下，只需要内流进10 mV的钠离子就能达到阈电位，产生动作电位，从而引起肌肉收缩。所以缺钙时细胞会更容易兴奋，引发持续的肌肉收缩。

3. 肌无力

有趣的是，血液中的钙离子浓度也并不是越高越好。细胞外钙离子对钠离子存在"膜屏障作用"，即钙离子在膜上形成屏障，使钠离子内流减少。血钙浓度过高，会降低神经细胞兴奋性，最终导致肌细胞无法兴奋、收缩而表现出肌无力。

❤ 社会责任

中国是一个缺钙大国，超过一半的人处于缺钙状态。

用1千克肉骨头煮汤2小时，汤中的含钙量仅20毫克左右，远远不能满足需要。显然，骨头汤不是最好的补钙食品。牛奶是最好的补钙食品，西方人把牛奶当作饮料来喝，因此，喝牛奶是他们摄入钙的主要方式，一天喝一杯牛奶，就可以满足人体对钙的需求。而中国人的饮食习惯与西方人不同，有的人不喜欢牛奶的味道，有的人由于体内缺少一种消化牛奶的酶，喝了牛奶肚子就会疼，因此，很多中国人没有喝牛奶的习惯，这是中国人普遍缺钙的重要原因。

据研究，中国人每天的饮食中钙的含量一般只有490毫克，差不多缺了一半。牛奶和豆制品中钙的含量最丰富，因此，如果不喜欢喝牛奶或喝了牛奶不舒服，可以多吃些豆制品。喝豆浆不能补钙，因为豆浆里绝大部分都是水，含钙量很低，不能靠它来补钙。我们说豆制品可以补钙，主要是指固体的豆制品，以及新鲜的豆类，另外，海产品（如海带等）的钙含量也较高，多吃海产品也可以补钙。

维生素D能够调节钙磷代谢，促进钙的吸收。除了服用外，维生素D也可以通过晒太阳的方式在体内合成。每天只要在阳光充足的室外活动半小时以上就可以合成足够的维生素D。

钙容易和菠菜等蔬菜中的草酸、大米中的植酸、油脂类中的脂肪酸相结合，形成难溶物，从而影响钙的吸收。碳酸饮料、可乐、咖啡、汉堡包、比萨饼、动物肝脏、炸薯条等大量含磷的食物，容易因为过多的磷把体内的钙"赶"出体外。高钠食物也会影响身体对钙的吸收，肾脏每天要把多余的钠排出体外，每排出1000毫克的钠，就会耗损26毫克的钙。

⚙ **兴趣链接**

牛奶可有效消除失眠

学生容易遇到因压力、焦虑等原因引起的失眠或营养吸收障碍等问题，导致血液中钙的浓度低下，产生神经过敏，造成失眠、心焦、疲劳。针对这种情况，可采取的措施有：

首先，每天晚上入睡前20分钟饮用1杯鲜牛奶，连续坚持20～30天为1个周期，可有效治疗失眠。牛奶富含钙，钙与体内神经的传导有关，作为神经系统的刺激传导物，可使脑和神经协调工作。另一原因是牛奶中酪蛋白的作用：酪蛋白能转变为5-羟色胺。5-羟色胺能调节睡眠节律，是持续睡眠所必需的物质，对消除失眠的压力感有良好效果。其次，结合适当的有氧运动，让身体具有一定的疲惫感，更易进入睡眠状态。

（二）钾元素及与钾相关的疾病

📖 **基本知识**

钾在动植物食品中含量丰富，人体钾全靠从食物中获得。肾是维持动物体内钾元素含量相对稳定的重要器官，对钾的排出有"多入多出，少入少出，不入也出"的特点。图1-2是人体钾代谢途径。

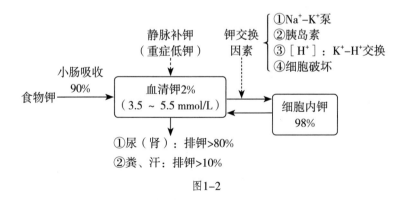

图1-2

钾离子和静息电位的形成有重要关系，能维持细胞和生物体的正常生命活动，如维持神经系统的兴奋性，还具有维持细胞酸碱平衡、内环境的渗透压稳定等作用。

1. 高钾血症的原因和症状

血清钾含量高于5.5 mmol/L被称为高钾血症。造成的原因主要是摄入过多、排出减少，或细胞内钾离开细胞。临床上常见摄入过多是因为输入含钾溶液太快或太多，如大量使用青霉素钾盐。排出过少大多见于肾脏或肾上腺皮质的功能衰退，如处于少尿期或无尿期的肾功能衰竭病人。如果输入不相合的血液造成严重溶血，细胞中的钾离子因细胞破裂释放到血液中，也会造成高钾血症。另外，如果细胞外液容量大幅度减少，如脱水、失血等，也会造成血清中钾离子浓度升高，对患者身体造成影响。高钾血症的主要症状为乏力、心律失常等。

2. 高钾血症形成原因

高钾血症最常见的原因是肾衰。健康的肾脏产生尿液，将体内代谢产生的废物和过多的水分排出体外。尿液是钾离子排出体外的主要途径。肾如果排出钾出现功能障碍，如尿毒症患者，导致钾离子滞留在体内就会出现高钾血症。

脱水、休克和肾功能衰竭可致少尿或无尿，从而影响钾离子的排出。若持续补钾（或食物中钾含量持续较高），易导致高钾血症，且常伴有酸中毒。

❤ 社会责任

诊断和治疗：

高钾血症临床症状无特殊性，常被原发病或尿毒症的症状所掩盖，因此一般以实验室检查和心电图检查为主要诊断依据。

临床上治疗高钾血症时，治疗方案中含有停用含钾的食物或药物，供给患者高糖高脂饮食或采用静脉营养的步骤。这样既可减少食物中钾的来源，又能确保生命活动所需热量，同时能减少体内分解代谢所释放的钾。

📖 科学思维

大量研究表明，钾通道是钾离子转移至细胞外的主要途径，细胞丢失钾元素是细胞凋亡的必要条件。试提出一种治疗效应T细胞攻击正常组织细胞引起的自身免疫病的思路。

（三）钠元素及与钠相关的疾病

📖 **基本知识**

人每天正常摄入食盐量为5~6 g。由于生活习惯和口味不同，实际食盐的摄入量因人因地有较大差别，我国一般人每天约进食食盐10~15 g。成人体内所含钠离子的总量约为60 g，其中80%存在于细胞外液，即血浆和组织液中。钠离子能维持细胞外液的渗透压、调节体内的酸碱平衡，对维持神经和肌肉的正常兴奋性也有作用。当细胞外液大量损失（如流血过多、出汗过多）或食物里缺乏食盐时，体内钠离子的含量减少，钾离子从细胞进入血液，会发生血液变浓、尿少、皮肤变黄等病症。

1. 缺钠引起的疾病

脑水肿分为血管源性脑水肿、细胞性脑水肿、渗透压性脑水肿和脑积水性脑水肿。其中，细胞性脑水肿、渗透压性脑水肿和细胞内、外液及血液中电解质与渗透压改变关系较密切。

血钠不足时，细胞外液渗透压降低，水分扩散进入脑细胞内，会引起细胞性脑水肿，产生恶心、呕吐、乏力、头痛、嗜睡、反应迟钝等神经系统抑制性症状。

2. 形成原因

细胞内外环境改变、脑组织缺氧影响神经细胞代谢，细胞膜系统功能障碍、线粒体ATP生成减少、神经细胞膜的钠-钾泵等活性降低，使神经细胞内外的钠、钾、钙等离子交换障碍。这些因素均可导致细胞性脑水肿。

例如，脑部缺氧，脑细胞会进行无氧呼吸，生成ATP减少，仅为正常有氧代谢的5%，致使细胞本身及细胞膜的功能受损，钠泵、钙泵等离子泵运转失常，不能将细胞内多余的钠离子排出，氯离子由细胞外进入细胞内，使细胞内渗透压增高，细胞外液渗透压降低，水分扩散进入脑细胞内，引起脑水肿。而细胞内酸性物质的产生又使细胞膜通透性增加，加重细胞水肿。

📖 **科学探究**

肾脏交感神经对肾小球滤过、肾小管和集合管的重吸收及肾上腺素的分泌都有一定的调节作用。有人曾进行以下实验：将麻醉的大鼠切除一侧肾交感神经，另一侧做假手术作为对照。分别测量两侧的尿量，实验结果发现切除肾交感神经一侧尿量增加2～3倍，尿钠的排出增加5倍。作为对照一侧的尿量、钠的重吸收均无明显变化。

根据该实验结果能得出什么结论呢？

三、微量元素和相关疾病

（一）锌元素及与锌相关的疾病

基本知识

人体内有100多种含锌酶参与多种代谢活动的过程。组织细胞的增殖分化、修复再生、代谢调节都和锌有关。因为核酸和蛋白质的合成过程中，所需要的DNA聚合酶、RNA聚合酶等都含有锌元素。个体的生长发育离不开锌，生长激素在垂体合成，锌能保持其活性，并促进其和细胞膜上受体结合。另外，锌元素能促进生殖器官和性腺发育，维持正常食欲和味觉，增强机体的免疫能力，促进维生素A代谢和暗视觉。研究结果表明，锌能增进生物膜抗击氧自由基的能力，能延缓衰老过程，也可能影响肿瘤、先天畸形、风湿病等疾病的发生。

锌缺乏是长期慢性病，发展缓慢且一般发病情况较轻者为多，所以不容易被发现。最先表现的是食欲缺乏、味觉减退，免疫功能低下易受感染。夜盲也是缺锌的表现。

缺锌引起的疾病：

1. 消化性溃疡

消化性溃疡主要指发生在胃和十二指肠的慢性溃疡，这些溃疡的形成与胃酸和胃蛋白酶的消化作用有关，故称消化性溃疡。

消化性溃疡的主要症状为慢性、周期性、节律性中上腹部疼痛，还常兼有其他胃肠道症状，如嗳气、反酸、烧心、恶心、呕吐等。患者可有失眠等神经官能症的表现，疼痛较剧而影响进食者可出现消瘦及贫血。

锌具有非常重要的生理作用，可以增强创伤组织的修复、再生能力，从而维持胃肠黏膜的完整性，促进溃疡愈合。缺锌时溃疡伤口愈合不良。另外，缺锌可使T细胞数量减少，机体免疫功能较差，抵抗感染力下降，容易引起幽门螺旋杆菌感染。锌对胃液分泌有抑制作用，能阻止嗜碱性粒细胞释放组胺和致炎性物质，有抗溃疡作用。因此，缺锌有可能是消化性溃疡的病因之一。

2. 糖尿病

糖尿病是一种由于胰岛素分泌缺陷或胰岛素作用障碍所致的以高血糖为特征的代谢性疾病。典型症状为三多一少，即多尿、多饮、多食和体重减少。

锌主要分布在胰岛B细胞的分泌颗粒中。此分泌颗粒含有胰岛素结晶。每一分子胰岛素中有2个锌原子。锌可促进胰岛素的结晶化。胰岛素原转变为胰岛素需要胰蛋白酶和羧肽酶的催化，而羧肽酶又需要用锌激活。因而缺锌时胰岛素原转变为胰岛素的量减少。锌能提高胰岛素蛋白的稳定性，去掉锌后其稳定性下降，容易变性。锌还能协助葡萄糖在细胞膜上的转运。由此可知，锌与胰岛素的合成、分泌、贮存、降解和生物活性等皆有密切关系。此外，缺锌时机体对胰岛素的敏感性降低，抵抗胰岛素。缺锌是糖尿病发生的原因之一。另外，糖尿病发生后影响锌的代谢。尿锌丢失量与血糖浓度呈正相关。缺锌还影响核酸合成，进而影响载脂蛋白合成，从而导致糖尿病患者肠锌吸收障碍。

3. 精神分裂症

精神分裂症是一种由神经生物学因素、遗传学因素或社会心理学因素引起的精神科疾病。

锌与脑组织的代谢，包括神经递质的代谢有十分密切的关系。首先，锌是脑细胞微粒体中Na^+-K^+-ATP酶最强的抑制剂。缺锌时该酶活性改变，影响细胞内钠流出和细胞外钾流入，细胞膜失去稳定性，脑组织呈现过度兴奋状态。其次，缺锌引起牛磺酸增加，使大脑海马部位的γ-氨基丁酸水平下降。该神经递质对中枢神经系统起抑制作用，因而缺锌可导致大脑兴奋-抑制过程发生障碍。再次，锌充足时磷酸吡哆醛合成增多，而磷酸吡哆醛是谷氨酸脱羧酶的辅酶，所以锌充足时谷氨酸代谢旺盛。谷氨酸对中枢神经系统有强烈的兴奋作用，通常谷氨酸-多巴胺系统处于平衡状态，锌缺乏时谷氨酸功能不足，可引起多巴胺功能亢进，从而导致精神障碍。

4. 弱视和近视

弱视是指眼部无器质性病变、矫正视力低于0.9的病患。弱视是眼科临床常见的儿童眼病，是婴幼儿时期，由于各种原因如知觉、运动、传导及视觉中枢未能接受适宜的视刺激等，使视觉发育受到影响而发生的视觉功能减退的状态，主要表现为视力低下及双眼单视功能障碍。

近视是屈光不正的一种。当眼在调节放松状态下时，平行光线进入眼内，聚焦在视网膜之前，导致视网膜上不能形成清晰像，称为近视眼。

锌在眼中参与维生素A（视黄醇）的代谢与运送。锌具有保持视网膜色素上皮的正常组织状态、维持正常视力的功能。所以机体缺锌易引起弱视或近视。锌缺乏时视网膜外层和色素易出现变性改变而发生假性近视。

5. 异食癖

异食癖也可能是缺锌的表现。缺锌可引起味觉素分泌减少。味觉素是一种含锌的唾液蛋白质，是维持口腔黏膜上皮细胞的结构功能和代谢的重要营养素，故缺锌可引起口腔黏膜上皮细胞增生修复和角化不全，易于脱落，脱落的上皮细胞易堵塞味蕾孔，使食物难以接触味蕾孔或接触味蕾孔不全，不易引起味觉，或造成味觉减退、味觉敏感性消失，或致味觉紊乱，发生食欲不振、厌食或异食癖等临床表现。

社会责任

缺锌和多种疾病的发生有明确的关系。锌还有激活胸腺素，增强免疫反应和T细胞功能的作用。动物性食品如鱼、肉、肝、肾以及贝类食品，锌的含量均较丰富。每100 g该类食品中大约含锌3～5 mg，且蛋白质丰富，锌的吸收利用好，可有效增强机体的生命力。

（二）铁元素及与铁相关的疾病

基本知识

人体转运、储存和利用氧的蛋白质和铁元素密切相关，如血红蛋白、肌红蛋白、细胞色素等。过氧化氢酶、氧化酶等多种酶中含有铁元素。核酸代谢、DNA合成过程，离不开含铁酶。铁元素具有影响代谢过程、促进免疫功能等作用。

铁在人体内总量为2.5～4 g。小肠上段能吸收Fe^{2+}和部分Fe^{3+}，经过体液运输，最终铁元素在骨髓等造血器官中，参与构成红细胞中的血红蛋白。血红蛋白中的铁含量占总量的60%~70%。

缺铁引起的疾病：

1.缺铁性贫血

缺铁性贫血是世界上普遍存在的营养问题。患者常常感到乏力疲劳、体力下降、头晕头痛、心悸、心率加快、免疫力减弱。幼儿缺铁可能导致大脑供血供氧不足，使生长发育和智力发展受到影响，甚至会造成脑发育永久性损伤。有些患者因为缺铁，可能还会出现精神行为异常，如烦躁易怒、异食癖等。

2.脑卒中（又称"中风"）

血清铁含量与脑卒中有关。铁离子和含铁有机自由基可作为自由基反应的引发剂，引发自由基连锁反应，产生大量羟自由基、过氧化氢和脂质过氧化物，造成血管内皮组织损伤，加速动脉粥样硬化的形成。

脑出血时，脑脊液铁含量明显降低。这是由于应激反应引起白细胞分泌的LEM增加，导致肠道吸收铁减少，并促进网状内皮系统摄取和贮留铁，从而使血清铁含量降低。血清铁含量降低有利于减轻线粒体的负荷，防止病情进一步加重。可见，老年人、高血压患者不宜大量补铁。

❤ 社会责任

肉类和鱼类含有丰富的血红蛋白和肌红蛋白，是容易获得且吸收率和利用率都较高的理想补铁食品。蛋类因含卵黄高磷蛋白，阻碍铁吸收；牛奶铁含量和吸收率低，两者都不是理想的选择。植物中也含有铁元素，但是吸收率受到多种因素的影响。如咖啡因、茶碱、草酸、植物纤维都可以和植物中的铁形成不溶性铁盐，抑制铁的吸收。如果想提高铁元素的吸收量，可以适当补充维生素C、维生素A。需要注意的是，锌摄入过多也会妨碍铁的吸收。

📖 科学探究

铁可以在血液中游离存在，也可以和蛋白质结合存在，如乳铁蛋白和运铁蛋白。血清乳铁蛋白和运铁蛋白是非特异性免疫因子。

国外学者曾给40例非洲恶性营养不良患儿用抗疟药、维生素、含铁化合物和高蛋白膳食进行治疗，不料却有许多患儿因患败血症而死亡。败血症是指致病菌侵入机体血液循环，并在血液中生长繁殖，产生毒素而发生的急性全身性感染。他们发现，治疗2周后仍存活的儿童，其血清运铁蛋白含量为1.3 mg/L，而死亡者仅0.33 mg/L，但其血清中游离铁含量较高。

（1）哪种形式的铁元素更容易被侵入体内的微生物吸收利用？

（2）为什么给营养不良患儿补充含铁药物会出现败血症？

（3）我们能在药房或商店中买到补铁的"保健品"或"药品"，请你调查这些补铁剂的成分、含量、使用方法和适用人群。

（4）健康的青少年是否需要自行补充铁剂保健品？

提示：游离的铁更易被侵入的微生物吸收利用，从而导致感染过程的发展、恶化。此外，运铁蛋白浓度低下不利于抗感染免疫。上述例子中，死于败血症的患儿血清中游离的铁较多，且含铁免疫因子含量少，所以无法抵御病菌。对这类营养不良患者应首先补充蛋白质，待运铁蛋白回升后方可开始补铁。补锌亦应在补铁之前。因为锌可改善食欲，促进蛋白质合成。由此可见，补铁需要在医生的指导下进行，不能盲目服用补铁剂。

⚙ 兴趣链接

转基因含铁水稻的培养

我们日常吃的大米中铁含量极低，科研人员通过基因工程等技术，培育出了铁含量比普通大米高60%的转基因水稻，改良了稻米的营养品质。图1-3为培育转基因水稻过程的示意图。

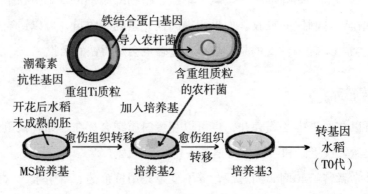

图1-3

在上述工程中，获得铁结合蛋白基因后，利用PCR技术扩增大量的目的基因。将含有重组Ti质粒的农杆菌与水稻愈伤组织共同培养，通过筛选，可以获得含有重组质粒的愈伤组织，再利用组织培养技术培育出水稻。最终通过检测比较种子中的铁含量，获得优质的含铁丰富的转基因水稻。

（三）碘元素及和碘相关的疾病

📖 **基本知识**

碘离子在肠道内直接被吸收进入血液，运输到全身各器官，主要在甲状腺内被主动浓缩，经过氧化酶转变成有机碘，与酪氨酸结合再经一系列过程形成甲状腺激素。其生理功能有3方面：提高机体代谢率、耗氧率和产热量；促进生长发育；维持神经系统的兴奋性，影响大脑的生长发育和相关功能。

甲状腺激素的受体在靶细胞的细胞核内，是与染色质结合在一起的蛋白质，对DNA的识别位点有高度亲和性，主要功能是传导与发育和能量产生有关的信息。

人体内甲状腺含碘量最高，占总量的70%~80%，其他分布在全身各组织。身体内的碘主要通过尿液排出。

缺碘引起的疾病：

1. 甲状腺肿大

甲状腺肿大是不同原因导致的甲状腺体积的增大，主要是由于碘缺乏。由于碘是合成甲状腺激素的重要原料，饮食长期缺碘，甲状腺激素合成就会减少。血液中甲状腺激素水平下降，对垂体的负反馈作用减弱，使垂体促甲状腺激素的分泌增加。促甲状腺激素可促进甲状腺细胞补偿性增生，因而导致甲状腺肿大。该病多见于青年女性，多发生于高山缺碘地区。

儿童、成人缺碘，都会出现甲状腺不同程度的肿大，临床表现为脖子粗大、吞咽困难、呼吸困难等。缺碘会对妇女的生殖功能造成危害。孕妇缺碘会使胎儿缺碘，严重影响胎儿的生长发育和中枢神经系统的发育，甚至造成胎儿畸形或死亡。

2. 克丁病

克丁病俗称呆小症，常因缺碘引起。由于先天性缺乏甲状腺激素或甲状腺

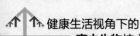

功能严重不足，人体会出现一系列的代谢障碍，致使骨骼、肌肉和中枢神经系统发育阻滞。患者智力低下，神经系统发育缓慢，反应迟钝，痴呆，怕冷，多伴有聋哑症。由于骨化过程延缓，身材异常矮小。

❤️ 社会责任

碘缺乏的原因及对策

首先，主要由于膳食中碘摄入不足，食物中碘和水中的碘均不能满足人体需要；其次，食用能干扰甲状腺摄碘功能的食物（如包菜、油菜等，因其含丰富的硫氰酸盐、高氯酸盐等）可影响碘吸收和甲状腺吸碘；最后，服用某些阻碍酪氨酸碘化过程的药物，如硫脲、磺胺及咪唑等，可引起缺碘。

我国由于地质因素，是缺碘大国，生活在缺碘地区人口约3.2亿。国家十分重视碘缺乏症的危害，1995年推行全民使用碘盐，这在保护婴幼儿、孕妇等对碘需求量大的人群方面起到非常重要的作用。推行加碘盐政策10年，我国7—14岁学生的甲状腺肿大率由平均20.4%降低到5%以下。在占人口90%以上的合格加碘食盐覆盖地区，完全消灭了克丁病，过去隐性缺碘地区新出生儿童的平均智商点提高了11~12个。2000年，国家要求各省根据各地区的情况，调整食盐中碘浓度。目前，市面上有加碘盐和无碘盐出售，大家可以根据地区、家庭需求情况选择合适的食盐产品。

📖 科学探究

碘是甲状腺激素合成的重要原料。为研究碘摄入量对甲状腺功能的影响，科研人员将若干生长状态一致的同种雄性小鼠随机分成高碘组、低碘组和对照组，饲养180天后，测量结果如表1-1。

表1-1

组别	饲料	饮水	甲状腺重量（mg）	滤泡上皮高度（μm）	甲状腺滤泡腔直径（μm）
对照组	动物常用饲料	自来水	3.65	4.21	27.91
低碘组	低碘饲料	人工脱碘水	6.25	7.95	13.19
高碘组	低碘饲料+碘剂	人工脱碘水	12.52	2.18	102.57

（1）加碘组甲状腺重量明显大于对照组，请你根据所学的知识解释最可能的原因是什么。

（2）据表中数据可知，高碘组同样导致了甲状腺肿大。甲状腺的基本结构如图1-4所示。滤泡上皮细胞可进行细胞分裂，滤泡腔的主要作用是储存胶质碘。推测低碘和高碘都导致甲状腺肿大的原因分别是什么。

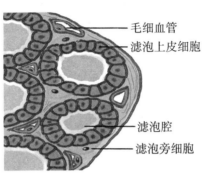

毛细血管
滤泡上皮细胞

滤泡腔
滤泡旁细胞

图1-4

（3）科研工作者对高碘地区和碘适量地区的调查显示：高碘地区甲状腺肿大发病率为19.19%，碘适量地区甲状腺肿大发病率为1.2%，我国从1995年实施全民食盐加碘政策，基本上消除了缺碘性疾病。根据此数据，对我国的加碘盐政策提出合理的建议并说出依据。

兴趣链接

重金属污染造成"公害病"

重金属污染主要是指铅、镉、汞和"类金属"砷等的污染。重金属污染与其他有机化合物的污染不同。不少有机化合物可以通过自然界本身物理的、化学的或生物的净化，使有害性降低或解除。而重金属具有富集性，很难在环境中降解。如随废水排出的重金属，即使浓度小，也可在藻类和底泥中积累，被鱼和贝类体表吸附，产生食物链浓缩，从而造成公害。

金属有机化合物（如有机汞、有机铅、有机砷、有机锡等）比相应的金属无机化合物毒性要强得多；可溶态的金属又比颗粒态金属的毒性要大；六价铬比三价铬毒性要大；等等。

重金属在人体内能和蛋白质及各种酶发生强烈的相互作用，使它们失去活性，也可能在人体的某些器官中富集，如果富集量超过人体所能耐受的限度，会造成人体中毒，例如，日本发生的水俣病（汞污染）和痛痛病（镉污染）等公害病，都是由重金属污染引起的。

1. 痛痛病

1955年，在日本神通川沿岸的一些地区出现了一种怪病，开始时人们只是在劳动后感到腰、背、膝等关节处疼痛，休息或洗澡后可以好转。可是如此几年之后疼痛遍及全身，人的正常活动受到限制，即使大喘气时都会感到疼痛难忍。人的骨骼软化，身体萎缩，骨骼出现严重畸形，严重时，一些轻微的活动或咳嗽都可以造成骨折。最后，病人饭不能吃，水不能喝，卧床不起，呼吸困难，病态十分凄惨，最后在极度疼痛中死去。这种怪病的发生和蔓延，引起人们的极度恐慌，但是当时谁也不知道这是什么病，只能根据病人不断地呼喊"痛啊，痛啊！"而称之为痛痛病。

后来调查发现，三井金属矿业公司在那里建了一个铅锌矿厂。在铅锌矿石中还含有一种叫作镉（Cd）的金属。镉进入人体后，主要蓄积于肾脏，会对肾脏造成损害，抑制维生素D的活性。维生素D是人体不可缺少的营养素，缺乏维生素D会妨碍钙、磷在人体骨质中的正常沉积和储存，最后导致骨软化。

这个工厂在洗矿石时，将含有镉的大量废水直接排入神通川。河两岸的稻田用这种被污染的河水灌溉，有毒的镉经过生物的富集作用，使产出的稻米含镉量很高。人们长年吃这种被镉污染的大米，喝被镉污染的神通川水，久而久之就造成了慢性镉中毒，痛痛病实际就是典型的慢性镉中毒。

2. 水俣病

日本水俣病事件是1956年日本水俣湾出现的怪病事件。症状表现为轻者口齿不清、步履蹒跚、面部痴呆、手足麻痹、感觉障碍、视觉丧失、震颤、手足变形，重者神经失常，或酣睡，或兴奋，身体弯弓高叫，直至死亡。

水俣病的罪魁祸首是当时处于世界化工业尖端技术领域的氮（N）生产企业。在氮肥制造过程中要使用含汞（Hg）的催化剂，这使排放的废水含有大量汞。当汞被水生动物食用后，会转化成甲基汞（CH_3Hg）。甲基汞通过鱼虾进入人体，被肠胃吸收，侵害脑部和身体其他部分。进入脑部的甲基汞会使脑萎缩，侵害神经细胞，破坏掌握身体平衡的小脑和知觉系统。这种剧毒物质只要有挖耳勺的一半大小就可以致人死亡，而当时氮的持续生产已使水俣湾的甲基汞含量达到了足以毒死日本全国人口2次都有余的程度。据统计，有数十万人食用了水俣湾中被甲基汞污染的鱼虾。

重金属在大气、水体、土壤、生物体中广泛分布，而底泥往往是重金属的储存库和最后的归宿。当环境变化时，底泥中的重金属形态将发生转化并释放造成污染。重金属不能被生物降解，但具有生物累积性，可以直接威胁高等生物包括人类，专家指出，重金属对土壤的污染具有不可逆转性，已受污染的土壤没有治理价值，只能调整种植品种来回避。因此，重金属污染问题日益受到人们的重视。

第二节　细胞中的化合物

1. 细胞中常见的化合物有哪些？

2. 人体缺乏化合物会产生什么症状？我们有什么应对措施？

3. 对细胞有害的化合物有哪些？它们有哪些危害？

　　构成细胞的元素常以化合物的形式发挥作用，可分为无机物与有机物两大类。无机物包括水与无机盐；有机物以糖类、蛋白质、核酸、脂质为主，还有维生素等。

一、水和无机盐

📖 基本知识

　　食物中的营养物质需要依靠水的运输才能到达细胞中；运动时，不及时补充电解质，容易引发抽搐；在高浓度盐溶液中，红细胞会失水皱缩，因此静脉注射时利用生理盐水对药物进行稀释有利于维持人体细胞的形态，保证其功能。可见水与无机盐对细胞的形态、各种代谢有着不可替代的作用。

　　水是人体含量最多的化合物，可经特异性水通道蛋白自由通过细胞膜，与无机盐、蛋白质等共同维持细胞内外的渗透压，以达到渗透平衡。

　　无机盐在细胞内主要以游离的形态存在，少部分与化合物形成结合物起作用。如图1-5，含铁离子的血红蛋白才能更有效地运输氧气。

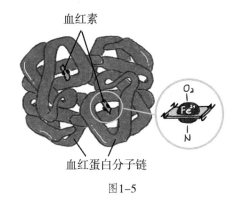

血红素

血红蛋白分子链

图1-5

血红蛋白运输氧气是一个非常神奇的过程。首先一个氧分子与血红蛋白四个亚基中的一个结合，与氧结合之后的珠蛋白结构发生变化，造成整个血红蛋白结构的变化，这种变化使第二个氧分子相比于第一个氧分子更容易寻找血红蛋白的另一个亚基并与之结合，而它的结合会进一步促进第三个氧分子的结合，以此类推，直到构成血红蛋白的四个亚基分别与四个氧分子结合。在组织内释放氧的过程也是这样，一个氧分子的离去会刺激另一个氧分子的离去，直到完全释放所有的氧分子，这种有趣的现象称为协同效应。

♥ 社会责任

高温条件下长时间运动或劳动，人体需要通过排汗增加散热以维持正常体温，该过程中失去不少水分与无机盐。及时补充水分与无机盐是保持体液平衡、维持渗透压的必要做法。摄取液体时应注意水与无机盐的比例，可采用分量多次的方式，合理安排摄入量、摄入时间与摄入时温度等，让机体充分吸收，有效利用。

健康人每天应喝2～3 kg的水（包括食物中的水分），但很多人每天饮水量不足，常处于一种"脱水"状态。其实，人觉得口渴时自然应喝水，但当不觉得口干时，也要时时进点水或汤，这样做对胃肠道、呼吸道及泌尿系统都大有好处，还可以帮助人体及时排出体内代谢废物。当然，一天饮水量还需根据天气及活动量来增减，并要均匀摄入，不能"牛饮"，一次喝太多，这样也对健康不利。

水的摄入量越多越好吗？

若身体摄水总量远超排水量，以致水分在体内潴留，引起血浆渗透压下降和循环血量增多，称为水中毒。水中毒常分为急性与慢性两类，其症状取决于水过多的速度和程度。水中毒时，会出现头晕眼花、呕吐、虚弱无力、心跳加快等症状，严重者可导致神经系统永久性损伤或死亡。

📖 科学思维

根据上述水中毒的含义，如何避免水中毒？若出现急性水中毒，如何缓解症状？

二、糖类

📖 基本知识

构成细胞的糖类从简单到复杂可分为单糖、二糖和多糖。单糖是细胞能直接吸收的分子，包括葡萄糖、果糖、核糖、脱氧核糖等。常见二糖有蔗糖、麦芽糖、乳糖等。细胞中的多糖有糖原、淀粉、纤维素等。还有多糖与其他化合物结合一起，如细胞膜上的糖蛋白，可见糖能作为结构物质。

没吃早饭而晕眩的同学，可以提供葡萄糖溶液进行补充，因为细胞能直接吸收单糖，而且葡萄糖是细胞进行有氧呼吸的底物，能为细胞快速有效提供能量。由此可见，糖类除了作为结构物质外，还能为细胞提供能量。

当血糖浓度过低（低于2.8 mmol/L）时，我们称为低血糖症，容易出现以交感神经兴奋和脑细胞缺氧为主要特点的综合征，通常表现为出汗、饥饿、心慌、颤抖、面色苍白等，严重者甚至昏迷，此时需要及时补充适当的葡萄糖液缓解。

⚙️ 兴趣链接

糖的妙用

白糖、砂糖都是用甘蔗或甜菜根茎制成的。砂糖的结晶颗粒大、含水分少，而绵白糖的结晶颗粒小、含水分较多。它们都是蔗糖结晶体，可以为生物体的生命活动提供能量。有趣的是，白糖可使婴儿对疼痛的敏感性下降，痛阈值升高。当婴儿需要进行某些足以引起疼痛的处置时，不妨喂以适量白糖水，以减少痛苦。

红糖是没有经过高度精炼的蔗糖，其含有的钙质和铁质是白糖的3倍，磷质是白糖的10倍以上，锰、锌、铬等矿物质也比白糖多，并含有白糖所没有的胡萝卜素、核黄素和烟酸。在精炼白糖的过程中，这些微量营养素都被当作杂质清除掉了，而它们却恰恰是青少年生长发育所不可缺少的。

红糖与白糖相比，性较温，并含有多种微量元素，有暖胃驱寒、补肺润肠、活血祛瘀的功效。当淋雨受寒或风寒感冒时，只要煎一杯红糖姜茶喝下即可驱寒。红糖具有防止肥胖、治疗血管硬化的作用，对牙齿亦无损害。此外，红糖中的黑色物质能阻止血清中中性脂肪及胰岛素含量上升，阻碍肠道对葡萄糖的过多吸收。

空腹吃糖伤脑伤眼。当你空腹喝下一杯甜果汁，或吃下一大块甜点、糖果时，血液里会马上充满糖分。人体内的若干蛋白属于"长寿蛋白"，其性能稳定，要经过很长一段时间才能发生分解代谢。当血糖与蛋白质结合后，则会加速"长寿蛋白"的分解，损伤大脑神经或造成视力衰退。这种状况持续越久，对人体内的蛋白质所造成的损害就越大，所产生的不良作用也就越来越严重。

糖的妙用。如果是小面积的烫伤，用食糖可以快速治好，且不留疤痕。具体方法是：取白糖1份，用3份冷开水配成浓糖溶液，用清洁药棉蘸糖水不断地涂抹患处，或将纱布放在糖水液内浸湿后再敷于患处，保持湿润1~2小时即可。如手指、脚趾烫伤可以浸于糖水中大约半小时到1小时，如果来不及配糖水，可以直接用手抓糖放于患处，将冷水（自来水也可）滴于糖上，使该处湿润2小时后洗净。糖能吸干伤口周围组织的水分，形成较高的渗透压，从而遏制细菌的生长。

三、蛋白质

📖 基本知识

蛋白质是细胞中含量最多的有机物。细胞中绝大多数代谢过程需要的催化酶，细胞运输物质需要的载体，发挥免疫作用的抗体，在细胞间发挥传递信息作用的多数信息分子等，其化学本质多数为蛋白质。可见蛋白质在细胞中的作用非常多（图1-6），是生命活动的承担者与体现者。

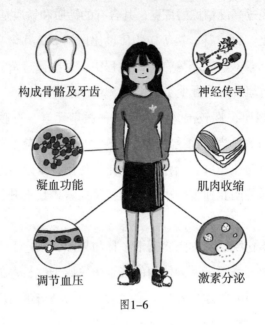

构成骨骼及牙齿　　神经传导

凝血功能　　肌肉收缩

调节血压　　激素分泌

图1-6

蛋白质缺乏会对身体造成严重影响。机体蛋白质摄入不足，吸收障碍或蛋白质消耗过多，如大量失血、严重烧伤、肾小球肾炎、肾病综合征等，会出现血浆蛋白质减少、渗透压降低、全身性水肿等症状。2008年某伪劣奶粉中发现化工原料三聚氰胺，造成婴儿蛋白质摄入不足，导致婴儿生长发育缓慢，出现四肢细小、头颅偏大的"大头娃娃"，引发严重的食品安全事故。

针对蛋白质缺乏原因进行补充是较为有效的办法。饮食中的蛋白质不足易引起蛋白质营养不良，可通过饮食供给含足量动物蛋白质和热量的标准食物，补充矿物质、维生素和微量元素。腹泻者应缓慢增加食量，以免导致消化不良。对水肿比较严重的病例，可暂时限制给予食盐，并根据病情适当地给予氨基酸制剂、维生素、葡萄糖、水解蛋白等。

兴趣链接

牛奶要怎么喝才更好呢？

奶粉在加工过程中，牛奶中的一些营养成分遭到破坏，如奶粉中核黄素只有牛奶的45%，硫胺素和铁都只有牛奶的牛奶的50%，而维生素C则已全部被破坏，因此，奶粉的营养价值不如牛奶（配方奶粉除外）。

豆浆与牛奶相比，蛋白质含量相近，但核黄素只有牛奶的1/3，维生素A、维生素C的含量几乎为0，钙的含量只有牛奶的一半。从氨基酸的含量来看，豆浆也稍低于牛奶，而脂肪含量，在每1000卡热量的牛奶中，含有188毫克的胆固醇，豆浆则不含胆固醇。豆浆中所含的饱和脂肪酸也比牛奶少。因此，对于高血脂症和过度肥胖的人来说，喝豆浆无疑是一种较好的选择。但中老年人倘若只喝豆浆，则机体所需要的钙、维生素A、维生素D等营养摄入量就会减少。目前，老年人骨质疏松症的发病率很高，这是缺钙所致，而牛奶和奶粉正是补充钙质的良好食品。所以，中老年人常喝些牛奶或奶粉，比单喝豆浆有益。而且牛奶中含有一种磷脂，它能在胃黏膜表面形成很薄的水层，这个水层既能抵抗外来侵犯因子对胃黏膜的损害，又能促进溃疡病灶的愈合。牛奶中所含的钙素，还能破坏大肠内的致癌物质，使其分解为非致癌物而排出体外。在这一过程中，维生素D起着十分重要的作用。每天喝两到三杯牛奶的人，其钙和维生素D摄入量较不喝者要高出三倍以上，可使患癌的危险性降低很多。

喝牛奶的方法：牛奶要一口气喝完，而且喝完牛奶后要马上喝白开水，以冲掉附着在喉咙上的牛奶，因为奶类制品含有某种酵素，会让喉咙黏膜变得干燥，使黏膜无法保护喉咙，从而产生不适。

牛奶宜晚上喝，不宜早晨喝，更不宜空腹喝。因为牛奶含有能使人产生疲倦感的L-色氨酸和微量有镇定作用的吗啡类物质，早晨喝牛奶势必影响工作和学习。空腹喝牛奶也是不科学的，因为空腹吃东西肠胃蠕动很快，牛奶中的营养物质尚未来得及消化、吸收，就被排到大肠里，无形中造成浪费。

在喝牛奶的同时，不宜再饮用果汁等酸性饮料，因为牛奶中的某些蛋白质遇到这些酸性饮料会形成凝块，既不利于消化，又影响其营养成分的吸收。

喝茶时可以加入牛奶。茶叶中含有一种天然成分——"茶多酚"，其又分为两大类：可水解的茶多酚和缩合茶多酚。前者含抗癌物质，具有预防正常细胞癌变的药理作用。但与此同时，缩合茶多酚摄入多了，却有可能增加食道癌和口腔癌的患病率。牛奶中富含蛋白质。在茶里掺入牛奶后，其蛋白质和茶多酚相结合，能使茶多酚较容易被胃肠吸收，从而降低癌症发病率。

四、脂质

基本知识

细胞内脂质主要分为脂肪、磷脂和固醇。

脂肪因为其化学分子的特点，可以储存比较多的能量，是主要的储能物质。除此以外，脂肪还能润滑与保护内脏器官，某些内分泌物质需要脂肪帮助运输。研究表明：脂肪是儿童智力发育的基础。成人和较大儿童膳食中脂肪所提供的能量应占25%～30%，母乳中脂肪所提供的能量可占到50%。而且脂肪能促进视觉发育、皮肤健康。对青少年来说，性发育更需要脂质。女性体内脂肪储量达到一定水平时，才能将信息传递给大脑，从而产生性激素，促使月经初潮的形成和卵巢功能的发育。当体内脂肪少于17%时，月经初潮就不会形成；只有体内脂肪含量超过22%时，才能维持女性正常排卵、月经、受孕以及哺乳功能。盲目通过减少摄食量进行减肥是不科学的，会因某些化合物含量不足而引起一系列疾病（图1-7）。

心脏功能衰退

坏的胆固醇增加　　　血管壁变得紧绷

血液浓稠度上升　　　变胖、体重增加

图1-7

磷脂为含磷酸的复合脂，广泛分布于动物、微生物、植物的种子和果实中，特别分布于动物的脑、骨髓、神经组织及心脏、肝脏、肾脏等器官内，是细胞膜的主要组成成分。

磷脂被称为血管"清道夫"，有乳化分解油脂的作用，可促进血液循环、改善血清，清除过氧化物，使血液中的胆固醇及中性脂肪含量降低，减少脂肪在血管内壁的滞留时间，促进粥样硬化斑的消散。卵磷脂还具有改善记忆、健脑等作用。

固醇主要包括胆固醇、性激素和维生素D。

胆固醇，又称胆甾醇。早在18世纪，人们已从胆石中发现胆固醇。胆固醇广泛存在于动物体内，尤以脑及神经组织中最为丰富，在肾、脾、皮肤、肝和胆汁中含量也高。过度摄入胆固醇会对身体造成一定危害（图1-7）。

胆固醇是动物组织细胞不可缺少的重要物质，它不仅参与形成细胞膜，而且是合成胆汁酸、维生素D以及甾体激素（类固醇激素）的原料。胆固醇经代谢还能转化为胆汁酸、类固醇激素、7-脱氢胆固醇，并且7-脱氢胆固醇经紫外线照射就会转变为维生素D3，所以胆固醇并不是对人体有害的物质。甾体激素具有促进性器官成熟、副性征发育及维持性功能等作用。胆固醇是合成甾体激素的原料，因此胆固醇跟性发育及第二性征的形成也有关系。

维生素D，属于脂溶性维生素，可防止佝偻病的发生，其中最主要的是维生素D3与维生素D2。维生素D的主要功用是促进小肠黏膜细胞对钙和磷的吸收。肠中钙离子吸收需要一种钙结合蛋白，维生素D3可诱导此蛋白合成。维生素D3还可促进钙盐的更新及新骨生成，促进磷吸收与肾小管细胞对钙、磷的重吸收，故可提高血钙、血磷浓度，有利于新骨生成和钙化。

五、维生素

维生素的发现：1897年，艾克曼发现只吃精磨的白米可患脚气病，未经碾磨的糙米能治疗这种病。可治脚气病的物质能用水或酒精提取，当时人们称这种物质为"水溶性B"。

1911年卡西米尔·冯克鉴定出在糙米中能治疗脚气病的物质是多种胺类，多数为辅酶。有的供给量须彼此平衡，如维生素B1、B2和PP，否则可影响生理作用。

📖 **科学思维**

很多现象的出现都有其固有的原因或引发的机制，需要通过物质的寻找或鉴定才能对其导致该现象的过程进行更进一步的研究与理解。

常见的水果、蔬菜、肉类中有不同种类的维生素（图1-8），你知道有哪些维生素吗？它们在人体中的作用分别是什么？

图1-8

📖 **基本知识**

维生素是人和动物为维持正常的生理功能而必须从食物中获得的一类微量有机物质，在人体生长、代谢、发育过程中发挥着重要的作用。维生素在体内既不参与构成人体细胞，也不为人体提供能量。

根据维生素的特点，人体一共需要13种维生素：维生素A、维生素B、维生素C、维生素D、维生素E、维生素K、维生素H、维生素P、维生素PP、维生素M、维生素T、维生素U、水溶性维生素。维生素是个庞大的家族，大致可分为脂溶性和水溶性两大类。某些维生素由维生素原转化而来。例如β-胡萝卜素能转变为维生素A；7-脱氢胆固醇可转变为维生素D3。

1. 维生素A

在乳类、蛋类和动物内脏中含量丰富，植物来源的胡萝卜素能作为维生素

A的重要供应来源。其中最具有维生素A生物活性的是α-胡萝卜素，但其在人类肠道中的吸收利用率很低，需要肝脏的协助进行转化。其作用有维持视觉，促进生长发育，维持上皮结构的完整与健全，维持上皮组织的正常形态与功能；保持皮肤湿润，防止皮肤黏膜干燥角质化，有助于对粉刺、脓包、疖疮、皮肤表面溃疡等症的治疗；有助于祛除老年斑；能保持组织和器官表层的健康。

2. 维生素B复合体

维生素B复合体包括泛酸、烟酸、生物素、叶酸、维生素B1、维生素B2、维生素B6和维生素B12。有人也将胆碱、肌醇、对氨基苯甲酸、肉毒碱、硫辛酸包括在维生素B复合体内。由于有很多共同特性（如都是水溶性、都是辅酶等）以及需要相互协同作用，其常被称为维生素B族。

维生素B1主要维持碳水化合物的正常代谢，能增进食欲，维持神经正常活动。

维生素B2（核黄素）参与体内生物氧化与能量生成，参与色氨酸转变为烟酸、维生素B6转变为磷酸吡哆醛的过程，参与构成体内的抗氧化防御系统，提高机体对环境的应激适应能力。

维生素B3（烟酸）在人体内转化为烟酰胺，烟酰胺是辅酶Ⅰ和辅酶Ⅱ的组成部分，参与体内脂质代谢，组织呼吸的氧化过程和糖类无氧分解的过程。

维生素B6（吡哆醇）是机体中的很多酶系统的辅酶，参与氨基酸的脱羧作用、转氨基作用、色氨酸的合成等。

维生素B12又称钴胺素，是人体内唯一含金属的维生素。它可通过提高叶酸的利用率影响核酸和蛋白质的合成，从而促进红细胞发育和成熟。

它们的作用相辅相成，单独摄取任何一种或数种，会增加其他未补充维生素B的需要量，使摄取不足的部分因为缺乏而造成身体异常，反而弄巧成拙。维生素B族是个庞大的家族，这些家族成员必须同时发挥作用，这种现象叫维生素B族共融现象。

3. 维生素C

维生素C能够治疗坏血病并且具有酸性，所以又被称作抗坏血酸。其在柠檬汁、绿色植物及番茄中含量很高，可使脑细胞结构坚固，在消除脑细胞结构的松弛与紧张状态方面起着重要作用，使身体的代谢机能旺盛。充足的维生素

C可使大脑功能灵活、敏锐。

4. 维生素E

维生素E早在20世纪20年代就被人们发现，科学家在研究生殖过程中发现，酸败的猪油可以引起大白鼠的不孕症，一种脂溶性膳食因子对大白鼠的正常繁育必不可少，后来这种因子便被命名为维生素E。可见维生素E是脂溶性维生素，在生殖发育中具有重要的作用。维生素E的各种功能可能都与其抗氧化作用有关。

5. 维生素K

1929年丹麦化学家达姆从动物肝和麻子油中发现并提取出维生素K。由于它具有促进凝血的功能，故又称凝血维生素。常见的有维生素K1和K2。维生素K1是由植物合成的，如苜蓿、菠菜等绿叶植物；维生素K2则由微生物合成。

各类维生素的作用多种多样，缺乏各类维生素会引起身体出现不同的症状。缺乏维生素A时，皮肤粗糙，出现表皮角化与干燥；眼部出现以干燥、溃疡、角膜与结膜干燥为特征的角膜软化症或夜盲症。维生素C缺乏症：伤口愈合不良，齿龈肿胀，易出血。维生素B2缺乏可导致物质代谢紊乱，表现为唇炎、口角炎、舌炎、阴囊皮炎、脂溢性皮炎等症状。维生素B1缺乏时食欲下降，手脚麻木，四肢无力，肌肉酸痛。由于维生素B2缺乏会影响铁的吸收，因此易出现继发性缺铁性贫血。缺乏维生素B6会引起呕吐、抽筋，外伤不易愈合等症状。维生素E缺乏症：妇女习惯性流产，易痛经，皮肤干燥，四肢无力，易出汗，精神紧张，头发分叉。

了解各类维生素的理化性质、功能特点，结合合理的饮食，纠正偏食习惯，能有效预防这些症状，对维生素易缺乏的特殊人群应给予强化食品或复合维生素进行预防。

🔖 科学思维

A同学出现精神不集中，食欲不振，牙龈出血症状，怀疑自己缺乏维生素C，但补充后却不见好转，对此你有何建议？

兴趣链接

对细胞有害的化合物

就细胞的结构与功能角度来看，能抑制细胞进行正常生命活动，或对细胞结构构成伤害的化合物都能称为对细胞有害的化合物。致癌类化合物有发霉花生中的黄曲霉毒素、咸鱼中的亚硝胺类化合物、烤肉中的苯并芘、隔夜菜中的亚硝酸盐、槟榔中的槟榔素等。

香烟中也有很多有害物质，比如刺激交感神经，让人成瘾的尼古丁；能够刺激黏膜、损伤呼吸道的氮氧化物、含硫气体以及氰化氢等挥发性有机物；降低血红蛋白携氧能力的一氧化碳；致癌甲醛，N–亚硝胺等。

酒水里的酒精能刺激小脑，抑制小脑调节躯体平衡的能力，因此醉酒甚至酒精中毒者会出现步履不稳的现象。长期酒精摄入量过多，会造成酒中毒性小脑变性，可合并多发性神经病、糙皮病和大脑萎缩等。

若在服药时大量饮酒，会增加某些药物的副作用或使药物失去疗效。服用阿司匹林类药物时饮酒，会加强对胃的刺激，甚至引起严重出血；服用降糖灵时饮酒，可引起严重的低血糖症。特别要注意的是，服用头孢菌素类药一定不能饮酒，也要避免服用含有酒精的药物或食物，否则会出现面红、发热、头痛、恶心、呕吐、心跳加快、血压下降、呼吸困难等症，严重的甚至会发生休克、死亡。

第三节　营养物质的摄入和搭配

> 1. 身体是如何摄入营养物质的？
>
> 2. 怎样搭配营养物质，实现健康饮食？

俗话说"民以食为天"。食物除了带给人愉悦的心情外，食物中所含的水、无机盐、糖类、蛋白质、维生素、脂质等化合物对于细胞来说，各有各的作用。对于人体，某类营养物质吸收过量或不足会引起相对应的疾病与症状，因此合理搭配摄入营养物质非常必要。

基本知识

营养物质多来自食物，需要消化酶的帮助，使大分子的营养物质分解为更简单的分子，利于细胞摄入。食物通过咀嚼、研磨、消化，被分解后细胞才能吸收利用。如多糖分解为单糖，蛋白质分解为氨基酸等，而某些脂肪和维生素能被细胞直接吸收。不同的营养物质因其化学结构不同，功能也不同。细胞对其利用各异，有的作为结构物质或能量物质，身体或细胞中有不同种类的酶对其催化，分解为细胞能吸收的分子后，再进入细胞被利用；有的作为信息分子，与细胞结合后发挥作用。各类化合物都有其特定的功能，各类化合物之间会相互作用，合理摄入才不会出现因为过量或缺乏引起病症。

📖 **科学探究**

在生活中我们往往有这样的经历：吃馒头的时候细细嚼，会尝到甜甜的味道，实质是淀粉在口腔中被唾液中的唾液淀粉酶分解为麦芽糖。而蛋白质却不能在口腔中被分解，需要到胃才能被分解，想想这是什么原因导致的？怎样验证你的想法？除了通过消化系统，身体还能通过什么途径摄入营养物质呢？如何验证你的想法？

💗 **社会责任**

营养物质搭配与健康饮食

合理营养是健康的物质基础，而平衡膳食是合理营养的唯一途径。平衡膳食是指不同类型的、各式各样的食物按一定比例组成的膳食，以保证供给符合机体的生理状况及生活环境所需要的能量和物质（图1-9）。根据细胞所需要的物质，以及缺乏某物质身体会出现的问题，我们可以合理搭配营养物质，进行合理膳食。平衡膳食需要注意摄入营养物质的量与种类，摄入的时间，同时摄入时各类营养物质之间的相互作用等。

油脂类

奶类和奶制品
豆类和豆制品

畜禽肉类
鱼虾类
蛋类

蔬菜类
水果类

谷类以及杂豆
水

图1-9

1. 食物以谷类为主

每人每天需进食300～500克谷类食物。谷类食物主要为人体提供碳水化合物、蛋白质、膳食纤维和B族维生素等，是人体热能最主要的来源。在食用谷类食物时，应注意粗细搭配，经常吃些粗粮。不要食用加工得过精的大米，因为大米加工过精会使米粒表层所含的大部分营养素（如维生素、矿物质等）和膳食纤维流失到米糠之中。

2. 动物性食物以禽蛋、鱼肉为主

每人每天应食鸡蛋（或鸭蛋）1个，鱼肉100～200克，油脂25克。蛋类可为人体提供极为丰富的蛋白质、脂肪、无机盐、维生素A、维生素D以及钙、磷、铁等。鱼肉中含15%～20%的蛋白质，其纤维较短，脂肪量少，易为人体消化吸收，其消化率为87%～98%；鱼脂肪多由不饱和脂肪酸组成，人体消化率为95%。此外，鱼肉还含有一定量的维生素A、维生素B2及碘、钙等。

3. 食用豆类及其制品

每人每天应食豆类及其制品100～150克。豆类中含有的氨基酸接近人体的需要，尤其富含粮食中较为缺乏的赖氨酸。此外，还含有较丰富的钙、磷、铁、维生素B1、维生素B2等。豆腐含有丰富的蛋白质；豆浆的营养成分在供给蛋白质上与鲜奶相当，且含有丰富的铁；豆芽含有丰富的维生素C。豆类的消化率为65.3%，其加工制成的豆腐，消化率可提高至92%～96%，豆浆中蛋白质消化率可达82%。

4. 摄入足够的蔬菜与水果

每人每天应吃蔬菜400～500克，水果100～200克。蔬菜和水果都含有丰富的维生素、矿物质和膳食纤维。蔬菜种类颇多，红、黄、绿等深色蔬菜中维生素含量超过浅色蔬菜和一般水果，它们是胡萝卜素、维生素B2、维生素C和叶酸、矿物质、膳食纤维及天然抗氧化剂的主要来源。虽然水果中维生素和一些微量元素的含量比不上新鲜蔬菜，但水果中葡萄糖、果糖、柠檬酸、苹果酸、果胶等物质的含量比蔬菜丰富。红黄色水果（如柿子、柑橘、鲜枣等）是维生素C和胡萝卜素的丰富来源。因此，应选食红、绿、黄等较深色的蔬菜和水果。

合理调配食物，保证平衡膳食。人们吃多种多样的食物，既可获得均衡营养，又可使饮食更加合口味。因此，应采用同类食物互换的原则调配一日三

餐。价格昂贵的食品并不一定是高营养价值的食物，应科学地安排膳食，获得充足的营养。

科学思维

脸色总是黄黄的、不爱吃杂粮的小明以及小明患有糖尿病的奶奶。

（1）豆浆与油条是我们常见的早餐搭配，请用学过的知识说说，这份早餐搭配对于他们合适吗？若不合适，请为他们搭配合适的早餐。

（2）很多同学都与小明类似，不吃早餐，或有偏食的习惯。请你以营养师的角度，运用学过的知识，为自己设计制作一份营养可口的每日餐单，尝试坚持食用，设计表格追踪自己身体的变化，希望你有意外的惊喜。

（3）若亲人生病，需要照顾，你需要从哪些角度考虑为他制作营养餐呢？

兴趣链接

人体第七营养素"膳食纤维"

膳食纤维是一种多糖，它既不能被胃肠道消化吸收，也不能产生能量，因此，它曾被认为是一种"无营养物质"而长期得不到足够的重视。然而，随着营养学和相关科学的深入发展，人们逐渐发现膳食纤维具有相当重要的作用。

膳食纤维的主要益处：降胆固醇，降血糖，减压，改善心脏健康，可能会降低结肠癌风险，帮助控制体重。"纤维"实际上是许多不同种类食物的总称，很多种类的纤维被比作维生素，其功能以及人们对其需求各不相同，却都有助于改善机体健康。诸如豆类及燕麦中通常存在的可溶性纤维能够帮助降低胆固醇并调节血糖水平，水果和蔬菜中的非可溶性纤维可以加快肠道蠕动，帮助排出肠道内的食物残渣，让我们保持匀称的身材。所以进行不同的饮食搭配是非常有意义的，每天摄入足够的纤维素也非常重要。

参考文献

[1] 陶双. 200例反复上呼吸道感染患儿血清微量和常量元素的缺乏情况及间断补锌、铁的防治效果分析 [J]. 中国妇幼保健，2017，32（7）：1498-1501.

［2］李雪，张涛.儿童末梢血微量元素1268例结果调查分析［J］.临床和实验医学杂志，2009，8（10）：145，147.

［3］马堃.微量元素缺乏对儿童生长发育及行为的影响［J］.山东医药，2003，43（19）：51-53.

［4］颜世铭，李增禧，熊丽萍.微量元素医学精要Ⅰ.微量元素的生理作用和体内平衡［J］.广东微量元素科学，2002，9（9）：1-48.

［5］颜世铭，李增禧，熊丽萍.微量元素医学精要Ⅱ.疾病的诊断和治疗［J］.广东微量元素科学，2002，9（10）：1-43.

［6］林果为，王吉耀，葛均波.实用内科学·下册［M］.北京：人民卫生出版社，2017：2528-2535.

元素和化合物以独特的形式组成了细胞这一生命体。活细胞与生物体一样会经历生长、衰老和死亡等生命历程。

第二章

人体细胞的生命历程

人们经过不断探究，终于在细胞的生命历程的研究中有了新的发现。具有无限适应性的干细胞为修复损伤的神经提供了可能，干细胞的移植有望治疗因脊髓损伤导致的麻痹和瘫痪，细胞衰老的多种原因被提出，细胞自噬的神秘面纱被揭开。

第一节　干细胞

导读

1. 什么是干细胞？干细胞的分类有哪些？
2. 胚胎干细胞有何应用？造血干细胞移植的原理是什么？
3. 干细胞的研究与运用。

基本知识

在多细胞构成的生物体中，绝大多数细胞在基因的选择性表达过程中具备特定的生理功能，执行着特定的任务，这些细胞组成了生物体的各种组织和器官。

1998年，科学家从人体中分离出一类特殊的具备分裂和分化为其他类型细胞能力的细胞，并将这类细胞命名为干细胞。由于干细胞没有被锁定为某种特定类型的细胞，分化的潜能很大，所以干细胞不仅能进行细胞分裂，还能在适当条件下分化为其他类型的细胞，如神经细胞、血细胞、肌细胞、免疫细胞等（如图2-1）。

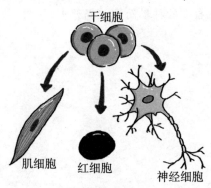

图2-1　干细胞的分化

干细胞可以按细胞分化潜能和来源进行分类，分类情况详见图2-2。其中全能干细胞指未分化、具有无限分裂分化能力和发育全能性的一类细胞，如从受精卵到桑葚胚期间的每一个细胞都是全能干细胞。多能干细胞指经过低度分化、虽具有分裂能力但不具有发育全能性的一类细胞，如造血干细胞、神经干细胞、精原干细胞等。单能干细胞是指只能分化出某种或某两种特定细胞的一类细胞，如骨骼肌干细胞只能分化出骨骼肌细胞，心肌干细胞只能分化出心肌细胞等。

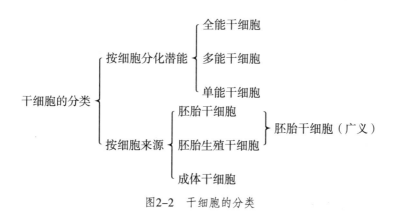

图2-2　干细胞的分类

细胞的来源有很多种，比如胚胎、胎儿或者成体的组织和器官等，由此可以将干细胞分为胚胎干细胞、胚胎生殖干细胞、成体干细胞。广义上来讲，一般将胚胎干细胞和胚胎生殖干细胞统称为胚胎干细胞，而成体干细胞类型较多，比如常见的有神经干细胞、造血干细胞等。

1. 胚胎干细胞

当受精卵分裂至64～200个细胞时（囊胚期），这些细胞还没有进行分化，这样的一群细胞就叫作胚胎干细胞。人的胚胎干细胞是指受精后5～7天内的细胞，即囊胚中的未分化细胞。哺乳动物的胚胎干细胞可从早期胚胎或原始性腺中分离而获得，其具有发育的全能性，能自我更新和不定向分化，当胚胎继续进行分裂时，细胞就会分化形成具备特定功能的各类细胞，进一步变成生物体的各种组织、器官等。胚胎干细胞不仅能在生物体内被诱导分化为构成生物体的各类细胞，在体外也能进行无限增殖培养。由于对胚胎干细胞来源的伦理关注，目前一些国家对胚胎干细胞的研究相对来说比较保守。

2. 成体干细胞

成体干细胞存在于人体各种类型的组织中，可以维持和修复它们所在人体部位的一些组织。造血干细胞是血液系统中的成体干细胞，它们存在于人的骨髓中，能够通过增殖和分化不断产生红细胞、白细胞和血小板等血细胞补充到血液中去。脐带血中也含有大量造血干细胞，可以培养并分化成人体的各种血细胞，目前脐带血干细胞被用于治疗血液方面的疾病，如白血病。由于获得成体干细胞的过程是获得捐赠者同意的，所以国际社会对成体干细胞的研究较为开放。

❤ 社会责任

1. 胚胎干细胞的保存与应用

胚胎干细胞具有无限分化的潜能，但其只要开始朝着某一特定的细胞类型分化，就会失去这种无限分化的能力。因此维持胚胎干细胞的潜能是保存胚胎干细胞的手段之一。近年来，科学家发现了一种名为GBAF的新型蛋白复合体，这种蛋白复合体通过抑制干细胞的发展，使干细胞维持无限分化的潜能。

将哺乳动物的早期胚胎——囊胚中的内细胞群放于添加抑制因子的培养液中培养时，细胞能够保持不分化的状态，因此，可以在体外培养的条件下对胚胎干细胞进行冷冻保存或遗传改造。

胚胎干细胞能在一定条件下被诱导分化形成新的组织细胞，对其移植便可使坏死的部位得以修复或退化的功能恢复正常。人们正是利用胚胎干细胞的这个特性，将胚胎干细胞诱导分化出来的某些组织细胞用于治疗人类的某些疾病，如糖尿病、心衰竭、肝衰竭、成骨不全等。随着细胞工程技术的发展，人们已经可以利用胚胎干细胞进行体外培养，培育出人造的组织和器官，增加了器官移植的器官来源途径，为消除免疫排斥反应等提供了巨大的支持（如图2-3）。但是，由于技术及伦理的限制，目前全球关于胚胎干细胞的研究项目还较少。

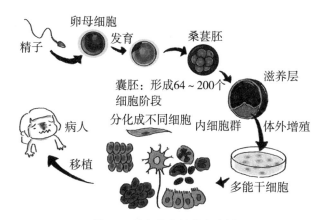

图2-3　干细胞的培养与应用

2. 造血干细胞移植

造血干细胞移植即骨髓移植，是通过静脉输注造血干细胞，重建患者正常造血与免疫功能，从而治疗一系列疾病的治疗方法。由于造血干细胞除了来源于骨髓，还可来源于外周血、脐带血，因此造血干细胞移植基本上代替了"骨髓移植"这一专业术语。

美国医学家唐纳尔·托马斯于1956年发现治疗白血病的方法——将正常人的骨髓移植到白血病患者的体内，即对患者进行造血干细胞移植。治疗原理是正常人的骨髓中含有大量具有造血功能的造血干细胞，这些正常的造血干细胞能分化为红细胞、白细胞和血小板等血细胞补充到患者的血液中去。

但造血干细胞移植不仅需要一定的技术，还需要合适的骨髓造血干细胞捐赠者。捐赠者将自身的骨髓造血干细胞捐赠出去后是否会对自身的健康造成影响？如何才能减少患者对捐赠者骨髓造血干细胞的免疫排斥反应？

由于骨髓造血干细胞具有很强的再增殖能力，故捐赠者在将骨髓造血干细胞捐赠后，自身的骨髓会受到相应的刺激加速造血，并快速补充血液中的血细胞，故捐赠者无须担心捐赠后自身健康问题。不同人的造血干细胞HLA（人类白细胞抗原）不同，捐赠者与患者的HLA要配型相同，移植到患者体内后免疫排斥反应才会相对减弱，移植成功率才会更高。

为了快速找到与白血病患者配型相同的捐赠者，世界各国都建立了骨髓库。我国也于2001年正式建立了中华骨髓库，截至2020年12月份，中华骨髓库志愿者人数达293万，其中捐献骨髓造血干细胞人数高达10000多例。中华骨髓库的建立为白血病患者带来了巨大的福音。

兴趣链接

体细胞也可以诱导成多能干细胞

山中伸弥等科学家进行了干细胞的研究，他们发现只需要4个基因（现被称为"山中因子"）就能使小鼠成体细胞重新编程回到胚胎的状态，变成诱导多能干细胞（iPS）。受到这项研究的启发，研究人员将人的皮肤细胞或是血液细胞等重新编程，让它们转变为iPS细胞，再用这些iPS细胞培养成肝细胞、神经元或其他可以用来配合治疗疾病的细胞。如果该实验成功，就可以在很大程度上减少人体的免疫排斥反应。

2012年山中伸弥因在细胞重编程方面的贡献和其他学者一起获得诺贝尔生理学或医学奖。遗憾的是iPS细胞疗法的设想被证明难以实现，iPS细胞疗法的临床试验被迫叫停，但iPS细胞却成了实验研究的"大红人"，它们在对人类疾病进行建模和研究、药物筛选以及提供人体组织细胞方面起着积极的作用，所以iPS细胞的研究还是具有非常重大的意义的。

干细胞治疗麻痹

当皮肤或口腔黏膜出现小伤口时，伤口几天便能愈合并恢复如初，这是由于我们体内存在着皮肤干细胞和口腔黏膜干细胞。但是脊髓损伤后，却很难自我修复，因此由于各种外力使脊髓损伤因而导致肢体麻痹或者瘫痪的患者很难被治愈。

葡萄牙的卡洛斯·利马博士团队在研究从鼻腔分离出来的组织时发现，该组织中含有大量干细胞，他们将这些干细胞移植到受损的脊髓中，发现它们会分化成神经细胞，对脊髓细胞进行了更新，从而代替了原来受损的细胞。后来，超过40名瘫痪患者接受了该治疗方案，令人惊喜的是，这些患者身体麻痹的部位都产生了感觉，并且一部分患者身体的某些部位具有了一些运动控制。随着进一步的物理治疗，约有10名患者能在借助支撑物的情况下进行走动，这对于那些因为各种外力导致肢体麻痹或者瘫痪的患者来说简直是一个天大的好消息。

📖 科学探究

你还知道干细胞在实际生活中的应用吗？有兴趣的同学可以查阅资料，了解更多关于干细胞的应用、干细胞的研究与进展方面的知识。

（1）科学记录册的制作：制作一个记录册，将与干细胞有关的知识记录下来，记录内容包括：干细胞的分类，胚胎干细胞与造血干细胞的应用与相关疾病的治疗，研究干细胞的历史、好处与发展前景，学习的心得体会等。

（2）请你查阅资料，绘制一个iPS的研究年表。表格示例如下：

表2–1

年份	主要科学家	事件	影响意义

第二节 细胞的衰老

1. 细胞衰老与人体衰老的关系有哪些？

2. 早衰症的特征及其治疗方法有哪些？

3. 举例说明延缓细胞衰老和人体衰老的措施。

基本知识

细胞衰老是指在执行生命活动的过程中，细胞的增殖、分化能力与生理功能逐渐发生衰退的变化过程。因此，细胞衰老的特征最终表现在其形态、结构和生理功能发生的变化上。人体的衰老是机体细胞普遍衰老的结果。

一、细胞衰老的特征

（1）形态上：由于细胞体内的水分逐渐减少，细胞整体萎缩，体积相对变小，最终导致老年人皮肤出现皱纹。

（2）结构上：细胞核体积增大，核内染色质收缩，染色加深，最终影响基因的表达。

（3）功能上：细胞膜通透性的改变导致其控制物质进出的功能降低，细胞内多种酶活性降低，细胞内的色素积累。如与呼吸有关的酶活性降低使呼吸速率降低，影响细胞的新陈代谢。酪氨酸酶活性降低导致毛囊中的黑色素合成减少，最终导致老年人头发变白。脂褐素的积累导致老年人皮肤呈现出"老年斑"。

二、与细胞衰老有关的疾病

1. 早衰症

早衰症全名为早年衰老综合征，顾名思义，就是未老先衰、过早衰老的意思。早衰症患者不仅在面容上表现为老人状态，器官等的生理状态也跟老人相似。此外，他们发育迟缓、身材瘦小，头很大，脱发是常态，面部小，眼呈鸟眼样外形。他们衰老的过程比正常人快5~10倍，患此病的儿童一般只能活到7~20岁，大部分死于与衰老有关的疾病。

早衰症是一种能致命的罕见的遗传病，有研究指出该病的病因是Lamin A基因的突变，导致患病儿童细胞的结构以及生理功能逐渐退化，造成儿童迅速老化。Lamin A基因通过与染色质发生相互作用而改变染色质的空间结构，从而调控基因的表达。

2. 沃纳综合征

沃纳综合征又称成年早衰症、白内障–硬皮病–早老综合征，是一种患者平均寿命只有55岁的致命性疾病。患有成年早衰症的长岛从20岁起，身体就开始走下坡路：25岁患上白内障，28岁臀部疼痛，30岁腿上出现皮肤问题，33岁被确诊为该病患者。才43岁的长岛视力就已严重下降，头发已经掉光了，脸上长满了老年斑，眉毛也只剩稀疏的几根。长岛承受着因为衰老而带来的各种疾病的折磨，自从被确诊后，他做了五六次手术，患了关节炎的他即使换上了人工髋关节，还是无法长时间站立和快速走动。

为什么43岁的长岛会有着一副80岁老人的身体？归根结底，是因为长岛的基因组中存在着发生了突变的WRN基因。沃纳综合征是一种常染色体隐性遗传疾病，长岛的父母均表现正常，能享常人之寿，说明长岛分别从父母的基因组中获得了一个突变的WRN基因，从受精卵形成的那一刻起，长岛的不幸就已经被注定了。那么患上这种疾病的患者是不是就无法医治了？

研究发现，组成染色体的DNA和组蛋白可以获得化学标记，这种标记不会改变基因的结构，但能使基因的活性增强或减弱，我们能从标记的位置或形式中判断出一个人的生活环境或者是否有过抽烟、喝酒等的经历，这样的标记就叫作"表观基因组"。后来史蒂夫·霍瓦斯教授及其团队用一种化学标记（甲基化标记）在正常人和沃纳综合征患者的血细胞中进行了实验，发现患者血细胞的表观遗传年龄竟然明显高于正常人，说明了这些标记竟然在"快进"。

长岛的遗传信息为科学家的研究提供了材料，科学家们也尝试从WRN基因的角度去进行研究。现在已经得知，由WRN基因编码的解旋酶参与了DNA的复制、展开、修复等重要的过程，所以，WRN基因结构正常是所有DNA正常发挥作用的关键，如果WRN基因结构被破坏，DNA的完整性也就会被破坏，从而导致基因突变。基因突变会引发细胞更多的异常情况，而这些异常不仅存在于DNA中，也存在于DNA周围的表观遗传标记中。

那么在沃纳综合征患者的体内，到底是疾病和衰老造成了这些表观遗传标记还是这些表观遗传标记造成了疾病和衰老，最终导致死亡的呢？如果是后者，是不是只要删除或者重新编辑这些标记，就能治好像长岛这样的患者，甚至能让衰老的人们"返老还童"了呢？

科学家们通过进一步研究，发现山中伸弥提出的"山中因子"竟然能消除表观遗传标记，将细胞的表观遗传年龄完全倒回到胎儿的阶段。科学家们在小鼠身上重复了山中伸弥的实验，遗憾的是，小鼠虽然恢复了年轻，但几天后就死亡了。由于对细胞进行重新编程会引发癌症，细胞正常的生理功能也会随之丧失。

❤ **社会责任**

延迟细胞衰老的措施

1. 减少热量摄入

人们发现，限制小鼠和大鼠的热量摄入，可以延长小鼠和大鼠的寿命。近期，人们的这个发现在灵长类动物的研究上受到了重视，而且在研究过程中发现，饮食限制不仅能延长寿命，还能抑制与年龄相关的一些疾病。由此可见，适当的饮食控制能延缓衰老。

2. 减少糖分摄入

如果血液中的血糖含量长期处于一个较高的水平，那么血糖可以在没有酶的参与下与蛋白质进行结合，这种结合称为糖的非酶糖化。关于衰老的理论有很多，糖化是其中较晚出现的一种。血糖和皮肤中的胶原蛋白结合会使皮肤变薄，和弹性蛋白结合会使皮肤弹性下降。由此不难想象，你的皮肤也许会因为你经常喝加糖的奶茶或咖啡、果汁或者大量摄入高糖分的食物而慢慢变差，从而加速你的衰老哦。

3. 减少铝元素摄入

由于铝锅、铝盆等铝制品的使用，人们过多地摄入了铝元素，直接破坏了神经内遗传物质脱氧核酸的功能，这不但使人易患老年痴呆症，而且会促使人过早衰老。所以适当地减少铝制品的使用，也许你与衰老之间的距离就不会这么快缩短了。

4. 补充抗氧化营养素

有一些营养素具有抗氧化作用，如维生素C、维生素E和胡萝卜素等，普遍存在于植物性食物当中，最受重视的胡萝卜素就大量存在于绿色蔬菜、深黄或橙色的蔬菜中。维生素C具有抗氧化及促胶原生成的作用，可提高白细胞功能，预防感冒。维生素E经常被认为是防止老化的维生素，因为它能发挥抗氧化作用。含丰富维生素E的食物有小麦胚芽油、玉米油、黄豆、麻油、花生等。

此外，不要熬夜，保持良好的作息习惯和饮食习惯，保持愉悦的心情，适当地进行体育锻炼，都有利于机体保持年轻的状态。

🔧 兴趣链接

细胞衰老的原因

20世纪90年代以来，生物学家对衰老和限制寿命过程的了解越来越深入，并且在研究细胞衰老原因的过程中取得了一定的成果。近些年来，医学界更是涌现出了多种关于衰老机理的学说，它们从不同角度提出了人类老化的某种机理，对临床抗衰老治疗起了十分积极的作用。

1. 自由基学说

自由基是一类瞬时形成的含不成对电子的原子或功能基团。自由基的化学性质活泼，可攻击生物体内的DNA、蛋白质和脂质等物质，造成损伤，结果导致DNA断裂、交联、碱基羟基化，蛋白质变性而失活，膜脂中不饱和脂肪酸氧化，细胞膜流动性降低。人体内代谢产生的自由基长期蓄积，破坏了细胞的基本功能，导致细胞普遍性衰老，从而造成了人体内一系列的退行性变化，人体自然就衰老了。

正常细胞内存在清除自由基的防御系统，包括酶系统和非酶系统，前者如超氧化物歧化酶（SOD）、过氧化氢酶（CAT）、谷胱甘肽过氧化物酶；非酶系统有维生素E、醌类物质等电子受体。

大量实验证明，SOD和CAT的活性升高能延缓机体的衰老。科学家将SOD和CAT基因导入果蝇，使转基因果蝇比野生型的这两种酶基因多了一个拷贝，转基因果蝇中酶活性显著升高，而平均年龄和最高寿限延长。

2. 端粒学说

端粒是指真核细胞染色体末端的一小段特殊序列的DNA，其长度能反映细胞复制史和复制的潜能，因此又被称作细胞寿命的"有丝分裂钟"（如图2-4）。

构成端粒的一部分基因会因细胞的分裂而不能达到完全复制，因此细胞每分裂一次，端粒就会缩短一截，随着细胞分裂次数的增多，端粒缩短的部分会逐渐向内延伸，直至细胞终止其功能不再继续分裂。因此，端粒严重缩短是造成细胞衰老的信号。

端粒的长短与端粒酶有关。端粒酶是一种核糖核酸蛋白DNA聚合酶，可通过合成染色体末端的DNA，来补偿端粒的消减，赋予细胞复制的永久性。正常的体细胞中含有端粒酶，但这些端粒酶仅部分具有活性，即使在成体干细胞中，端粒酶的表达也不足以在整个有机体中维持端粒稳态，因此也就无法抑制细胞衰老和个体衰老的整体进程。

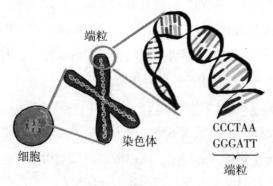

图2-4　染色体与端粒

3. 自身免疫学说

T细胞是人体重要的免疫细胞，它本应保护我们不受病原体的侵害。但是一项新的小鼠研究实验表明，随着年龄的增长，T细胞有可能会让我们"失望"。它们不仅会随着细胞内线粒体功能的"失灵"而出现衰退的现象，还会因为本身能释放出刺激老年人体内慢性炎症的分子，加快炎症刺激细胞衰老的过程。

为了验证T细胞促进衰老与炎症之间关系的这一假设，免疫学家们对小鼠的基因进行了改造，让其T细胞中的线粒体中缺少一种蛋白质，使线粒体功能失调。观察发现，改造后的小鼠在生长的黄金时期竟然表现出老年期的症状，而且小鼠体内的T细胞释放出大量可引发炎症的分子。就是这些异常的T细胞在一定程度上恶化了小鼠的生长状况。因此免疫学家认为免疫系统在加速衰老方面起着作用。

4. 代谢废物积累学说

细胞代谢产物积累至一定量后会危害细胞，引起衰老。脂褐质的沉积是一个典型的例子。脂褐质是一些长寿命的蛋白质与DNA及脂质共价缩合形成的巨交联物，由于脂褐质结构致密，不能被彻底水解，又不能排出细胞，在细胞内沉积增多，阻碍细胞的物质交换和信号传递，最后导致细胞衰老。研究还发现老年性痴呆（AD）患者脑内的脂褐质、脑血管沉积物中均有β-淀粉样蛋白（β-AP），因此β-AP可作为AD的鉴定指标。

5. 遗传程序学说

有研究者在第1号染色体上发现了与细胞衰老相关的基因，因此他们认为，由于任何生物物种在出生之前，其细胞内DNA的程序都是被编好了的，所以细胞的衰老是由基因控制的。

最新的研究发现，人的衰老还和细胞内线粒体的突变比率有关，科学家发现当这一比率超过60%时，细胞即开始出现功能异常、衰老甚至死亡。

科学家们认为，人是一种极为复杂的生物体，其生命发展的规律不是某一种学说所能完全解释的。关于细胞衰老的原因还在继续探究中，目前接受范围更广泛的是自由基学说和端粒学说，你是否还能举出更多有关细胞衰老的原因呢？

第三节　细胞的凋亡与自噬

导读

1. 什么是细胞的凋亡？什么是细胞的自噬？
2. 细胞自噬的研究进展。

基本知识

1. 细胞凋亡

细胞凋亡指为维持内环境稳定，由基因控制的细胞自主的、有序的死亡。它涉及一系列基因的激活、表达以及调控等作用，是生物体为更好地适应生存环境而主动争取的一种细胞死亡过程。

细胞凋亡的变化是多阶段的。首先出现的是细胞体积缩小，与周围的细胞脱离，然后是细胞质密度增加，线粒体膜通透性改变，核膜核仁破碎，DNA降解成为180～200bp的片段；细胞膜有小泡形成，可将凋亡细胞遗骸分割包裹为几个凋亡小体，无内容物外溢，不引起周围的炎症反应，凋亡小体可迅速被周围专职或非专职吞噬细胞吞噬。该过程与细胞自噬有关。

2. 细胞自噬

细胞自噬指的是在真核生物的细胞中，结构功能异常的蛋白质或细胞器等内容物与溶酶体融合，最后被降解掉的过程。通过自噬，细胞能清除内部"多余"的物质，相当于给自身"减重"了，我们可以形象地将这个过程比喻为细胞的"减肥"过程。

细胞自噬的过程可以简单地归纳为三个步骤（图2-5）：第一步，诱导并形成吞噬泡。细胞自噬受一些自噬相关基因的调控，当受到外界的刺激时，自噬的相关分子机制就会启动，在细胞内形成吞噬泡。假如这些基因发生了突变，就有可能诱发一些疾病，如炎症，甚至是癌症。第二步，吞噬泡延伸并形成吞噬小体。吞噬小体是双层膜结构，它的膜可能来源于线粒体、高尔基体和内质网。第三步，融合、降解与回收。吞噬小体与溶酶体融合形成自噬溶酶体，将其中包裹着的物质降解掉，从而使细胞获得新的物质和能量来源。此外，通过自噬，细胞能维持自身及组织、器官等的稳态。

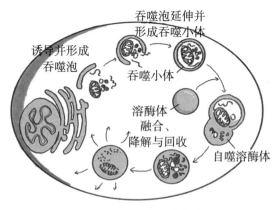

图2-5 细胞自噬的基本过程

3. 细胞自噬的作用

（1）"清洁"作用。细胞自噬可以清除细胞内一些受损或衰老的组分，这是细胞内一些成分和结构更新的正常途径。

（2）营养匮乏时的自救。在外界营养匮乏或细胞受到外界伤害时，机体可以通过细胞自噬降解一些非必要成分来实现"自给自足"。因此，细胞自噬是细胞感应外部环境刺激后表现出的应激性与适应性行为之一。

（3）免疫作用。细胞自噬具有自我保护、抗衰老、抗损伤的作用。细胞自噬可以降解被细胞吞噬进来的外来物质，从而对机体起到保护的作用。如机体被感染之后，可以通过细胞自噬消灭入侵的细菌和病毒等（如巨噬细胞中的溶酶体非常丰富）。此外，机体通过细胞自噬降解自身受损或衰老的组分，本身也是一种防止自我损伤的方式。

♥ 社会责任

细胞自噬与人类疾病

细胞自噬作为一种在真核生物中保守存在的细胞通路，与人类的疾病与健康息息相关。研究结果显示，细胞自噬出现异常时，可能会诱发多种疾病，如神经退行性疾病、肿瘤、Ⅱ型糖尿病等。在肿瘤的研究中，细胞自噬被证明在肿瘤的迁移、浸润与肿瘤干细胞的分化中发挥着两方面的作用，既参与抑制肿瘤的生长，又能为肿瘤细胞提供营养。神经退行性疾病，如阿尔茨海默病、帕金森病等都与泛素标记蛋白的异常累积有关，而细胞自噬在清除细胞内累积的蛋白质的过程中发挥重要作用。

⚙ 兴趣链接

细胞自噬的研究

随着自噬的神秘面纱逐渐被揭开，20世纪90年代初，学者们以酿酒酵母菌为模式生物展开了与细胞自噬有关的一系列研究，又以线虫为模式生物研究了自噬与长寿之间的关系，到目前为止已经发现了多种与细胞自噬有关的基因，在自噬与衰老、延长寿命以及肿瘤、衰老疾病之间的相互关系的研究方面均取得了一定的进展。

自噬领域有一位杰出的学者，她就是美国教授莱文。1993年她在对乳腺癌的研究中发现Beclin 1基因能通过诱导细胞发生自噬、凋亡等过程来抑制肿瘤的发生。Beclin 1基因是一种抑癌基因，也是哺乳动物体内第一个被发现的与自噬有关的基因。莱文的研究首次证明了自噬过程与肿瘤的发生息息相关，这为后来其他科学家的研究提供了极其宝贵的素材。她与她的团队还证明了线虫的寿命受自噬过程的调控后可延长，后来她又建立了自噬研究中心，证明了在骨骼肌和心肌中自噬过程的发生受到体育锻炼的影响……就是这样一位一生都埋头在自噬领域中艰苦研究的伟大学者，自身的细胞也发生了癌变，2020年在经历了与癌症长期的斗争后，莱文永远离开了我们。

当国外的科学家在自噬领域的研究上大放异彩时，我国学者们的表现也毫不逊色。浙江大学的刘伟教授是我国自噬领域的代表性学者，他所在的课题组主要的研究方向是细胞自噬的分子学机制和自噬与肿瘤的发生。他们发现依赖乙酰转氨酶P300的乙酰化修饰在VPS34激活中能发挥关键作用,这一新机制对自噬具有重要意义。他们还发现了一条新的能启动细胞自噬的信号途径,在细胞自噬领域的研究中取得了重大的进展。

科学探究

本节对于自噬知识的介绍只是冰山一角,有关细胞自噬的知识你还了解多少呢?请你以写一篇不少于300字的小作文的形式,一起来跟你的小伙伴们交流学习心得,说不定你会有意外的收获呢!

参考文献

[1]《中国组织工程研究与临床康复》杂志社学术部.造血干细胞移植的临床应用:现状与概况及未来[J].中国组织工程研究,2010,14(1):140-141.

[2]王泽华,李洪宇,曲静,等.人类早衰症的发病机制及干预方法[J].生物化学与生物物理进展,2018,45(9):926-934.

[3]方梦蝶,刘波,刘伟.自噬的分子细胞机制研究进展[J].中国细胞生物学学报,2012,34(4):382-390.

细胞能正常完成生命活动，遗传物质起决定作用。细胞在某些化学物质、射线以及病毒的作用下，基因突变的概率可能提高，而某些基因突变能导致细胞分裂失控，甚至发生癌变。染色体结构和数量的变异都可能导致生物性状的改变甚至死亡。人体细胞遗传物质如果发生变异，则可能会出现各种遗传病，给我们及其后代的健康带来很大的影响，但人类遗传病是可以检测和预防的。

第三章

人体细胞遗传物质的变异

随着人类平均寿命的延长以及环境污染的加剧，癌症的发病率呈现逐年上升的趋势。癌症的发生与多种因素有关，如年龄、生活习惯和生活环境等，但根本原因还是基因突变。除了癌症，人类的遗传性疾病的发病率和死亡率也有逐年增高的趋势，已成为严重威胁人类健康的一个重要因素。常见的遗传性疾病根据所涉及的遗传物质和传递规律，通常可分为三类：单基因遗传病、多基因遗传病和染色体异常遗传病。随着遗传学、分子生物学及临床医学的发展，越来越多的遗传病的致病基因被发现，这对明确遗传病的发生机理、研究遗传病的治疗方法起到了重要作用。本章的主要内容是了解遗传病的遗传方式、发病机理以及相关的检测、预防和治疗手段，这对于降低遗传病的发病率和提高全人类的身体素质，具有十分重要的意义。

第一节　基因突变与癌症

1. 什么是细胞癌变，细胞癌变与基因突变有什么关系？
2. 基因突变导致的常见癌症及症状有哪些？
3. 如何预防和治疗癌症？

基本知识

　　人的一生中，所有体细胞大约分裂10^{16}次，每一次分裂都要进行DNA的复制，而基因突变具有随机性，因此在基因组中每个基因都有可能发生突变。某些基因如原癌基因和抑癌基因发生突变可能导致细胞分裂失控，脱离衰老和死亡的正常途径而成为癌细胞。通常来说，原癌基因控制细胞正常的生长和增殖，相反，抑癌基因能抑制细胞不正常的生长和增殖，或者促进细胞凋亡。如果我们把细胞的生长调控系统看作一辆汽车，那么原癌基因可看作油门，抑癌基因可看作刹车。原癌基因突变导致某些蛋白质表达过量可看作踩油门，而抑癌基因突变导致肿瘤抑制蛋白活性减弱或丧失可看作刹车失灵，如此，细胞就可能变成不受机体控制、连续分裂的恶性增殖细胞，这就是癌细胞（图3-1）。

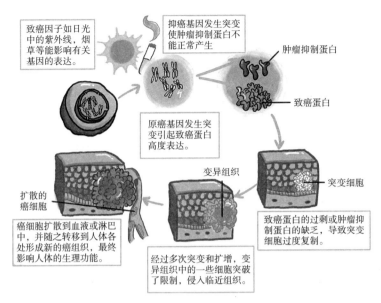

致癌因子如日光中的紫外线，烟草等能影响有关基因的表达。

抑癌基因发生突变使肿瘤抑制蛋白不能正常产生

肿瘤抑制蛋白

致癌蛋白

原癌基因发生突变引起致癌蛋白高度表达。

突变细胞

致癌蛋白的过剩或肿瘤抑制蛋白的缺乏，导致突变细胞过度复制。

变异组织

扩散的癌细胞

癌细胞扩散到血液或淋巴中，并随之转移到人体各处形成新的癌组织，最终影响人体的生理功能。

经过多次突变和扩增，变异组织中的一些细胞突破了限制，侵入临近组织。

图3-1　癌症发生理论的一种模式示意图

基因突变往往改变细胞的一些性状表现，与正常细胞相比，癌细胞有着其他正常细胞不具备的特点。首先，癌症病人体内出现肿块，那是因为原癌基因和抑癌基因的突变导致癌细胞的细胞周期已经失常，有了恶性增殖的特点，可以无限增殖形成独立组织即肿瘤。其次，癌细胞的形态和结构发生显著变化。例如，体外培养的正常成纤维细胞是扁平梭形，癌变后就成球形了，并且失去了接触抑制现象。最后，癌细胞容易转移，这是因为癌细胞膜上的糖蛋白等物质减少，使细胞间的黏着性降低，容易在体内分散和转移。

癌细胞还能进入血管，从血液中获取营养，也能穿过血管壁，在新的组织部位安置、存活与生长。正常细胞之间通过表面特异性蛋白相互识别，形成特定的组织和器官，但癌细胞异常表达一些膜受体蛋白，冲破了细胞识别的束缚，进而与别处细胞黏着。因此，癌细胞可以从发生部位转移到身体的其他部位，即具有浸润性和扩散性。癌细胞的生长与扩散会破坏重要脏器的功能，引起脏器衰竭，最后导致患者死亡。

既然癌细胞的形成与基因突变有关，那什么因素会诱发基因突变呢？正常的DNA复制过程中不可避免地会出现碱基配对错误的情况，这属于自发突变，概率是非常低的。机体暴露在诱变剂中引起的遗传物质改变称为诱发突变，通常比自发突变的频率高。美国遗传学家缪勒首次利用X射线照射果蝇的精子，后代突变的果蝇个体数明显增加。后来又有科学家用X射线和γ射线照射玉米和大麦的种子，也得到类似的结果。这些都属于物理致癌因子，主要指紫外线、X射线及其他辐射等，它们能损伤细胞内的DNA，进而引起基因突变。

科学家还发现，劳氏肉瘤病毒感染机体后可引起细胞癌变。这属于生物致癌因子，主要指能引起细胞癌变的一些病毒，它们含有病毒癌基因及与致癌有关的核酸序列，它们感染细胞后，将其基因组整合进入人的基因组中，从而诱发细胞癌变。例如，幽门螺旋杆菌反复感染所致的胃溃疡最终可能恶化为胃癌，女性感染人乳头状瘤病毒可能导致宫颈癌等。

联系生活实际，我们还知道，经常吸烟的人容易患肺癌，这与烟草中的尼古丁有关，烟熏烧烤食物、腌制食物容易使人患胃癌、肠癌，这与食物中的苯并芘、亚硝酸盐等物质有关，这些属于化学致癌因子，它们能改变核酸中的碱基。看来，外界环境中的某些物理因素、化学因素和生物因素都会提高基因突变的概率。

你知道吗，熬夜也属于致癌因素之一。研究人员对注射黑色素瘤细胞的小鼠进行研究，发现昼夜作息不规律的小鼠免疫系统中各种免疫细胞水平出现显著异常，癌细胞生长加速。这可能是因为熬夜会打乱人体的生物钟，而生物钟的紊乱则可能增加患癌风险。早在2007年，世界卫生组织国际癌症研究机构（IARC）就将熬夜（涉及昼夜节律打乱的轮班工作）归为2A类致癌因素，可见，规律作息对健康非常重要。

基因突变导致的常见癌症及治疗方法：

基因突变会导致细胞癌变，进而发展成癌症。从性别来看，男性最常见的癌症依次为肺癌、胃癌、肝癌、食管癌、结直肠癌；女性最常见的癌症依次是乳腺癌、肺癌、胃癌、结直肠癌、食管癌等。儿童最常见的癌症是血液肿瘤（如白血病）、淋巴瘤、神经母细胞瘤、视网膜母细胞瘤等。

1. 白血病

白血病指由病毒感染、接触化学致癌物质、放射线照射或遗传物质改变导致的骨髓造血干细胞恶性增殖，俗称"血癌"。白血病患者的血液、骨髓及各种组织、器官中均存在着大量由正常白细胞及其前体细胞发生增殖和分化异常后形成的白血病细胞。白血病细胞能不断增殖，并抑制骨髓正常的造血功能，导致患者出现一系列的临床症状，如不同程度的贫血、出血、发热、肝、脾、淋巴结肿大和骨骼疼痛等，严重危害人体的健康与生命。

（1）诱因。首先，新装修的房子通常有甲醛、苯等挥发性化学物质，长期居住在这样的房子中，患白血病的概率会大大增加，这属于化学因素致癌的例子。成人T细胞白血病可由人类T淋巴细胞病毒所致，这属于生物因素致癌的例子。X射线、γ射线等电离辐射大面积、大剂量照射可使DNA突变、断裂和重组，骨髓功能受抑，机体免疫力下降，最终导致白血病，这属于物理因素致癌。有白血病家族史的人，患病风险可能会增加。有唐氏综合征、先天性再生障碍性贫血、先天性免疫球蛋白缺乏症等遗传病的患者，白血病发病率也较高，这属于遗传因素对白血病的影响。

（2）治疗方法。根据病人具体情况，可采用输血治疗、药物治疗（如分子靶向药物治疗、免疫治疗等）、化疗（可迅速清除大量白血病细胞）、放疗、手术治疗（造血干细胞移植是现今唯一可愈方法）、中医治疗（缓解症状）等。

2. 皮肤癌

很多人喜欢沐浴在阳光里享受日光浴，认为这是一种健康的生活方式。可是不正确的日光浴不仅会损害健康，还可能导致皮肤癌。原来，日光中含有紫外线成分，虽然大部分可被大气层中的臭氧层吸收，但还有一小部分到达地球。即使生物的进化使人们皮肤中的色素细胞具有遮挡紫外线的功能，但仍有一些紫外线可穿透皮肤而伤及细胞中的DNA。皮肤癌早期症状表现为红斑状或丘疹样皮损，进一步发展会有易出血、溃烂、化脓、疼痛等症状。

（1）诱因。首先，制冷剂中的氟氯碳化合物的排放，使大气平流层中的臭氧层变薄，照射到地面的紫外线增强。因此，皮肤癌的发病率还会随地球纬度的下降而升高，即从北方到南方，发病率逐渐升高。其次，皮肤癌的发病率与黑色素含量呈负相关，随肤色由浅到深，发病率逐渐降低。除此之外，饮食、吸烟、砷的摄入、激素治疗等也是皮肤癌致病因素。

（2）治疗方法。恶性黑色素瘤是皮肤癌最致命的形式，由表皮黑色素细胞产生，早期可以通过手术切除和放疗来治疗，但其侵袭和转移的速度比较快，因此，目前晚期治疗后病人存活时间较短。

3. 肺癌

肺癌是由于气管、支气管黏膜或腺体细胞发生癌变导致的，肺癌前期通常有咳嗽、咯血、呼吸困难、胸痛、发热等症状，后期可因癌细胞扩散导致多脏器损伤及衰竭。

（1）诱因。首先，吸烟是导致肺癌最常见的原因，尤其是劣质烟中有尼古丁、苯并芘、砷等20多种化学致癌物质。吸烟者发生肺癌的风险比不吸烟者高20倍左右。其次，由于某些职业的工作环境中有氯气、石棉、砷、煤焦油、甲醛等致癌因子，因此肺癌也可能成为一种职业病。另外，工业废气、汽车尾气、电离辐射、HIV、EB病毒感染等因素以及β-胡萝卜素摄入低者，有既往肺结核、支气管扩张等疾病者，遗传因素等都与肺癌的发生有关。

（2）治疗方法。肺癌治疗方法有药物治疗（分子靶向治疗）、手术治疗（治疗肺癌首选和最主要的方法）、中医治疗（显著改善乏力、疼痛、咳嗽等症状，减少恶心、呕吐等消化道症状）、介入治疗、放化疗，以及最前沿的免疫治疗等。

请思考：人们在买烟的时候，会发现烟盒上总有一句警语"吸烟有害健康"，但其本身又作为一种合法的商品进行售卖，那么如何处理好吸烟和健康之间的关系呢？

4. 结肠癌

结肠癌是结肠上皮来源的消化道恶性肿瘤，其中，乙状结肠癌是发病率最高的，横结肠癌是发病率最低的。营养不良导致的体重下降是结肠癌患者的显著症状，除此之外，还有恶心呕吐、腹泻、腹痛、便血等。

（1）诱因。首先，由于结肠属于消化道的结构，因此该病的发生与饮食密切相关，如食用低纤维、高脂高蛋白、缺乏微量元素与维生素的食物会提高结肠癌发病率。熏腊食品中的亚硝胺、甲基芳香胺等强致癌物是导致结肠癌的最重要化学因素。其次，年龄因素（50岁以上）、精神因素（长期精神压抑）、消化道疾病（如溃疡性结肠炎、结肠腺瘤等）、不良生活习惯（如吸烟、缺乏运动、肥胖等）也会提高结肠癌发病率。另外，遗传因素也起重要作用，5%～20%的结肠癌为遗传性结肠癌。

（2）治疗方法。早期结肠癌可以通过手术治疗达到根治目的，中晚期患者通过以手术治疗为主，结合放疗、化疗及靶向治疗的方法可以部分达到根治目的。此外还有营养支持治疗、内窥镜治疗、中医治疗等。值得了解一下的是免疫检查点抑制剂治疗，这是一种前沿治疗方法，该法可以防止肿瘤细胞逃避免疫系统的攻击。但该项治疗仍在研究中，有望在未来成为结肠癌治疗的有效手段。

5. 乳腺癌

乳腺癌是女性恶性肿瘤中发病率最高的一种癌症。该病是乳腺上皮细胞在多种致癌因子的作用下发生的增殖失控现象。乳腺癌患者通常是因为发现乳房肿块才做进一步检查进而确诊的，因此，肿块是乳腺癌早期最常见的症状。除此之外，还有乳头溢液、乳房皮肤异常（如出现橘皮样皮肤、皮肤像酒窝一样凹陷等）、腋窝淋巴结肿大等症状。

（1）诱因。首先，乳腺是多种激素的靶器官，其中雌酮及雌二醇与乳腺癌的发病率有直接关系。月经初潮年龄早、不孕及初孕年龄晚、哺乳时间短、绝经年龄晚等因素均与乳腺癌发生密切相关。其次，乳腺疾病、胸部放射性治疗、营养过剩、高脂饮食、肥胖、过度饮酒等也会增加乳腺癌的发病率。此外，遗传因素也不可忽视，一级亲属如父母、子女及兄弟姐妹中有乳腺癌患者的，发病风险是普通人的2～3倍。

（2）治疗方法。乳腺癌的治疗方案中，手术治疗仍是首选治疗手段。除此之外，还有药物治疗（化疗、内分泌治疗及靶向治疗）、放疗、中医治疗等辅助疗法。随着医疗技术的发展，全球乳腺癌的死亡率逐步下降，乳腺癌已成为疗效较好的实体肿瘤之一。

6. 宫颈癌

宫颈癌是发生在子宫颈部位的恶性肿瘤。宫颈癌早期可能没有任何症状，但随着疾病的进展，会有宫颈出血症状，异常排液现象。晚期会有大量米汤样或脓性恶臭分泌物，更晚期会有极度消瘦、大小便困难、贫血、乏力、阴道大出血等症状。

（1）诱因。临床病例发现，几乎所有的宫颈癌都与人乳头状瘤病毒（HPV）感染相关，因此HPV是该病发生的最主要危险因素。此外，抽烟、多个性伴侣、性生活开始过早、多孕多产、长期生殖道感染疾病等也是危险因素。多数情况下，人体的免疫系统可以抵抗HPV感染，只有少数女性如HIV导致的免疫功能缺陷者、器官移植后服用免疫抑制剂的人群等，因免疫功能低下，抵抗HPV感染的能力下降。持续性感染高危型HPV而又得不到缓解的情况下，才会导致宫颈癌。

（2）治疗方法。目前，宫颈癌的治疗方法有手术治疗、放疗、化疗、靶向治疗及免疫治疗等。其中，靶向治疗主要根据抗原抗体特异性结合的原理，利用单克隆抗体药物，在已经明确的位点如肿瘤细胞的蛋白质分子或基因进行有针对性的治疗。由于这类药物特异性强，因此可直接作用于宫颈癌细胞，而避免损伤其他正常细胞。幸运的是，宫颈癌已经成为可以通过疫苗进行预防的癌症，健康女性可以通过定期筛查和注射疫苗预防宫颈癌，这是人类的一大福音。

❤ 社会责任

一、癌症的检测方法

癌症之所以会使人丧命，是因为癌细胞的侵害导致器官衰竭或系统衰竭，人体稳态失衡。如果癌细胞一出现就能被检测到，那么癌症就不是什么疑难杂症了。可是，事实并非如此。癌症早期通常没有任何症状或症状不明显，这也是很多人一确诊就是晚期癌症的原因。当然，癌细胞的出现也并不是没有任何征兆的，细胞一旦癌变，其细胞膜上的成分就会发生改变，如产生甲胎蛋白（AFP）或癌胚抗原（CEA）等，而癌细胞又可能穿过血管壁进入血液。根据这些特征，体检时可抽血检查AFP、CEA等含量是否在正常范围内，如果有异常，就要做进一步检查，以确定体内是否出现了癌细胞。另外，人们还可以通过肿块的出现发现癌细胞。临床上能检出的肿瘤，通常肿瘤细胞已经过了30次以上的倍增，其细胞数约为10^9个，直径约1 cm，重约1克。

二、癌症的治疗方法

常规治疗，当癌细胞还未扩散到其他部位时，手术切除原位癌通常是最好的办法，若能彻底切除，疾病就能治愈。但是约30%的患者在就诊时已有微转移灶或临床可检出的转移灶，即癌细胞已经扩散。为了杀死癌细胞，医生通常会采用放疗和化疗法来辅助治疗。我们知道，化疗和放疗容易脱发，这是为什么呢？放疗使用具有放射性的射线杀死癌细胞，而化疗是利用抗癌化学性药物来阻断癌细胞的恶性增殖，而这些对自身正常细胞也有损伤。为了减少伤害，药物准确定位显得非常重要。科学家一直在寻找能特异性杀死癌细胞而不影响正常细胞的方法。致癌基因的发现使这个想法成为可能。由于很多突变的致癌基因在正常细胞中不存在，所以科学家开发了特异的靶向药物抑制癌细胞特有的致癌基因。这类药物可以选择性地杀死癌细胞，而不影响正常细胞。

但是，人类存在个体差异，患癌的类型可能不同，即使同种癌症，也可能是由不同的基因突变导致的。新一代靶向药物只对一小部分病人有效，加上癌细胞进化很快，很容易出现抗药性，因此癌症复发率很高。无效治疗甚至有害治疗不仅劳民伤财，更增加了患者的痛苦。癌症治疗方法中的化疗和放疗等都缺乏特异性，对正常细胞的损伤大，还不一定将癌细胞消灭殆尽。因此，精准医疗应运而生，它是针对不同患者的遗传物质和所处环境提出医疗措施，包括精准诊断和精准治疗两个步骤。精准诊断是通过基因测序平台获得患者的基因信息，找到与某种癌症相关的基因突变。精准治疗则通过精确寻找治疗靶位点，提高用药效率。虽然精准医疗还有许多亟待攻克的难题，但是其应用前景相当广阔，为治疗癌症和减轻患者痛苦带来了新希望。

1. 癌症治疗新思路——抑制癌细胞线粒体功能

由于癌细胞的快速增殖需要大量能量，因此极其依赖细胞内的线粒体。那能否通过破坏癌细胞的线粒体，使其失去增殖的"动力车间"而没法大量增殖呢？有些科学家将研究目标转移到这里。在一项新的研究中，来自瑞典卡罗林斯卡研究所的研究人员开发出破坏癌细胞中线粒体功能的新型小分子抑制剂，这类抑制剂会使癌细胞处于严重的能量和营养消耗状态，阻止癌细胞增殖。那么，由于正常细胞生命活动也离不开线粒体，这种抑制剂会不会同时影响正常细胞中线粒体对能量的供应呢？为此，研究人员开发了一种不直接干扰现有线粒体功能的新型策略。他们设计了靶向线粒体自身遗传物质mtDNA的高度选择性抑制剂，mtDNA在新线粒体的形成中起着关键作用。因此，该抑制剂会特异性地影响肿瘤细胞的增殖，而正常细胞则不受影响。这类抑制剂如今有望经过进一步开发用于人类的抗癌治疗。

2. 免疫疗法

治疗癌症只能致力于杀死癌细胞吗？还有其他途径吗？人体的免疫系统本职工作就是监控、清除和防卫机体非正常的物质和细胞，包括癌细胞，在战胜癌症的过程中，免疫系统从来都不是旁观者。如果能增强自身的免疫力去对付癌症，那么不论哪种类型的癌细胞，都有可能被自身的免疫系统消灭。2018年获得了诺贝尔生理学或医学奖的美国科学家詹姆斯·艾利森和日本科学家本庶佑研究的肿瘤免疫疗法使这种可能成为现实，改变了治疗癌症的理念。相对于传统化疗或靶向治疗，该方法有一个本质逻辑区别：免疫疗法针对的是免疫细胞，而不是癌细胞，是通过激活人体自身强大的免疫系统来治疗癌症的。

詹姆斯·艾利森发现，T细胞上的CTLA-4蛋白（"刹车分子"）与T细胞攻击癌细胞的行为有关，该蛋白能阻止T细胞攻击癌细胞，只要使用CTLA-4抗体抑制该蛋白，就能激活T细胞使其持续攻击癌细胞。本庶佑发现，T细胞有另外一个"刹车分子"——PD-1，该蛋白在小鼠体内起到抑制免疫系统的作用。华人教授陈列平发现，癌细胞表面的PDL-1通过与PD-1结合，抑制T细胞的激活，被抑制的T细胞无法攻击癌细胞。而使用PD-1受体与PD-1结合，可避免PDL-1与PD-1的结合，这样T细胞就摆脱了抑制而对癌细胞展开攻击（图3-2）。现在，这两种抗体药物已经通过FDA批准上市。虽然这些药物依然有一定副作用，但是随着更多激发免疫系统的抗体的发现及药物治疗效果的优化，癌症免疫疗法可能成为未来癌症治疗的最佳方式。

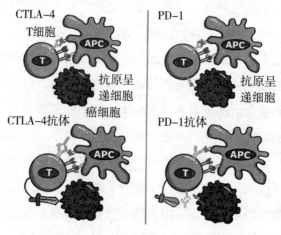

图3-2　CTLA-4抗体和PD-1抗体作用机理

3. 基因疗法

基因疗法是癌症治疗的一个新领域。这种疗法是利用基因工程技术来修复和纠正肿瘤基因的结构和功能缺陷，或通过增强宿主的肿瘤杀伤能力和机体防御机制来治疗肿瘤。治疗的方案大体包括三方面：一是将细胞因子基因导入宿主细胞，以增强免疫系统的调节作用；二是将某些药物敏感基因导入肿瘤细胞，增强肿瘤细胞对抗癌药物的敏感性而容易被杀死，如单纯性疱疹病毒胸苷激酶基因；三是利用抑癌基因进行基因治疗。基因治疗的关键是必须将治疗基因导入人体特定的靶细胞，并在该细胞中得到高效表达，因此利用靶向性导入系统非常必要。

三、癌症的预防方法

如何降低自身癌症发生率呢？首先，很多癌症的发生与人类生活习惯有很大的关系。如吸烟、酗酒、吸毒、不规律作息、缺乏运动、喜食烟熏腌制食品等不良生活习惯容易诱发癌症。因此选择健康的生活方式，形成良好生活习惯很有必要。其次，除了了解三类致癌因素外，最重要的是，自觉远离这些因素，尽量降低自身患癌概率。再次，一些慢性炎症如慢性胃溃疡，严重时也可能引发癌症。因此，对于这些疾病应及早治疗以获得康复，消除隐患。此外，不可忽视的是，城市化的扩大和工业的发展，使环境污染日趋加重。如汽车排出的废气，道路和房屋建筑中用的沥青，钢铁工业、纺织印染业、化工工业等排出的污水，都造成三废增加，而污染物中有多种致癌物质。因此，改善环境能尽量减少环境中的致癌因素。

我们知道，疫苗可以起到预防疾病的作用，那有没有癌症疫苗呢？癌症疫苗的研发都需要先发现和确认肿瘤细胞相关抗原。发病率仅次于乳腺癌的宫颈癌，大多数是由人乳头状瘤病毒HPV感染所致，而且约80%的肛门癌、约40%~60%的外阴癌、阴道癌和阴茎癌都是感染（HPV）导致的。全球首支HPV疫苗已于2006年在美国上市，可预防HPV引起的宫颈癌及癌前病变、生殖器疣。目前已有100多个国家应用HPV疫苗，大幅度降低了患病率。除此之外，肺癌疫苗、乳腺癌疫苗、前列腺癌疫苗等都处于研究阶段。

早期癌症的治愈率很高，因此，除了做好预防外，定期体检是较好的筛查措施。癌症的发生通常都会在身体上发出信号。因此，平常多关注身体的变化，多总结规律，一旦有不适症状，就要及时就医。即使真的患上癌症，也不必绝望，现在的医疗技术已经能治愈白血病、某些皮肤癌、早期肺癌、早期及部分中晚期结肠癌、早期宫颈癌、早期乳腺癌等癌症。保持良好的心态，配合医生的治疗是非常重要的。

科学思维

讨论：环境恶化会引发很多疾病，如何才能改善环境呢？作为学生，为此我们可以做些什么呢？请以头脑风暴的形式与同学一起进行小组讨论。

兴趣链接

健康生活良好情绪可明显降低癌症风险

生活方式与癌症发生的关系一直是科学家们研究的重点。此前已有数据表明，超过40%的新发癌症和死亡可归因于不健康的生活方式。同时，癌症部位特异性多基因风险评分（PRS）能有效地识别个别癌症的高风险个体，但PRS对总体癌症风险评估的有效性以及总体癌症的高遗传风险能在多大程度上被健康的生活方式所抵消，仍然不清楚。

为此，来自南京医科大学的专家领衔我国多所高校开展了相关研究，根据20个癌症位点的PRS构建了一个发病率加权的整体癌症多基因风险评分。

该试验中的生活方式是根据吸烟、饮酒、体力活动、体重指数和饮食来确定的。根据这些因素，把每个病人分为不健康（0~1个健康因素）、中等的（2~3个健康因素）和有利的（4~5个健康因素）3组生活方式。分析遗传和生活方式因素与癌症发病率的关系，从而来衡量整个癌症的遗传风险。

结果显示，在中国，97.17%的受试者至少有一种癌症的多基因风险评分处于高遗传风险中，这意味着几乎每个人都易患至少一种类型的癌症。数据惊人！

进一步结果显示，遗传和生活方式因素对总体癌症风险有联合影响。与低遗传风险和健康生活方式的人相比，高遗传风险和不利生活方式的男性患癌风险高出3倍，女性则高出2.38倍。在高遗传风险的参与者中，若采取健康的生活方式，男性的标准化5年癌症发病率从7.23%显著降低到5.51%，女性则从5.77%降低到3.69%。

你听说过"癌症性格"吗?

人体的某些不良情绪与癌症关系也很密切。第一，"思"，思虑太多，如过于追求、注重名利。第二，"恐"，如对裁员、失业的恐惧。第三，"忧"，郁郁寡欢、闷闷不乐。不良情绪会导致身体免疫力下降，进而影响其对癌细胞的监控和清除，最终引发癌症。在治疗中，害怕治疗的副作用、疼痛感、高费用等不良情绪也会使免疫系统的抗肿瘤能力下降，不利于康复。

实际上，世界卫生组织等权威机构已经将"不治之症"癌症重新定义为可以调控、治疗甚至治愈的慢性病。因此，不管是健康人还是已经罹患癌症的病人，最好的做法就是保持乐观、平和的心态，了解健康知识，积极配合治疗。

第二节　单基因遗传病

导读

1. 什么是单基因遗传病？

2. 常见的单基因遗传病有哪些？

基本知识

单基因遗传病是指受一对等位基因控制的遗传病，现有6600多种，并且每年以10~50种的速度增加。单基因遗传病已经对人类健康构成较大的威胁，常见的单基因遗传病有镰刀型细胞贫血症、白化病、苯丙酮尿症、红绿色盲症、抗维生素D佝偻病、囊性纤维化、血友病等。

1. 镰状细胞贫血

镰状细胞贫血（也叫镰刀型细胞贫血症），是一种常染色体隐性遗传血红蛋白（Hb）病。正常成人的血红蛋白是由两条 α 链和两条 β 链相互结合形成的四聚体，α 链与 β 链分别由141及146个氨基酸顺序连接组成。镰状细胞贫血病人因 β –肽链第6位氨基酸谷氨酸被缬氨酸所代替，形成镰状血红蛋白（HbS），取代了正常的血红蛋白（HbA）。在脱氧状态时HbS分子间形成相互作用，聚集形成溶解度较低的螺旋形多聚体，使红细胞扭曲成镰状细胞（镰变，图3-3）。镰变的红细胞比较僵硬，变形性变差，可受血管的机制破坏以及单核巨噬系统吞噬而发生溶血。纯合子SS异常基因的个体80%以上的正常血红蛋白HbA为镰状血红蛋白HbS所代替，只有14%活到成年，大多于30岁前死亡。在非洲有35%的镰状细胞贫血病人是杂合子AS型基因，即正常HbA与异常HbS相混，其症状变化悬殊，轻者可活至成年，重者可反复发生溶血，危及生命。

图3-3　正常人的红细胞和镰状细胞贫血患者的红细胞

镰状细胞贫血的临床表现为慢性溶血性贫血、易感染和再发性疼痛危象。因各种原因引起的内脏缺氧使更多的红细胞镰变，镰变的红细胞还可使血液黏滞性增加，血流速度变缓，以及变形能力差，易堵塞毛细血管引起局部缺氧及炎症反应，出现多发性肺、肾、肝、脑栓塞等严重并发症，从而损害身体多处器官组织。此外，还可影响神经系统的发育而导致智力低下。目前尚无明确患病个体遗传基因的构成变化，医学上的治疗主要在于预防病人出现缺氧、脱水、感染的现象。

2. 白化病

白化病属于家族遗传性疾病，常发生于近亲结婚的人群中。该病往往是因基因改变导致的常染色体隐性遗传病，是一种较常见的皮肤及其附属器官黑色素缺乏所引起的疾病。白化病患者大多因先天性缺乏酪氨酸酶或酪氨酸酶功能减退，导致黑色素合成发生障碍，蛋白质代谢的中间产物3, 4-二羟基苯丙氨酸无法转化为黑色素颗粒。

眼皮肤白化病是白化病中最常见的类型，就现阶段已经知道的眼皮肤白化病可以根据不同的致病基因分为四型（OCA1～OCA4），其中最主要的就是眼皮肤白化病1型（OCA1）以及眼皮肤白化病2型（OCA2）。这类患者通常是全身皮肤、毛发、眼睛缺乏黑色素，因此表现为眼睛视网膜无色素，虹膜和瞳孔呈现淡粉色，怕光，看东西时总是眯着眼睛。皮肤、眉毛、头发及其他体毛都呈白色或白里带黄。

3. 苯丙酮尿症

苯丙酮尿症（PKU）是一种较常见的先天性氨基酸代谢障碍性疾病，是遗传代谢性疾病和新生儿筛查领域最成功、最经典的病种。本病为常染色体隐性遗传性，其发病率因种族而异，我国约为1/11000。苯丙酮尿症患儿由于肝细胞缺乏苯丙氨酸羟化酶（PAH），不能将苯丙氨酸转化为酪氨酸，导致苯丙氨酸在血液、脑脊液、各种组织和尿液中的浓度极度增高，并产生大量苯丙酮酸、苯乙酸、苯乳酸等旁路代谢产物而从尿中排出，出现特有的鼠尿臭味并因此得名。该病若未能及早治疗，患儿高浓度的苯丙氨酸及其旁路代谢物蓄积在脑脊液中，可发生不可逆的脑损伤而致智力低下以及惊厥。低苯丙氨酸饮食治疗是目前国内外治疗苯丙酮尿症唯一有效的方法，此外可辅助采用BH，5-羟色胺等药物进行治疗。

4. 红绿色盲

红绿色盲又称"道尔顿病"，因道尔顿（18世纪英国的科学家，近代原子理论的奠基人）是第一个发现红绿色盲的人，也是第一个被发现患红绿色盲的人。该病属于性染色体隐性遗传，其致病基因位于X染色体上，随X染色体传递给子代，叫X连锁或性连锁。红绿色盲基因不仅存在于X染色体（性染色体）中，而且为隐性，所以性连锁隐性基因的遗传因不同性别而不同。女性（XX）必须两条X染色体都具隐性致病基因才能患病；男性（XY）由于只有一条X染色体，所以只要X染色体带有致病基因就会发病。因两条带病基因的X染色体组合在一起（XX）的机会很小，所以患X连锁隐性遗传病的男性远多于女性。我国男性色盲发病率为7%，女性为0.5%。色盲检查表见图3-4。

红绿色盲者中的红色盲者只能找到紫色的线，而绿色盲者只能找到红色的线，但红绿色弱者、正常者则两线都找得到。	红绿色盲者中的红色盲者能读出6，而绿色盲者能读出2，但红绿色弱者及正常者则两个数字都能读出来。	正常者能读出6，红绿色盲者及红绿色弱者读成5，而全色弱者则全然读不出上述的两个数字。

图3-4 色盲检查表

5. 抗维生素D佝偻病

抗维生素D佝偻病是一种肾小管遗传缺陷性疾病，在人群中的发病率为1/20000，有低血磷性和低血钙性两种。常见的低血磷性抗维生素D佝偻病，其遗传方式多属于X连锁显性遗传，系谱中男性患者少于女性患者，但男性患者病情较为严重。

抗维生素D佝偻病患者由于PHEX基因缺陷导致相关蛋白合成异常，肾近曲小管对磷的重吸收和肾对维生素D的代谢调节发生障碍，导致血磷含量降低，尿磷含量增多，小肠吸收钙盐减少，尿钙减少或正常；同时肾近曲小管上皮细胞线粒体α-羟化酶活性低下，导致1，25-二羟维生素D3合成不足但分解亢进。患者的骨质不能正常钙化，骨样组织堆积，骨化发生障碍导致骨质疏松、骨软化等，进而引发儿童患佝偻病，成年人发生软骨病变。

抗维生素D佝偻病的主要临床表现为生长发育迟缓，身材矮小；双下肢弯曲畸形，呈"O"形腿或"X"形腿（图3-5），行走蹒跚如企鹅；鸡胸；牙釉质发育不良，出牙延迟，牙质较差、易脱落且不易再生；颅面部发育畸形，颅骨变形；成年患者有严重畸形和骨痛。治疗原则是尽可能使血磷量升高，维持在0.97 mmol/L（3 mg/dL）以上，有利于骨的钙化，防止骨畸形，同时要避免维生素D中毒所致高尿钙、高血钙的发生。

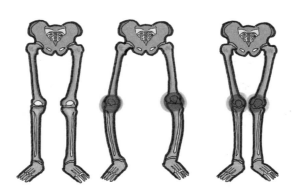

图3-5　正常人的腿形（左）、"O"形腿（中）和"X"形腿（右）

6. 囊性纤维化

囊性纤维化（CF）是一种常见的致死性常染色体隐性遗传病，因人类7号染色体q31.2长臂上的囊性纤维化跨膜传导调节因子（CFTR）基因突变，引起外分泌腺功能紊乱。CFTR是一种细胞膜蛋白，表达于外分泌腺导管上皮细胞顶膜，构成氯离子通道，促进氯离子流出。编码CFTR蛋白的基因发生突变，致使转运氯离子的功能缺损，减少氯化物和水分泌到腺管，引起相关症状。囊性纤维化患者一般分泌物黏稠，进而阻塞全身外分泌腺，使肺、肝脏、胰腺、胃肠道、输精管和子宫等发生功能障碍，以肺损伤最为突出。表现为反复支气管感染和气道阻塞，营养发育不良，不孕不育，汗液钠、氯异常增高等。

CF常见于白种人，在欧洲和北美洲白种人中的发病率约为1/2000，亚洲人和非洲黑人少见，目前我国尚无该病发病情况的流行病学统计数据。该病主要在婴幼儿时期起病，死亡率高，中位生存期短。国外文献报道典型的CF患者如不治疗，多于3~5岁死亡，随治疗方法的不断改善，目前CF患者可存活至25~40岁。

❤ 社会责任

抗维生素D佝偻病家族中若有患者，生育时须进行产前诊断，以预防再生育类似患儿。一般于49天~12周采绒毛膜，或孕16~22周采羊水，或孕20周至足月采胎儿脐带血进行检测。一般先明确该患者的基因突变位点，再直接对胎儿进行相关致病位点的突变检测。

镰状细胞贫血的遗传特点提供了预防遗传病儿出生的方法，应尽量避免携带者之间结婚。对父母均系HbAS者，产检前检查孕妇羊水层细胞核内酶，分析DNA碎片来确定胎儿是否患病的方法安全可靠，若提示HbSS或HbAS，可采取必要措施，以提高人口素质。

📖 科学思维

请根据苯丙酮尿症的发病机理（图3-6），尝试查找相关资料探究如何通过饮食控制治疗以及药物治疗有效地治疗苯丙酮尿症。

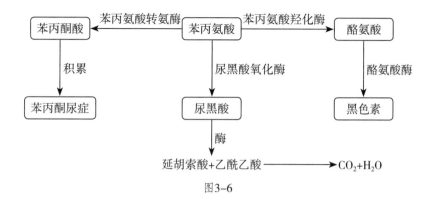

图3-6

兴趣链接

色盲治疗新思路

一只叫作"道尔顿"的可爱灰色松鼠猴，由于是红绿色盲，道尔顿并不能很好地区分颜色，它的眼睛只能看到中等和短波长的光，即蓝色光和绿色光，以及它们的复合色光黄色光。这是视觉学家所说的红色盲者——没有红色光的视觉感受器，它的眼睛会将红色看成深黄色或棕黄色，而绿色则看起来更偏向黄色。

道尔顿经过训练会用舌头舔屏幕的方式来表明看见了屏幕上的颜色，它之所以会伸出舌头，是因为当它识别出一种颜色时，小盆里就会出现一滴葡萄汁。同时，还会有一声"咔嚓"声出现在背景中作为强化信号，所以当它看见颜色的时候，就会情不自禁地轻轻吻去。

不过若是道尔顿无法认出颜色，或是亲吻了屏幕上的别处，代替"咔嚓"声的就是一阵不那么令人愉快的"嗡嗡"声了，而且葡萄汁也没有了。在这种情况下，道尔顿会开始胡乱猜测，抑或是环视四周，显得有些不耐烦，有时它会抓住铁盆，表达沮丧之情。在连续数个片段之后，科学家发现道尔顿没有认出灰红相间的颜色。

2009年尼兹和他的遗传学家妻子莫林做了一个科学实验：他们将一根长长的注射针头插入道尔顿的眼中，注入一滴小液泡，液泡里含有一种被重新设计的腺病毒，它是一种常见的感冒病原体（病毒里所有的致病因子已经被清除干净了），用来搭载一条包裹在蛋白质球内的DNA链。

尼兹说："每一步都要万无一失。病毒必须附着在细胞上，并避开猴子的免疫系统；新的基因需要被传送到细胞核中，并整合到现有的DNA中；基因必须被激活，并开始制造蛋白质。整个过程并不总是成功的。在病毒滴度最高的情况下，最多只有30%的被感染细胞成功地激活了导入的基因。但是对于能够激活基因的细胞来说，它们将继续表达不止一种光色素，而是两种。修改过的腺病毒携带的遗传指令让猴子视网膜上原本只能感受绿光的视锥细胞拥有探测红光的能力。"手术后的道尔顿也将拥有其他猴子不具备的超能力，这有望成为数亿色盲者治疗的新方法！

第三节　多基因遗传病

1. 什么是多基因遗传病？

2. 常见的多基因遗传病有哪些？

基本知识

多基因遗传病是遗传信息通过两对及以上致病基因的累积效应所致的遗传病，其发病机理较为复杂，涉及遗传基础和环境因素的双重作用，是一类由多因素决定的复杂性遗传病。多基因遗传病通常有家族聚集的现象，同时有性别差异和种族差异，常见的多基因遗传病有原发性高血压、冠心病、哮喘、青少年型糖尿病以及某些先天畸形（如唇裂、腭裂、脊柱裂）等。

1. 原发性高血压

原发性高血压是由多基因遗传、环境及多种危险因素相互作用所致的全身性疾病，它是多种心脑血管疾病的重要病因和危险因素，严重者将影响重要脏器如心、脑、肾的结构与功能，最终可导致这些脏器的功能衰竭。

原发性高血压往往是某些基因结构及表达异常的结果，具有家族聚集倾向且药物控制并不十分满意，所以研究者试图从基因水平探索新的防治方法。与降压药物相比，基因治疗特异性强、降压效果稳定、持续时间长、毒副作用小，有望从根本上控制具有家族遗传倾向的高血压。常见的正义基因治疗是指以脂质体、腺病毒或逆转录病毒为载体，通过静脉注射或组织局部注射将目的基因转染到体内，使之表达相应蛋白以达到治疗高血压的目的。

2. 冠心病

冠心病（CAD）是冠状动脉血管发生动脉粥样硬化病变而引起血管腔狭窄或阻塞，造成心肌缺血、缺氧或坏死而导致的心脏病。它是一种复杂的多基因遗传病，其病因包括环境因素、遗传因素以及两者之间的相互作用，遗传度为40%～60%，并且存在性别差异。目前已证实多个基因和冠心病相关，主要有血脂代谢调节基因：载脂蛋白A5基因和载脂蛋白E基因，RAS系统基因：血管紧张素Ⅰ转换酶基因和血管紧张素Ⅱ受体-1基因，凝血及纤溶系统基因：血浆纤维蛋白原基因和凝血因子Ⅶ基因，炎症细胞因子调节基因：C-反应蛋白基因和α-肿瘤坏死因子基因。此外，如今有50多个与CAD相关的易感位点被发现与验证。虽然诱发每个基因的风险变异的概率很低，但在人群中的发生是十分常见的。

冠心病在临床上的表现主要有四种：心绞痛、心肌梗死、心力衰竭（缺血性心肌病）和心脏猝死。目前关于冠心病的治疗主要包括以下三个方面：个人生活习惯的改变，如戒烟限酒，饮食上减少脂和盐的摄入，控制体重，适当进行体育锻炼等；药物治疗，如使用抗血栓（抗血小板、抗凝），硝酸酯类（缓解心绞痛），β-受体阻滞剂（减轻心肌氧耗），他汀类调脂药（调脂稳定斑块）；介入治疗和外科手术治疗，如血管内球囊扩张成形术和支架植入术、冠状动脉旁路移植术等。

3. 哮喘

哮喘是在遗传易感性的基础上经由环境因素相互作用而发生的多基因遗传病，其形成和反复发病常是许多复杂因素综合作用的结果。其中，遗传方面的因素约占20%，涉及多个基因及其相互作用，目前相关的致病机理还待研究清楚。致病的环境因素也是多种多样的，如反复呼吸道感染，食物过敏，某些吸入物的刺激，气候的改变，情绪激动、紧张不安、怨怒，剧烈运动，某些药物，经前期黄体酮的突然下降等。

近年来，哮喘患病率和死亡率有上升趋势，全世界约有3亿哮喘患者，哮喘已成为严重威胁公众健康的一种主要慢性疾病。我国哮喘的患病率约为0.5%～5%，且呈逐年上升趋势，据测算全国有6000万以上哮喘患者。

4. 青少年型糖尿病

青少年型糖尿病，又名胰岛素依赖型糖尿病或Ⅰ型糖尿病，属于自身免疫性疾病，易出现糖尿病酮症酸中毒。该病常常在35岁以前发病，占糖尿病患者的10%以下。它的发病机制尚不十分清楚，目前考虑可能是有家族聚集性倾向的多基因遗传和环境因素的共同作用。由于青少年型糖尿病患者自身的免疫系统彻底破坏了体内能够产生胰岛素的胰岛细胞，使其完全失去了产生胰岛素的功能，因此病人从发病开始就需使用胰岛素治疗，并且终身使用。目前世界上还没有可以彻底治愈青少年型糖尿病的措施。

🔬 科学思维

（1）我国有20%～25%的人患有各种遗传病。每年出生的儿童中，1.3%有先天性缺陷，其中70%～80%是遗传因素所致。15岁以下死亡的儿童中，40%为各种遗传病所致。自然流产儿中大约50%是染色体异常引起的。

请你根据以上资料，谈谈多基因遗传病对后代、家庭、社会带来的影响。

（2）由遗传基础决定一个个体患某种多基因遗传病的风险，称为易感性。而在多基因遗传病中，由遗传基础和环境因素共同作用，决定一个个体患病的可能性，称为易患性。若要降低多基因遗传病的患病概率，应该从易患性考虑。

大量研究证实，哮喘是由遗传和环境因素共同作用的多基因遗传病，全球大约每20人就有一个哮喘患者，我国有约3000万哮喘患者。请查阅相关资料并结合图3-7，从易患性的角度分析如何有效预防和治疗哮喘。

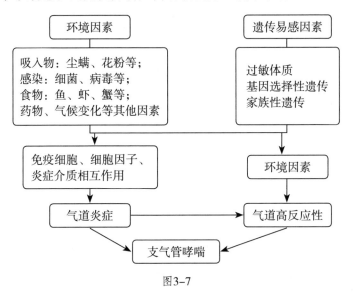

图3-7

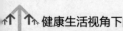
第四节　染色体异常遗传病

1. 什么是染色体异常遗传病?

2. 染色体异常遗传病常见的类型有哪些?

基本知识

　　染色体异常遗传病是由于各种原因导致染色体数目或结构异常,造成遗传物质改变而引发的疾病。染色体数目异常是由于染色体在减数分裂或有丝分裂时不分离,而使46条染色体不能平均分到两个子细胞中,一种配子缺少一条染色体,而另一种配子多了一条染色体。这种配子与正常配子结合时,子代就可以产生单体病或三体病。若整个染色体组都不分离,就会产生三倍体或四倍体。多倍体由于遗传信息的极度异常多在胚胎期死亡而流产,临床上罕见。染色体结构异常是由于染色体断裂,断裂后的染色体断端富有黏性,能与其他断端再结合,常见的结构畸变有倒位、缺失、易位、增加等。任何一种结构异常均可使染色体上携带的遗传物质发生改变而引起严重病变,甚至死亡。断裂的片段易位后,基因没有丢失或增加且临床上表现为无症状者称为平衡易位携带者,但这种平衡易位染色体携带者的子代易患染色体病。

　　染色体异常遗传病可分为常染色体异常遗传病和性染色体异常遗传病。常染色体异常遗传病在新生儿中的总发病率约为4%,性染色体异常遗传病约占2%。目前已明确的染色体异常遗传病有数百种,其中常见的有猫叫综合征、唐氏综合征、XYY超雄综合征、先天性卵巢发育不全综合征等。

1. 猫叫综合征

"猫叫综合征"（别名：5p综合征）是由于5号染色体短臂不同长度片段缺失引起的遗传病，发生率为1/50000。大部分5p缺失为新发的，仅12%是由于双亲之一的染色体相互易位或倒位所导致。猫叫综合征最典型的临床症状：患儿哭声小且似猫叫，音调高；特殊面容，头部畸形（圆月脸），眼距较宽，眼角下斜，小下颌，耳廓位置偏低，并伴生较多毛发。此外，患儿大多有严重智力障碍和中枢神经系统异常，伴随心脏功能、神经系统、肾功能异常。目前尚无理想的治疗手段，很多患者可存活至成年。

2. 唐氏综合征

"唐氏综合征"，又称21三体综合征或先天愚型，是最早发现的由染色体数目异常而导致的疾病，也是迄今最为常见的染色体异常遗传病。唐氏综合征一般约70%在胚胎期间会发生自然流产，仅20%～25%可存活至出生。据统计，新生儿中唐氏综合征的发病率约为1/850，其发病率随母亲生育年龄的增大而增高，尤其当母亲年龄大于35岁时，子代患病的风险明显增高。

唐氏综合征主要临床表现为：生长发育迟缓、智力低下以及一系列独特的面部和躯体畸形。智力低下是本病最突出的症状，通常为轻到中度智力障碍。患者一般出生时身高、体重偏低，肌张力低下，呈现特殊面容（图3-8）。其他症状包括：四肢短小，手宽而肥，手指粗短，第五指内弯，通贯掌；约40%的患者伴发先天性心脏病；白血病的发病风险比正常人高15～20倍；罹患早老性痴呆（阿尔茨海默病）的时间比一般人群提前几十年。男性患者常有隐睾，无生育能力；女性患者通常无性发育，偶有生育能力，可将此病遗传至下一代。

图3-8　唐氏综合征患者

3. XYY超雄综合征

XYY超雄综合征于1961年首次被报道，该病症染色体核型为47，XYY（图3-9）。XYY超雄综合征在男性中的发生率为1%左右，患者比正常男性多出一条Y染色体，这是由于父亲在形成精子时减数第二次分裂时Y染色体不分离。临床表现：在儿童期症状不明显，生长较快，智力正常或轻度低下；成年后身材常较高大，平均身高超过180 cm，大多数个体表现为睾丸发育不全、生精过程障碍、生育力下降，偶可见隐睾等，但第二性征发育正常，有生育能力。此外，多数患者性格和行为异常，易兴奋，性情较为暴躁，自控力差，易发生攻击性行为。少数患者有房室传导时间延长，偶伴先天性心脏病。多患痤疮，四肢常有关节病，可见桡尺骨骨性联合。目前临床上对XYY超雄综合征的诊断方式主要有Y荧光小体及染色体核型分析。医学上无特殊的治疗方法，一般可活到成年。

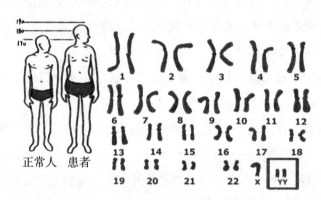

图3-9　XYY超雄综合征染色体核型

💟 **社会责任**

染色体畸变致遗传物质的改变较多，涉及多器官、多系统，临床表现复杂。引起染色体畸变的原因包括物理因素（放射线），化学因素（抗代谢药物、抗癫痫药物、农药、毒物等），生物因素（风疹病毒、巨细胞病毒等），孕妇年龄（高龄孕妇），遗传因素（染色体异常的父母）等。

孕妇高龄是唐氏综合征重要的危险因素，21三体综合征发病风险随着孕妇的年龄增大而增加，产时年龄≥35周岁发病概率显著增加，如表3-1所示。

表3-1　孕妇年龄与唐氏综合征发病风险

孕妇年龄（岁）	发病风险
20	1/1400
25	1/1100
30	1/1000
35	1/350
40	1/100

📖 科学探究

你认为唐氏综合征主要的致病因素有哪些？请查找相关资料论述你的观点，并为降低我国唐氏综合征新生儿的发病率制定一份有针对性的方案。

💡 科学思维

染色体的部分片段丢失或重复是否会改变基因的数量？如果染色体只是发生了位置的改变，基因数量不变，是否意味着这种变异对生物的性状不会产生影响？请结合具体的实例进行分析。

⚙️ 兴趣链接

蚕豆病

蚕豆病是一种遗传性溶血性疾病，由于X染色体上的G6PD基因突变，导致葡萄糖-6-磷酸脱氢酶缺乏，该酶参与碳水化合物加工过程，同时保护血红细胞免受活性氧化物质的损伤。如果该酶含量下降，将无法保护血红细胞免受活性氧化物质的损伤，引起血红细胞加速凋亡，发生慢性或阵发性溶血性贫血。感染或暴露于特定物质，如氧化性药物、蚕豆或蚕豆花粉、樟脑丸等，都可引起与G6PD缺乏相关的急性溶血性贫血发作。曾有某孩子家长在不知道孩子存在此基因缺陷的情况下，误给孩子食用了几粒蚕豆，导致溶血、深色尿等症状，危及健康。

第五节　遗传病的检测、预防和治疗

1. 什么是遗传病，遗传病都有哪些类型？

2. 遗传病如何检测？

3. 遗传病如何治疗？

基本知识

　　人类的生存、繁衍受到遗传规律的制约。许多危及人体健康和生命的疾病也是受遗传因素控制的，可见，遗传学与人类的健康有至关重要的联系。人类经过漫长的进化过程，有了独特的遗传结构和代谢类型，能够适应多变的环境。如果人体的遗传结构所控制的代谢方式能和环境保持平衡状态，人体就处于健康状态，如果这种平衡被打破，人体就可能会生病。人类疾病种类繁多，不同病种的病因虽然不同，但有相当一部分疾病与细胞内遗传物质的改变有关，这种改变可能发生在个体还是一个受精卵的时候，也可能发生在受精前的精子或卵子中，这种疾病就是人类遗传病。

　　遗传物质的改变可能是发生在某个基因内部的突变，也可能是发生在一条或多条染色体之间的染色体变异。遗传物质通常会引起性状改变，大多数遗传病一出生就显示出症状，属于先天性疾病，如21三体综合征、血友病、红绿色盲、白化病等。但要注意的是，先天性疾病不一定是遗传病，如母亲妊娠期间感染风疹病毒导致的胎儿先天性心脏病等，属于环境因素导致的疾病，遗传物质并没有改变。也有不少遗传病是非先天性的，如肌营养不良在儿童期发作，痛风在30~50岁发作。另外，遗传病还经常表现为家族性疾病，在亲代和子代中可能都有患者，这是由于从共同祖先那里继承了相同的致病基因所致，如家族性多发性结肠息肉。当然，家族性疾病不一定都是遗传病，如维生素A缺乏引起的夜盲症，缺碘引起的地方性甲状腺肿大等，相似的饮食条件致使家族中多个成员罹患该病。

根据前文介绍已知，人类遗传病分为单基因遗传病、多基因遗传病和染色体异常遗传病。单基因遗传病是指受一对等位基因控制的遗传病。如抗维生素D佝偻病、多指、并指、软骨发育不全等。多基因遗传病是指受多对等位基因控制的遗传病，如原发性高血压、哮喘等。多对基因有微小累加效应，而具有这种效应的基因对环境因素比较敏感，因此，多基因遗传病容易受环境因素的影响。另外，该病不遵循典型的孟德尔遗传定律，患者发病率不是1/2或1/4，而是1%~10%。该病也有家族聚集倾向。染色体异常遗传病是指由染色体变异引起的遗传病，如猫叫综合征、性腺发育不良等。不可忽视的是，还有一类遗传病，其发生改变的遗传物质不在细胞核中，而在细胞质中。如神经性肌肉衰弱、运动失调、眼视网膜炎等，都是由线粒体DNA发生突变导致的，呈母系遗传。

根据对各种遗传病的统计，人群中大约有1/4的人受某种遗传致病因子的影响，可见，遗传病并非罕见的疾病。目前，人类逐渐意识到，污染日益严重的自然环境使致癌因素增加，提高了基因突变率，环境恶化最终会伤害到人类自身的健康和发展。因此人们开始改善环境，提倡生态文明。当然，认识到遗传病的危害性也非常重要。如先天畸形和恶性肿瘤的死亡率合计可占儿童死因的30%以上，染色体畸变是自然流产的主要原因。在婴儿中，也可能存在某种身体缺陷，只是有些缺陷到中青年才会出现。遗传病不仅给患者本身带来痛苦，也为家庭和社会带来沉重的经济和精神负担。不过，人们对遗传病的性质、发病年龄、环境因素等基本问题的认识已经逐渐深入，检测技术逐步提升，临床诊断不断进步，遗传病病变机理的研究逐渐清晰，这些都为遗传病的检测、治疗和预防展现了美好的前景。

❤ 社会责任

一、遗传病的预防

人类遗传病的发生，通常是遗传因素的影响，但是环境因素也不可忽略。婚育之前对自身携带何种遗传疾病的不确定性使后代患遗传病的概率大大增加，加上环境污染的加剧使基因突变率升高，遗传病和其他先天性疾病的发病率不断提高，为此我们对遗传病的预防应给予高度的重视。那么，如何预防遗传病呢？

1. 禁止近亲结婚

目前最有效的措施是禁止近亲结婚。我国婚姻法规定"直系血亲和三代以内的旁系血亲禁止结婚"。为什么禁止近亲结婚可以预防遗传病呢？科学家推算出，每个人都可能带有隐性致病基因，随机婚配情况下，隐性致病基因重合的概率很小，但近亲结婚时，夫妻双方的遗传相似性比较大，二者可能从共同祖先那里继承同一种致病基因。这样，他们所生子女患隐性遗传病的概率就比非近亲结婚者高出很多倍。如表兄妹婚育的后代患苯丙酮尿症的风险是非近亲结婚者的8.5倍，患白化病的风险高13.5倍，患黑蒙性痴呆症的风险是非近亲结婚者的36倍。

2. 遗传咨询

为了获得优良的后代，提高人口素质，人类需要优生。遗传咨询是优生工作中主要的一环。遗传咨询是指由医生或专业人员对某个家庭遗传病的遗传方式进行判断，预估再发风险率，提出防治建议等，通过与咨询者商谈，帮助他们做出合理的生育决定，包括婚前咨询、孕前咨询和孕期咨询三个方面，目的是最大限度地降低遗传病患儿的出生率。遗传咨询的步骤是：首先医生要对咨询对象进行身体检查，对是否患有某种遗传病做出诊断；其次要进行家系调查，详细和完整的系谱图可作为遗传病遗传方式的分析依据。而这些都是为了估计出后代的再发风险率，这是遗传咨询的核心内容；最后，医生要为咨询对象提出预防对策和建议，如进行产前诊断、终止妊娠等。

3. 产前诊断

产前诊断又称宫内诊断，是在胎儿出生前，将细胞遗传学、生化分析、分子遗传学等技术应用于遗传学检测，以确定胎儿是否患有某种遗传病。诊断的对象一般是35岁以上的高龄孕妇、夫妇一方有染色体异常的孕妇或曾生育过遗传病患儿的孕妇、有不明原因流产史的孕妇或具有家族遗传病史的孕妇等。

常用检测手段有羊水检查：通过羊膜穿刺或绒毛膜取样，对羊水、羊水细胞及绒毛膜细胞进行遗传学分析，检测胎儿的染色体或基因是否异常，筛查21三体综合征、特纳综合征、神经管畸形等；还可以检测胎儿有没有受到药物和病毒的影响，是否先天发育畸形、兔唇等；还可以查出胎儿性别、母儿血型不合、发育是否成熟等，并且准确率很高。

B超检查是超声波检查的一种方式，无放射性，受检者无痛苦、无损伤。B超可以较准确地测量羊水量，因为羊水过多过少都可能预示胎儿畸形，如神经管畸形、无脑儿、脊柱裂等疾病；还可以检查胎盘是否正常及胎儿发育情况等。

孕妇血细胞检查即血常规检查，可以筛查地中海贫血症等。该病是由于血红蛋白基因的缺失或突变引起的溶血性遗传病。全自动血细胞分析仪可检测孕妇早期红细胞数量（RBC）、血红蛋白浓度（Hb）、平均红细胞体积（MCV）、平均红细胞血红蛋白量（MCH）、红细胞平均血红蛋白浓度（MCHC）、白细胞（WBC）的变化，辅助了解孕妇血液异常情况，及时为临床提供诊断。

4. 基因检测

基因检测是指以人的毛发、血液、精液、唾液或人体组织等为材料检测细胞中的DNA序列，从而了解人细胞含有的基因类型、基因缺陷及基因表达情况等。基因检测可以使人们了解自己的基因信息，预估患某种疾病的风险。目前基因检测最广泛的应用就是新生儿遗传疾病的检测、遗传疾病的诊断和某些常见病的辅助诊断。一般有三种基因检测的方法：生化检测、染色体分析和DNA分析。若某种基因有缺陷，则其表达的蛋白质含量也会有变化。生化检测就是对样本中相关蛋白质或其他物质进行检测，以判断基因是否异常，如苯丙酮尿症、白化病等的筛查。染色体分析是通过羊膜穿刺或绒毛膜取样获得胎儿的细胞，对其中的染色体数目及结构进行检测，筛查胎儿是否患有染色体异常遗传病。DNA分析是对胎儿细胞中的单个基因异常引起的遗传病进行鉴定。基因诊断是基因检测中的必要手段，其基本方法之一就是核酸分子杂交，基本原理是：用一段已知基因的核酸序列作为探针，与待检测的单链DNA混合，根据碱基互补配对原则，如果二者可以互补结合成双链，表明待检测的DNA中含有已知的基因序列。该方法是从DNA水平检测人类遗传性疾病中的基因缺陷，如可以诊断由于碱基对缺失导致的地中海贫血症，还可以诊断由于碱基对的替换导致的镰刀型细胞贫血症等。

环境中各种易引起基因突变的因素也是人们需要预防的重要方面，人们应该尽量远离有害物质，如烟草中的尼古丁、烟熏食物中的苯并芘、装修房屋中的甲醛、霉变食物中的黄曲霉毒素等。

二、遗传病的治疗及杜绝

1. 基因治疗

基因治疗是指应用基因工程技术将正常基因导入患者细胞，以取代或修复缺陷基因，从而达到根治某种遗传病的目的。基因治疗有两条主要途径：一是将正常基因在体外导入人体或异体细胞，在体外扩增后再输回人体；二是将正常基因直接导入人体细胞。不论是哪一种途径，基本步骤都是一致的。以复合型免疫缺陷疾病为例，该病是由于腺苷酸脱氨酶（ADA）基因缺陷，导致患者体内缺乏该酶，最终引起患者缺乏正常免疫能力。根据基因工程的步骤，首先选取正常的ADA基因作为目的基因，再通过病毒法或非病毒法将目的基因导入受体细胞。病毒法是将目的基因和病毒的基因组组装到一起，再通过重组病毒感染受体细胞从而将目的基因导入受体细胞的基因组中。非病毒法有显微注射法、脂质体转移法、磷酸钙沉淀法等。受体细胞可以选择体细胞或生殖细胞。目前采用较多的是体细胞，如骨髓造血干细胞、成纤维细胞或肝脏细胞等。转移之后的目的基因能否正常表达是基因治疗的关键之一。研究者可以在重组病毒上连接启动子或增强子等控制信号，保证目的基因的高效表达，同时还需要对表达情况进行检测和鉴定。如果病人体内能合成ADA并发挥作用，并能检测到相应抗体，预示免疫系统已趋正常，说明基因治疗有效。目前，血友病也可以采用基因治疗：利用基因载体将凝血因子基因导入靶细胞中，使靶细胞成功表达该基因，使病人能持续产生具有凝血功能的凝血因子。当然，基因治疗还需要考虑安全性问题，如必须保证目的基因在受体细胞中表达之后不危害细胞和人体自身，不引起癌基因的激活和抗癌基因的失活等，并做好临床试验。基因治疗作为遗传病治疗的一种崭新手段，有望使人类遗传病得到根治。

2. 基因编辑

基因编辑是一项比较新兴的能准确对基因组中特定目标基因进行定点修饰的技术。它比早期基因工程优越的一点是：基因工程只能将外源基因随机插入宿主基因组，而基因编辑则能定点编辑特定基因。2013年我国生物学家张锋首次利用CRISPR/Cas9系统对动物细胞进行基因编辑。这项技术需要利用人工合成的RNA作为"向导"与待编辑的DNA序列结合，还需要特定的核酸酶切割DNA，在细胞启动修复DNA的时候，趁机将人为改变的碱基序列引入基因组，实现基因编辑，也可以用基因编辑技术来破坏某个基因从而让其失去功能。

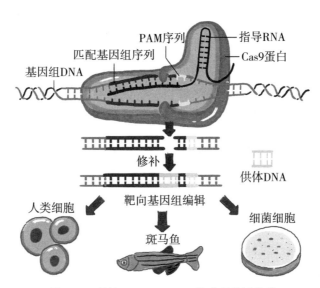

图3-10　利用CRISPR/Cas9工具进行基因编辑

科学家们不断寻求在人类成体细胞中利用基因编辑技术"修正"治疗遗传病和其他重大疾病的方法。在各种人类成体细胞中，造血干细胞具有自我分化能力，能够进一步分化为血液系统的各种细胞。对其进行基因改造对于治疗多种遗传病，特别是血液疾病，如腺苷酸脱氨酶缺乏症、血友病、地中海贫血症及镰状细胞贫血症均有重大意义。科学家通过加入细胞因子对造血干细胞进行刺激，结合病毒载体和电击转染的实验方案，实现了针对特异DNA序列位点的基因编辑。X连锁重症联合免疫缺陷病的致病基因是这一研究的靶向基因。研究者对造血干细胞的基因进行了靶向修正，并在免疫缺陷小鼠体内证实了基因编辑过的造血干细胞可以维持正常的造血并生成了功能性的淋巴细胞。这一研究成果为利用基因编辑治疗遗传缺陷疾病开辟了新的道路。

杜氏肌营养不良症是一种随着年龄增长全身肌肉呈进行性消耗和运动功能减退的伴X隐性遗传性肌肉疾病，一般是由Dystrophin蛋白的基因编码缺陷造成的。视网膜色素变性是一种能够导致失明的遗传性视网膜退化疾病。2015年，科学家针对杜氏肌营养不良症进行体内基因改造治疗的研究，研究结果显示，实验动物的肌肉功能恢复。科学家还对视网膜色素变性疾病采取删除导致视网膜色素变性的突变基因的方法，改善了患病大鼠的视觉功能。基因编辑技术治疗人类遗传病有着巨大的潜力。

3. 试管婴儿

我们已经知道，进行产前诊断或遗传咨询等就是为了减少遗传病患儿的出生，但这毕竟只是一种消极的预防性措施。如何使人类有目的地培育出具有优良遗传素质的个体呢？其中生殖工程引起了人们的兴趣。我国自1982年起开展了生殖工程技术，该技术通过人工方法选择健康的卵子和精子，在体外完成受精和早期胚胎发育，再将胚胎移入母体子宫内继续发育为成熟胎儿。由于这种形式的受精和胚胎的早期发育在试管或培养皿中进行，因此把体外受精-胚胎移植所得婴儿称为"试管婴儿"。1978年在英国诞生了世界上第一个试管婴儿，目前我国该项技术也逐渐成熟，对人类优生具有重要意义。

该技术一共有三代，第一代"试管婴儿"是精子与卵子共同培养自由结合实现受精过程，主要是治疗因女性原因引起的不孕症，如输卵管问题、内分泌问题、宫腔问题等。第二代"试管婴儿"主要是针对男性原因引起的不育症，如输精管问题、少精弱精症等问题，通过人工方法将一个健康精子直接注射到卵母细胞胞浆内从而完成受精过程。第三代"试管婴儿"主要是针对家族遗传性疾病而进行的,因此也叫作胚胎植入前遗传学诊断。如果夫妻双方有遗传病家族史,为了避免遗传病婴儿的出生,在胚胎移植前,需要取胚胎的遗传物质进行分析,诊断是否有异常,以筛选健康胚胎移植。

相比传统的羊水细胞遗传学诊断,第三代试管婴儿的优点首先是致病基因发现早,在胚胎植入子宫前就进行诊断,避免流产与引产。其次,胚胎创伤小:取几个微小的细胞就可以用来诊断,很少会对胚胎后期发育产生影响。再次,遗传病诊断率高,诊断率可达90%以上。需要强调的是,虽然挑选了健康的胚胎,但是胚胎移植后,生命发育任何一个阶段的胎儿由于母体、环境等因素,染色体都有可能出现异常变化。所以选择第三代试管婴儿成功受孕后,孕妇仍然需要进行常规的产前检查。目前通过使用第三代试管婴儿技术,能筛选甄别和检测的遗传性疾病多达73种,如地中海贫血症、血友病、肾上腺发育不良、先天性白内障、脑积水、智力发育迟缓、色盲等。

🔬 科学思维

讨论1:有一名女性患有乳腺癌,她通过基因检测发现自己和女儿体内相关基因都发生了突变,而该基因的突变可导致患乳腺癌概率比正常人高若干倍。在医生的建议下,她女儿虽然未患乳腺癌,但是也切除了乳腺。你如何看待基因检测这件事呢?

讨论2:你听说过基因身份证吗?它就是根据基因检测的原理,利用血液、口腔表皮细胞等材料进行检测。如果大家都有这样的一个身份证(图3-11),就可以了解自己的基因状况,如是否携带了白化病、色盲等疾病的致病基因,对人类的婚姻、生育、医疗等方面给出科学的预见和指导,为人类健康、预防遗传病、提高人类遗传素质做出不可估量的贡献。但是也有人质疑基因身份证会破坏当事人的基因隐私性,影响正常生活。你的想法是怎样的?你愿意拥有属于自己的基因身份证吗?

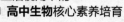

基 因 身 份 证

姓名：陈某琳　　性别：女
民族：汉　　　　血型：O/RH⁺
出生：1996年xx月xx日
编号：4107267510031003

广东省医学遗传研究所监制

图3-11　基因身份证

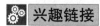 兴趣链接

精子也要比"颜值"

　　我们知道，精子因为有长长的"尾巴"才能通过游动找寻卵子并与之完成受精。但是，有一种叫作MMAF（精子鞭毛多发形态异常）的疾病，患者的精子尾部缺失、短小、弯折、卷曲或不规则。与正常精子相比，这种精子"颜值"太低，影响自然受精，导致男性不育。研究者已经确定了几个与该病相关的基因，说明该病也属于遗传病。他们还发现，这些致病基因都是常染色体隐性遗传，这意味着，即使男性提供的是致病基因，但只要母亲没有相应的致病基因，通过试管婴儿完成人工授精获得的后代就是杂合子，也不会出现MMAF疾病。这为男性不育的遗传咨询提供了理论指导。

参考文献

［1］陆海涛.临床皮肤性病学（上）［M］.2版.长春：吉林科学技术出版社，2019：94.

［2］丁淑贞，倪雪莲.儿科护理学［M］.北京：中国协和医科大学出版社，2019：359.

［3］邬玲仟，梁德生.中华民族基因组多态现象研究（人类单基因遗传疾病）［M］.西安：西安交通大学出版社，2015：236.

［4］唐红.实用慢性肝炎诊治重点［M］.北京：科学技术文献出版社，2018：145.

［5］王亚馥，戴灼华.遗传学［M］.北京：高等教育出版社，1999：574–591.

［6］朱正威，赵占良.生物学［M］.北京：人民教育出版社，2019：92–95.

［7］林祖荣.高中生物读本（下）［M］.北京：北京时代华文书局，
2020：339–345.

［8］席海瑞，卢大儒.基因编辑与遗传病治疗［J］.科学，2019（1）：19–23.

［9］代新岳，张磊.血友病基因治疗研究进展［J］.中华血液学杂志，2018
（4）：350–352.

［10］刘洋，等.不同基因型地中海贫血孕妇妊娠早期部分血常规指标分析
［J］.贵州医科大学学报，2018（11）：1301–1305.

在明确人体基本的结构和功能单位——细胞及其变异类型后，我们再从人体细胞所处的环境来分析其是如何完成正常生命活动的。机体的内环境为机体细胞提供适宜的生存环境，机体细胞通过内环境与外界环境进行物质交换。

第四章

人体细胞生活的环境

人体细胞直接生活的环境称为内环境（即细胞外液），包括血浆、组织液和淋巴。血浆是最活跃的细胞外液，就像川流不息的江河贯穿着我们人体的每个部位，除了每时每刻都为细胞运送生命活动需要的养分和氧气，排出细胞的代谢废物外，血浆还通过全身的流动将细胞产生的抗体、激素等信号分子运载到相应的靶细胞和靶器官，使之发生相应的反应，调节生命活动，协助实现细胞间的信息交流。由此可见，内环境的稳定性对人体细胞的正常生命活动尤为重要，我们称之为稳态。

内环境稳态包括两方面：一个是内环境的组成成分，一个是内环境的理化性质（包括温度、渗透压、酸碱平衡）。正常情况下，内环境稳态是一种动态平衡，但内环境的调节能力是有限的，如果某一成分超出了正常范围，则可能暗示机体出现了某些问题，如血糖偏高降不下来，则有患糖尿病的风险；如血液中甲胎蛋白超过最高上限，则可能有癌变的组织，所以在临床医学上经常会进行血液成分的检查来协助判断机体的健康情况。另外，细胞的大部分代谢废物如尿素、肌酐和多余的无机盐等经血液循环来到肾脏，通过肾脏的滤过作用和重吸收作用等，最后形成尿液排出体外，所以临床医学上也经常利用尿液中的成分的变化来反映机体的健康情况，如尿液中出现蛋白质则有可能患肾炎。

第一节　内环境的生化检测

一、血液生化六项检查

基本知识

　　血液的成分变化可以反映机体的健康情况，所以血液检测是医院的一项常规检测项目。一般常见的大生化检查项目有：肝功能的检查，包括总蛋白、白蛋白/球蛋白、总胆红素、直接胆红素、间接胆红素、谷草转氨酶、谷丙转氨酶等（表4-1）；血脂的检查，包括总胆固醇、甘油三酯、高密度脂蛋白、低密度脂蛋白；空腹血糖的检查；肾功能的检查，包括肌酐、尿素氮等；尿酸的检查；电解质的检查，包括钾、钠、氯、镁、钙等的检查；激素六项的检查；等等。我们抽取其中的六项血液生化做简单的介绍。

表4-1　常见的肝功能检查项目

项目	单位	参考范围	临床意义
谷草转氨酶（AST 或 GOT）	U/L	8~40	各种肝病GOT均会升高，心肌梗塞早期会升高

续 表

项目	单位	参考范围	临床意义
谷丙转氨酶（ALT或GPT）	U/L	5～40	急性传染性肝炎、药物中毒性肝炎GPT略显增高，肝癌、肝硬化、慢性肝炎GPT中度增高，阻塞性黄疸、胆管炎GPT可轻度增高
谷草转氨酶/谷丙转氨酶		1.5～2.5	当比值小于1时，为比例倒置，是慢性肝炎或肝硬化的特征之一
总蛋白（TP）	g/L	60～80	减低，肝功能障碍
白蛋白（ALB）	g/L	35～55	总蛋白正常、白蛋白降低、球蛋白增高时，表示有肝脏损害，总蛋白和球蛋白增高、白蛋白正常，表示肝硬化
球蛋白（GLB）	g/L	20～30	白蛋白降低，球蛋白升高表示肝硬化
白蛋白/球蛋白（A/G）		1.5～2.5：1	当比值小于1时，称比例倒置，为慢性肝炎或肝硬化特征之一
总胆红素	Umol/L	2～19	增高：急性黄疸型肝炎，急性黄色肝坏死、慢性活动性肝炎、肝硬化、溶血性黄疸，血型不合的输血反应、新生儿黄疸、胆石症、肝癌等
直接胆红素	Umol/L	0.1～6.84	增高：结石症、肝癌、胰头炎症等
间接胆红素	Umol/L	1.71～11.97	升高：溶血性贫血、血型不合的输血反应、新生儿黄疸
谷氨酰转肽酶（GGT）	U/L	8～50	升高：原发性或转移性肝癌，阻塞性黄疸，急性肝炎，慢性肝炎活动期，心肌梗塞、肝硬化、急性胰腺炎等
碱性磷酸酶	U/L	20～110	升高：阻塞性黄疸、急慢性黄疸型肝炎或肝癌

1. 丙氨酸氨基转移酶（简称转氨酶）

丙氨酸氨基转移酶（ALT）主要存在于肝细胞内，细胞内浓度高于细胞外液。如果肝脏细胞受损，哪怕仅仅是1%的受损率，转氨酶就会从肝细胞释放到血液中，使血清中的丙氨酸氨基转移酶（ALT）成倍增长，因此，谷丙转氨酶被世界卫生组织推荐为肝功能损害最敏感的检测指标。

当丙氨酸氨基转移酶偏高时往往会出现恶心、呕吐、食欲减退、肝区疼痛、黄疸等症状。

病因：临床研究发现，丙氨酸氨基转移酶（ALT）的增高常见于肝胆疾病、心血管疾病、甲亢、流行性感冒甚至是剧烈运动，另外使用某些药物或毒物后也会引起丙氨酸氨基转移酶含量增高，如传染性肝炎、肝癌、肝硬化活动期、脂肪肝、胆囊炎、心梗、疟疾感染等。

当然丙氨酸氨基转移酶高并不代表患有肝炎，建议进一步检查乙肝两对半以排查乙肝病毒感染引起的情况。若体检显示你的ALT有所增高，也不要过度紧张，要根据相关检查、症状，结合病史、体征等来综合判断。可以先回想一下自己检查时是否刚进行过剧烈运动或者刚服用过药物，再结合医生指引做进一步的排查，以确定引起丙氨酸氨基转移酶含量增高的真正原因，然后对症治疗。

2. 肌酐和尿素氮

肌酐与尿素氮是衡量肾功能的一项指标。尿素氮与肌酐其实就是我们平时所说的尿毒素，当然严格说来，这两项仅是尿毒素的一部分，由于两者同时由肾小球滤过排出，而且监测容易，因此很早就被用来作为评价肾功能的主要指标。两者检测数值越高，代表肾功能越差。因为肾功能发生障碍时，代谢废物不能够排出体外，以致大量含氮废物和其他毒性物质在体内积累，内环境稳态被破坏。

肌酐包括血肌酐和尿肌酐，相对而言血肌酐更能反映肾功能的健康情况，所以平时所说的肌酐高一般是指血肌酐高。一般来说血肌酐正常值标准为 $44 \sim 80 \, \mu mol/L$，当血肌酐超过 $106 \, \mu mol/L$ 时意味着肾脏可能出现损伤，已经出现肾功能不全、肾衰竭。体内的肌酐主要由肌肉产生，通过肾脏排泄。一般情况下，肌酐的生成量是恒定的，血肌酐水平的高低主要取决于肾脏排出肌酐的多少。肾脏的代偿功能十分强大，如果两个肾脏都正常，那么只要一个肾脏发挥功能，血肌酐就能维持在正常水平。也就是说，肾功能一定要下降到正常的一半水平时，才会引起血肌酐升高。因此，血肌酐并不能准确反映早期、轻度的肾功能下降。

肌酐值升高以后会出现夜尿增多、乏力、口渴、身体出现浮肿、血压升高、心力衰竭、肺水肿等症状，这是水代谢失衡的表现。患者出现代谢酸中毒就会出现不想吃饭、虚弱无力、躁动不安、腹痛、呕吐甚至昏迷症状。

病因：体内失水导致血液浓缩，肾血流量减少，会出现肌酐升高情况，比如发热、多汗、饮水量少等；尿液异常，长期出现血尿、蛋白尿的人，会在不知不觉中出现肌酐升高的现象；特别要注意的是，肾病患者在未知情况下服用了损害肾脏的药物有可能会出现不可逆转的肌酐升高；高血压患者，血压不稳定，会出现肌酐偏高的现象；当然平时生活中出现劳累，休息不好也会引起一定范围的血肌酐升高；若摄入过多的高蛋白食物也会引起肌酐升高。

3. 血清葡萄糖

血清葡萄糖是血液中血糖浓度的一项指标，正常人空腹血清葡萄糖的浓度在3.9～6.1 mmol/L之间波动，机体主要通过血糖调节机制维持血糖的稳定。

病因：某些生理因素（如情绪紧张，饭后1～2小时）及静脉注射肾上腺素后可引起血糖增高。病理性增高常见于各种糖尿病、慢性胰腺炎、心肌梗塞等，某些内分泌疾病如甲状腺功能亢进、垂体前叶嗜酸性细胞腺瘤、垂体前叶嗜碱性细胞机能亢进症、肾上腺机能亢进症等。颅内出血、颅外伤等也会引起血糖增高。而糖代谢异常、胰岛细胞瘤、胰腺瘤、严重肝病、新生儿低血糖症、妊娠、哺乳等则容易造成低血糖症。

4. 甘油三酯和总胆固醇

甘油三酯和总胆固醇是衡量血液中血脂水平的一项指标。血脂是血液中各种脂质的总称，其中最重要的是胆固醇和甘油三酯。无论胆固醇含量增高，还是甘油三酯的含量增高，都统称为高脂血症。高脂血症与冠心病有密切的关系，尤其是胆固醇与甘油三酯皆增高者，患冠心病的危险性更大，因此定期检查血脂水平可以防患于未然。

甘油三酯其实就是我们经常说的脂肪，它是长链脂肪酸和甘油形成的脂肪分子。脂肪是主要的储能物质，分解后能为大部分组织细胞提供能量。血脂异常患者以甘油三酯增高为最常见的临床表现，所以甘油三酯可以直接衡量一个人的健康状况。轻度甘油三酯增高，可能由糖类食物摄入过多、吸烟、肥胖等因素引起。重度的高甘油三酯，多与糖尿病、肝病、慢性肾炎等有关，一般为继发性疾病。

胆固醇分为低密度胆固醇和高密度胆固醇。顾名思义，由低密度脂蛋白和胆固醇结合而成的是低密度脂蛋白胆固醇，它是导致动脉硬化的重要因素。血液中的正常值是2.00～4.11 mmol/L，它的水平越高，动脉硬化的可能性越大，低密度脂蛋白胆固醇常被称为"坏"胆固醇。而由高密度脂蛋白和胆固醇结合而成的就是高密度脂蛋白胆固醇。它将胆固醇从组织转移到肝脏中去，具有防治动脉粥样硬化的作用，也称为"好"胆固醇。

💗 社会责任

1. 糖尿病生化检查

（1）口服葡萄糖耐量试验。通过口服葡萄糖耐量试验（OGTT）来测量的话，通常需要30分钟～1小时。峰值为7.8～9.0 mmol/L，2小时后不大于7.8 mmol/L，3小时后应当恢复到空腹血糖水平，即3.9～6.1 mmol/L，上述各个时段的尿糖试验，正常人均为阴性。

（2）测量血糖。正常人空腹血糖参考值：葡萄糖氧化酶法：3.9～6.1 mmol/L；邻甲苯胺法：3.9～6.4 mmol/L。糖尿病患者的空腹血糖参考值：轻度糖尿病：7.0～8.4 mmol/L，中度糖尿病：8.4～11.1 mmol/L，重度糖尿病：大于11.1 mmol/L。

（3）糖化血红蛋白测定。糖化血红蛋白测定也可以帮助诊断是否患有糖尿病，正常人糖化血红蛋白测定的参考值是4%～6%，当参考值大于9%时，预测为糖尿病的准确率为78%，当参考值大于10%时，一般来说预测为糖尿病的准确率为89%。

上述几种方法可以帮助患者有效判断是否患糖尿病，事实上，尿检之类的检查也可以看出体内糖分是不是超标，但是其因为不太准确，一般作为辅助检查项目，如果尿检出现尿糖高的情况，还可以直接到内分泌科进行糖尿病检查。

2. 高脂血症的防治

（1）合理饮食。合理饮食是治疗高脂血症的基础，平时饮食注意少盐少油，清淡一些。

（2）适当运动。运动锻炼可增加消耗，改善脂质代谢，防止体脂和血脂增多。运动还能提高人体血液中一种对抗动脉粥样硬化的脂蛋白——高密度脂蛋白（HDL）的含量，改善心脏功能，增加心脏的侧支循环，从而起到预防冠心病的良好作用。

（3）药物治疗。对顽固而严重的高脂血症，可适当给予药物治疗，不过目前还没有合乎生理要求的降脂药物。多数降脂药仅有短时疗效，长期服用则出现明显副作用。所以，药物治疗应被看作治疗冠心病高危者脂代谢紊乱的万不得已的措施，且需与非药物疗法联合进行。

3. 预防肌酐高的措施

注意低盐低脂肪低蛋白质饮食，少吃肉类，多吃蔬菜水果，减少饮食中的钾和钠等矿物质的摄入；另外尽量少吃大豆、花生、南瓜子、坚果和海鲜等食物，因为它们会增加肝脏的肌酸产量，使肌酐升高；每天多喝水，健康常伴随，充足的饮水量，能使肌酐和一些废物毒物经由肾脏随尿液排出体外。

增强自身的免疫力，良好的人体免疫力不仅有助于预防肌酐高，而且可预防其他的疾病。

多休息，适当锻炼身体，保持心情舒畅。

⚙ 兴趣链接

早期糖尿病症状自测

（1）口腔：口干、口渴、饮水多、喉咙干燥。

（2）体重：明明吃很多，体重却在下降。

（3）体力：慢性疲劳感、身体乏力。

（4）尿液：尿频尿多，起夜3次以上。

（5）眼睛：视力减退、视线模糊、眼睛易疲劳。

（6）皮肤：皮肤干燥、发痒等。

（7）血管：足部出现麻痹或疼痛，伤口难以愈合。

出现以上1～2种症状就要小心糖尿病了，值得注意的是，空腹血糖正常也不等于没得糖尿病，有糖尿病家族史的人更要注意，经常进行一些常规检查。

可降肌酐的食物

（1）姜茶：含有类黄酮、姜辣素和姜醇等化合物，具有抗氧化和抗炎症的作用，有助于保护肾脏免受损伤，降低身体中的肌酐水平。另外，生姜也是一种利尿剂，可改善肾脏的过滤能力。

（2）绿茶：一种天然的抗氧化剂，具有利尿特性。这使它成为降低肌酐水平最好也最简单的方法之一。绿茶的利尿性有助于改善肾脏的过滤能力，并增加尿量。

（3）大蒜：大蒜是一种很奇妙的草药，可以帮助降低肌酐水平。它是一种天然的抗氧化剂，也是一种利尿剂，它能帮助排出体内的有毒废物，进而降低血液中的肌酐水平。大蒜也会增加血浆铁的含量，这可减少因体内肌酐含量过高而导致血红蛋白丢失的现象。因此平时做菜时可以加入一定量的蒜末或者直接生嚼蒜瓣。

另外，甘菊茶、蜂蜜、苦瓜，洋葱、芹菜、肉桂粉等都是我们平时可以见到的有利于降低肌酐的食物，可以适当地食用。

二、乙肝两对半检查

📖 基本知识

乙肝（乙型慢性肝炎）是由乙肝病毒感染所引发的肝脏不同程度炎症坏死或纤维化的慢性传染疾病，主要临床症状为反复出现的乏力、食欲减退、尿黄、肝区不适、腹胀等，可出现面色发黑、蜘蛛痣、脾脏增大等表现，长期乙型肝炎病毒感染还可导致肝硬化、肝癌等。乙肝两对半检查是用于检测机体是否被乙肝病毒感染的一种最常用的临床检查手段。

乙肝两对半是指乙肝的五项检查，检查项目包括：乙肝表面抗原、乙肝表面抗体、乙肝e抗原、乙肝e抗体、乙肝核心抗体。因乙肝核心抗原的检测方法较复杂，临床上通常不做，所以在"乙肝五项"检查中，前四项均是抗原与抗体成对检查，共两对，后一个只检查了核心抗体即"半对"，因此乙肝五项被称为"乙肝两对半"。

乙肝表面抗原（HBsAg）：是乙肝病毒的蛋白质外壳抗原，是最早出现在血清中的乙肝病毒标志物，用于反映机体是否有乙肝病毒感染。若血检呈阳性则说明有乙肝病毒感染。

乙肝表面抗体（抗HBs）：反映机体是否对乙肝病毒产生特异性免疫。若血检呈阳性则说明对乙肝病毒有免疫力（免疫力的形成可能是因为曾经有乙肝病毒感染后自愈或主动接种乙肝病毒疫苗）。

乙肝e抗原（HBeAg）：e抗原是乙肝病毒在细胞内复制的标志。该指标可以判定传染性的大小。若检查时呈阳性，就表示乙肝病毒在人体内复制活跃，血中带毒量大，传染性强。

乙肝e抗体（抗HBe）：用于反映乙肝病毒的复制状态是否从活跃转为相对静止，从而判断肝炎是否有好转。若为阳性表明此阶段病毒复制程度降低，血液携带病毒量减少，传染性也相对降低。

乙肝核心抗体（抗HBc）：说明曾感染过乙肝病毒，这种情况可出现在接种过乙肝疫苗或者隐性感染者身上。

在乙肝两对半检查中，常听到的"乙肝大三阳"和"乙肝小三阳"是什么意思呢？

"乙肝大三阳"是指检查结果中乙肝表面抗原（HBsAg）、乙肝e抗原（HBeAg）、乙肝核心抗体（抗HBc）呈阳性，而乙肝表面抗体（抗HBs）、乙肝e抗体（抗HBe）呈阴性，说明此患者为慢性肝炎，而且具有传染性；"乙肝小三阳"是指乙肝表面抗原（HBsAg）、乙肝e抗体（抗HBe）、乙肝核心抗体（抗HBc）呈阳性，乙肝表面抗体（抗HBs）和乙肝e抗原（HBeAg）呈阴性，这种情况说明病毒复制程度减弱，传染性弱，但长时间持续这种状态可能会转变为肝癌。

在乙肝两对半检查中经常可以看到乙肝五项全部阴性，全阴性说明没有乙肝病毒感染，但这并不是机体的理想状态，因为体内也没有相应的抗体，这种情况下建议受检者及时进行乙肝疫苗接种，并在疫苗接种完成后再进行一次"乙肝两对半"检查，以确保机体产生抵抗力。

科学思维

（1）请根据图4-1尝试分析乙肝病毒的结构特点以及其增殖的过程。

（2）请结合教材思考乙肝病毒会引发机体产生哪种免疫过程，请以流程图的方式表示。

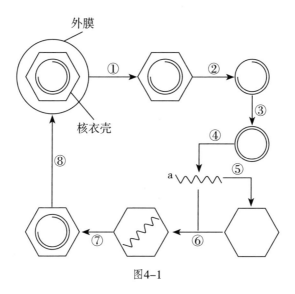

图4-1

社会责任

乙肝的预防

医学临床研究发现，喝酒、滥用药物、过度劳累等均会使丙氨酸氨基转移酶含量增高，为了保持身体健康，同学们要养成健康的生活习惯。不滥用药物，不喝酒，不"开夜车"，注意劳逸结合；适当摄入高蛋白、高热量、高维生素的易消化食物，有利于肝脏的修复；进食新鲜水果及蔬菜，避免进食霉变的食物；养成良好卫生习惯，不共用牙刷、毛巾、剃须刀等私人物品；与他人共进餐时，提倡使用公筷，尤其是乙肝患者更应自觉主动使用公筷。接种乙型肝炎疫苗是我国预防和控制乙型肝炎流行的最关键的措施，所以我们应该主动进行乙肝两对半的检查以及及时接种乙肝疫苗，注意接种后需要再次进行"乙肝两对半"的检查，以确定机体是否形成了抗体。

三、尿液检查

基本知识

尿液检查是通过显微镜或者其他仪器对尿液进行分析，是一种医学检测辅助手段。尿液检查对临床诊断、判断疗效和预后（预后是对于某种疾病发展过程和后果的预测。按照疾病发生或发展过程中是否接受治疗，预后可分为自然预后和治疗预后）有着十分重要的价值。尿液检查包括尿常规分析、尿液成分检测（如尿红细胞、白细胞等）、蛋白成分定量测定、尿酶测定等。本部分主要介绍尿常规检查。

目前临床上多用试纸条法对尿液进行快速筛查分析，所以尿常规检测一般30分钟内就可以出结果。多联试纸是一种可检测多个指标的胶体金试纸（胶体金是一种常用的标记技术，是以胶体金作为示踪标志物应用于抗原抗体的一种新型的免疫标记技术），如可以测酮体、胆红素、葡萄糖等。尿液检查的项目主要有酸碱度（pH）、尿比重（SG）、尿胆原（URO）、隐血（BLD）、白细胞（WBC）、尿蛋白（PRO）、尿糖（GLU）、胆红素（BIL）、酮体（KET）、尿红细胞（RBC）、尿液颜色（GOL）。这些指标是分析受检者身体状况的重要依据。

1. pH

尿液pH可以反映肾脏参与机体酸碱平衡调节的能力，正常尿多为弱酸性，pH为6.0左右，因受食物影响，pH常维持在5.0～8.0。如果出现酸性尿或者碱性尿则有可能是受检者出现了代谢性或呼吸性酸碱中毒，或者是出现了某些肾脏疾病，需要进一步检查排除。有一点需要注意：pH检测需新鲜尿标本，若尿液放置过久，可能会因为细菌分解尿素释放氨而使尿液呈碱性，影响检查结果的准确性。

2. 尿蛋白

正常情况下，少量蛋白从肾小球滤过，几乎在肾小管近端完全重吸收。因此，蛋白尿出现往往提示肾小球滤过功能障碍或者是肾小管重吸收能力降低。当然临床上引起蛋白尿的原因有多种，如剧烈体育运动、脱水或发热、妊娠时，尿中也可出现少量蛋白质，所以出现尿蛋白先不要惊慌，根据医嘱进行进一步检查，再根据具体情况进行分析。

3. 尿糖

尿糖是糖尿病诊断及治疗进程中监测的重要指标。一般情况下，尿液中不会出现葡萄糖，如果尿中出现葡萄糖，则应结合临床进行进一步的排查。尿糖分为生理性糖尿和病理性糖尿。生理性糖尿一般多见于饮食过度、应急状态和妊娠；而病理性糖尿多见于因血糖升高引起的糖尿，肾小管功能受损所导致的肾性糖尿以及一些内分泌异常所引发的糖尿，所以出现尿糖还需要进一步检查以进行排除。

需要注意的是尿糖和血糖浓度的关系。血糖和尿糖，既有密不可分的关系，又是不同的两种理化指标。血糖是指患者静脉血浆葡萄糖的浓度，尿糖是指尿中葡萄糖的浓度。空腹血糖大于等于7、餐后两小时血糖大于等于11.1，可能是糖尿病。但是糖尿病患者也不一定都出现尿糖，只有血糖值超过了肾糖阈，才会形成尿糖。若血糖值并没有超过肾糖阈，尿糖检测是可以为阴性的。

4. 尿液颜色

正常尿液颜色为淡黄色至黄褐色，常受饮食、运动、出汗等影响。尿色可以初步反映机体的健康情况，如尿液颜色呈乳白色，说明尿液中出现大量白细胞、微生物或者尿酸盐等，患者可能患有尿路感染；如果尿色是红色，则要首先考虑是不是血尿，因为正常人的尿是不会出现血细胞的，出现血尿要引起重视，应到医院配合其他检查手段以排除是否有肾炎或泌尿系统结石等情况。

5. 尿红细胞

尿红细胞增多是泌尿系统（肾脏、膀胱或输尿管）出血，血液进入尿液导致的。常见的血尿原因有急性或慢性肾炎、泌尿系统结石等。另外，结核病、肿瘤、外伤等也可能造成血尿。

6. 尿胆红素

尿中胆色素包括尿胆红素、尿胆原及尿胆素，俗称尿三胆。衰老红细胞中的血红蛋白降解以后，形成游离胆红素进入肝脏，在肝内葡萄糖醛酸转移酶的作用下形成结合胆红素，经转运排入毛细胆管，随胆汁经胆管入肠腔，在肠腔内分解成葡萄糖醛酸和胆红素，即胆红素的肝肠循环。胆红素受肠道细菌作用还原成无色的尿胆原和粪胆原。大部分尿胆原随粪便排出体外，粪胆原经空气氧化变成棕黄色的粪胆素，这是粪便颜色的主要来源。少部分尿胆原随大循环进入肾脏，自尿中排出，尿胆原在空气中被氧化成棕黄色的尿胆素，这也是尿为淡黄色的主要原因。

尿胆红素检查结果须与尿胆原结果一起分析，可以辨别黄疸类型。比如尿胆原阳性且尿胆红素阳性，常见于肝炎、肝癌等，原因是肝功能受损，尿胆原经胆道排泄减少，血循环中尿胆原增加，继之尿胆原排泄也增加；尿胆原正常但尿胆红素阳性，则常见于肝内胆汁淤积、不完全梗阻性黄疸等，此时因为胆红素排泄障碍，粪便因无粪胆素而呈白色，尿中尿胆原也为阴性。

7. 尿比重

正常人24小时尿的比重在1.015左右，常在1.010～1.025范围内波动，受饮食、活动、出汗等影响。若尿比重增高，说明患者可能有脱水情况或患有糖尿病、急性肾炎等。

表4–2　尿常规各项指标的参考数值和含义

名称	正常	异常
酸碱度（pH）	4.6～8.0	增高常见于频繁呕吐、呼吸性碱中毒等；降低常见于酸中毒、慢性肾小球肾炎、糖尿病等
尿比重（SG）	1.010～1.025	增高常见于高热、心功能不全、糖尿病等；降低常见于慢性肾小球肾炎和肾盂肾炎等
尿胆原（URO）	<16	超过说明有黄疸
隐血（BLD）	阴性（－）	阳性同时有蛋白者，考虑肾脏病和出血
白细胞（WBC）	阴性（－）	超过5个说明有尿路感染
尿蛋白（PRO）	阴性或仅有微量	阳性提示可能有急性肾小球肾炎、糖尿病肾脏病变
尿糖（GLU）	阴性（－）	阳性提示可能有糖尿病、甲亢、肢端肥大症等
胆红素（BIL）	阴性（－）	阳性提示可能有肝细胞性或阻塞性黄疸
酮体（KET）	阴性（－）	阳性提示可能有酸中毒、糖尿病、呕吐、腹泻
尿红细胞（RBC）	阴性（－）	阳性提示可能有泌尿道肿瘤、肾炎、尿路感染等
尿液颜色（GOL）	浅黄色至深黄色	黄绿色、尿浑浊、血红色等说明有问题

8. 尿液标本的留取

尿液检查项目不同，对尿液标本留取的要求和处理也不一样，比如有些要求留取晨尿，有些留取随机尿的中段尿，晨尿标本也适用于尿液其他项目检查。尿标本留取时应注意一些特殊情况：①女性患者应避免在月经期内留取尿液标本；②肉眼可见血尿标本不应进行尿液检查（尿沉渣除外）；③如果服用的药物影响尿液检查，应在停药后留取标本。

🫀 社会责任

健康饮食

如果出现蛋白尿，往往提示有肾脏损伤，一般饮食要清淡，不吃辛辣刺激性食物，更不要吃牛肉、海鲜、羊肉等食物，豆腐、动物肝脏、蛋黄等少吃，禁止抽烟喝酒，多吃新鲜的蔬菜和水果，这样可以降低尿蛋白。另外，喝水要适量，不吃高糖、高脂肪的食物，不然会加重蛋白尿引起的不适症状。

尿酸高的患者需要减少摄入产生尿酸或促进尿酸生成的食物，避免食用嘌呤高的食物，比如少喝老火汤、少吃豆制品、少吃虾蟹等海鲜。

⚙️ 兴趣链接

尿酸高会缩短人的寿命

爱尔兰利默瑞克大学医学院研究人员的一项新研究显示，血液中血清尿酸水平的极高值可显著降低患者的生存机会，并将寿命缩短多达11年。尿酸是人体新陈代谢的副产品，有充分的证据表明高水平的尿酸与一系列严重的慢性疾病相关，如肾衰竭、高血压、心脏病、中风和糖尿病。这些原因可能部分解释了在研究中观察到的高水平患者的高死亡率。

📖 科学思维

请分析表4-3中血液检查报告，思考一下，该检查者可能患什么疾病或者有什么健康隐患？

表4-3　血液检查报告

项目	结果	单位	参考值
白细胞数（WBC）	18.69	10^9个/L	4～10
血红蛋白（HGB）	137.00	g/L	120～160
红细胞平均体积（MCV）	78.70	fL	82～98
红细胞平均血红蛋白浓度（MCHC）	347	g/L	320～360
红细胞分布宽度变异系数（RDW-CV）	14	%	11～16
血小板平均体积（MPV）	9.7	fL	9.0～13

续 表

项目	结果	单位	参考值
血小板压积（PCT）	0.26	%	0.11～0.29
中性粒细胞比率（NEUTP）	69.30	%	50～70
嗜酸细胞比率（EOP）	2.10	%	0.5～5
中性粒细胞数量（NEUT）	7.41	10^9个/L	1.9～8
嗜酸细胞数量（EON）	0.22	10^9个/L	0～0.8
嗜碱细胞数量（BASON）	0.02	10^9个/L	0～0.2
血清淀粉样蛋白A	15.3	mg/L	0～10
红细胞数（RBC）	5.02	10^{12}个/L	4～5.5
淋巴细胞比率（LYMPHP）	18.10	%	20～40
C反应蛋白检测（快速法）	6	mg/L	0～8

第二节　内环境稳态失调病

导读

1. 什么是空调病？空调病有哪些症状？怎样预防空调病？

2. 什么是水钠代谢？水钠代谢异常有哪些类型？

3. 中暑会有哪些症状？怎样预防中暑？

4. 一旦出现中暑症状，我们怎么进行急救？

5. 什么是腹泻？发生腹泻时应注意哪些问题？

一、空调病

基本知识

空调病是一种常见的夏季疾病，也是一种现代病，是指长时间处在空调环境中而出现头晕、头痛、食欲不振、上呼吸道感染、关节酸痛等内环境稳态失调症状的疾病（图4-2）。

图4-2

人们如果长期封闭在空调环境中，通风透气受影响，室内有害气体不能及时排出室外，室内空气变得浑浊，同时空气中负离子的含量下降，容易出现胸闷、心慌、头痛头晕、全身无力、工作注意力不集中等症状。

如果长时间待在温度较低的环境里，会使人体体温调节的能力下降，突然出到室外，内外过大的温差，会导致机体无法快速调节过来，引起调节紊乱；空调房比较干燥，温度适宜，因此容易滋生细菌，抵抗力差的人群容易在这种环境下受到感染而出现空调病症状；空调房内湿度太低，会对眼、鼻等处的黏膜产生不利作用，导致黏膜病。

空调风使人体表面水分蒸发量加大，毛孔收缩，不能正常排汗，也会引起内分泌的紊乱。

空调风气流方向经常变换，气流速度增加，空气热量不断变动等因素扰乱了人体的嗅觉，削弱了人体对空气中病菌、过敏原和异味的反应能力，会导致皮肤过敏或鼻炎。

💗 社会责任

预防空调病的措施

1. 不要将温度调得过低

这样进出时就可以避免环境忽冷忽热的变化造成机体感知的紊乱。适宜且健康的空调温度是26℃。做好局部保暖，对于颈部、膝盖等容易受寒的地方可以准备小毛巾被或披肩，千万不要贪图一时凉快而站在空调风口。

2. 做好适时补水

久待空调房会容易干燥，因此要适时补水。这里的补水不单指多喝水，还要多喝清淡、利尿的汤水，为身体补充水分和盐分。还要适时给皮肤补充水分，比如洗洗脸或者不定时使用保湿喷雾。放一盆水或者使用空气加湿器，以保证一定的湿度，避免太干燥的空气对黏膜造成刺激。

3. 不要长时间待在空调环境中

低温环境会刺激皮肤毛细血管，使毛细血管急剧收缩，血流不畅，汗腺分泌活动减弱，不利于代谢废物的排出。在空调房待一段时间要通风透气，增加空气流通，适当运动一下，加速体内新陈代谢，有助于代谢废物的排出。

4. 定期清洗空调的过滤网

这是为了避免空调系统成为藏污纳垢的场所，造成室内空气的二次污染，引起机体感染或过敏。

5. 多休息，有病症及时就医

空调综合征对呼吸系统伤害最大，轻度会引发鼻黏膜和气管黏膜变干，甚至出现破裂；重度则是受到病毒感染，上呼吸道甚至下呼吸道感染，出现肺炎，若出现相应病症需要及时就医并多休息。平时应多参加有氧运动，增强自身免疫力。

科学思维

尝试从体温调节的角度分析，为什么长期处在冷热交替的环境中会引起内环境紊乱？

二、水钠代谢失常

基本知识

人体内以水为基础的液体统称为体液，体液分为细胞外液和细胞内液。体液的含量一般跟年龄、性别等有关，比如成年男性的体液量约为体重的60%，女性为50%。水及电解质是体液中的重要物质，对于机体的生命活动具有广泛的意义，水及电解质代谢的紊乱可引起机体机能代谢的异常，严重时可导致机体死亡。

水钠代谢紊乱是水电解质代谢紊乱中较常见的一种。水钠代谢就是水和盐的代谢，因为在体液中水和钠的关系非常密切，任何以失水或者水过多为主的情况都伴随着体内钠水平的改变（其实就是引起血浆渗透压变化的因素之一）。水钠代谢异常的情况有很多种也比较复杂，比如根据血钠浓度，可分为低钠血症和高钠血症；根据机体容量状况，低钠血症和高钠血症又有低容量性、高容量性和等容量性之分。

低容量性低钠血症也叫作低渗性脱水，主要是治疗措施不当引起的，如失水过多时，补液只补水没有补钠；高容量性低钠血症又称水中毒，常见于摄水过多超过肾脏排水能力，表现为血液稀释、组织液增多和脑水肿引起的神经系统疾病；等容量性低钠血症主要见于抗利尿激素（ADH）分泌异常综合征。

低容量性高钠血症又称高渗性脱水，主要见于摄水不足或失水过多，使失水多于失钠；高容量性高钠血症比较少见，主要是各种疾病导致的肾脏排泄钠减少，或者钠的摄入量过多引起的；等容量性高钠血症是指钠浓度升高，但是血容量没有明显变化。以下主要介绍脱水、水中毒和水肿几种水钠代谢异常情况。

1. 脱水

脱水是指机体因病变消耗大量水分，又不能得到及时补充，造成新陈代谢障碍的一种症状，严重时会造成虚脱，甚至有生命危险，需要依靠静脉注射补充体液。根据渗透压变化，脱水又分为低渗性脱水、等渗性脱水和高渗性脱水，但不论是何种脱水，都表现为体液水分减少，引起体液量缺失。

（1）高渗性脱水的病因：饮水不足或吃食物过咸；在某些特殊需增加水分的环境下（如沙漠地区、高温环境或意外事故中）得不到水；严重的呕吐、腹泻等使消化液大量丢失而得不到补充；高温及体力劳动大量出汗；尿崩症或者肾小管、集合管对抗利尿激素不敏感，导致重吸收水量减少，机体失水过多等。

（2）低渗性脱水的病因：常见于等渗性失水或高渗性失水时只补充水而没补充盐，比如大量出汗后、大量抽腹水后等；严重心力衰竭患者有效循环血量和肾脏血流量减少时若增加水也容易引起低渗性脱水。

（3）等渗性脱水的病因：由于消化道中除唾液、胃液和结肠分泌的液体含钠较少外，其他分泌液中钠的含量与血浆相近，所以腹泻是等渗性脱水比较常见的原因；另外，像大面积烧伤引起的大量渗液，急性大量失血，大量抽放胸腹水等都会引起等渗性失水。

病症：由于脱水会导致内环境渗透压升高，此信号通过下丘脑渗透压感受器传给了大脑皮质渴觉中枢，患者产生口渴感而要求喝水，同时下丘脑增加合成并经垂体释放的抗利尿激素，经体液循环而作用于肾小管及集合管，使水分重吸收量增多，尿量大减。机体经喝水、减少尿量的调节后体内水分恢复正常，可使高渗转为等渗，体液总量也恢复，所以轻度脱水虽经常发生，但也不致引起严重病情。若脱水严重，特别是水盐调节功能失常者往往会呈现出不同程度的症状。如高渗脱水患者除口渴外往往呈现出皮肤黏膜干燥，面部潮红，躁动不安的症状，小孩还容易出现脱水性发热，尿量减少，体重明显减轻等症状；另外由于血容量下降，血压明显降低，严重者会导致休克。

等渗性的脱水根据情况分为三种：轻度脱水，会引起头痛头晕，身体无力等症状；中度脱水，体表的症状（如眼球凹陷，体表静脉塌陷、皮肤弹性消失，口干舌燥等）已经很明显，并且开始出现循环功能不全的症状；重度脱水，除以上症状加重外还可能出现休克和昏迷。

脱水会引起口渴，但如果短时间内大量摄入水分却有可能造成水中毒，那么水中毒又是怎么回事呢？

2. 水中毒

水中毒又称稀释性低血钠，主要表现为血液中的钠离子浓度下降，体内总体液中钠总含量正常或增多，体液量明显增多而水排出减少。

机体一次性摄入水分过多或者接受过多的静脉输液，患者本身肾功能不全导致排尿能力下降，某些因素如经常饮食过咸所致的抗利尿激素分泌过多等情况都会引起水中毒。

病症：若是急性水中毒，会造成颅内压增高，引起一系列神经或精神症状，比如头痛、嗜睡、定向能力失常甚至昏迷；而慢性水中毒一般表现为恶心、呕吐、嗜睡，体重明显增加，皮肤苍白等，但这些症状经常会被以为是其他的疾病而忽视。

3. 水肿

水肿指人体组织间隙有过多的液体积聚使组织肿胀的一种情况，是一种特殊的水钠代谢异常情况。水肿根据发生的部位分为局部性水肿和全身性水肿。

水肿发生的机制主要有两种：一是血管内外液体（即细胞外液之间）交换失去平衡，二是机体内外液体（内环境与外界环境之间）交换失去平衡。

引起血管内外液体交换失去平衡的因素包括：毛细血管流体静压增高（毛细血管流体静压是指毛细血管血压与组织液静水压的差值，是促进组织液生成的主要因素，若流体静压增高则不利于组织液的回收），毛细血管平均实际滤过压增大；血浆胶体渗透压降低，如营养不良造成的血浆蛋白含量减少；微血管壁通透性增加，如过敏反应引起的血管壁通透性增加；淋巴回流受阻，如寄生虫阻塞淋巴管、淋巴管炎症等。这些因素均会使组织液生成增多而造成水肿。

引起机体内外液体交换失去平衡的因素包括：肾小球病变导致滤过率下降；肾小球滤过增加、肾血流量重新分布、醛固酮和ADH分泌增多等引起的肾小管重吸收水、钠增多。

其实水肿的病因很多，很多疾病的并发症都会引起水肿，如心力衰竭、肾脏病变、糖尿病、肝癌等，另外，营养缺乏、妊娠也会引起水肿。

❤️ 社会责任

1. 脱水的改善

每天确保有合适的水的补充，比较科学的是每天要有2000～2500 mL水的摄入，过多过少都会造成机体的负担；同时要有良好的喝水习惯，不要等到口渴了才喝水；

多食用一些利尿的食物，比如冬瓜、黄瓜、薏仁等；

运动过后或高温环境下大量出汗后，要适当补充淡盐水；

腹泻呕吐后要及时进行水钠补液，避免水钠的过度流失；

对于原发疾病造成的脱水，应该对症治疗原发疾病以缓解脱水症状。

2. 水中毒检测手段及治疗

水中毒一般要通过血液检查进行判断，比如检查红细胞计数、血红蛋白量、血浆渗透压，红细胞平均容积等，如果检查结果显示红细胞计数、血红蛋白量、血浆渗透压降低，而红细胞平均容积增加，则表明该检查者有很大可能发生水中毒。

目前临床上对水中毒的治疗：暂停水分的摄入；利用利尿性的药物以促进水分排出，如20%甘露醇。只要机体能排出多余的水分，水中毒症状就能解除。

3. 水肿的检查与治疗

（1）体格检查。体格检查若发现有端坐呼吸时心脏扩大、颈静脉怒张、肝脾淤血肿大等症状，则有可能是心源性水肿；若发现脾大、腹壁静脉怒张、门脉高压合并症状，则有可能是肝硬化；若患者表情呆板、毛发稀少、皮肤粗糙，则有可能是黏液性水肿。此外，肝疾患者和肾脏疾患在面容及皮肤色素等方面有不同的表现。对水肿患者体查时除进行细致的全身检查外，还应注意水肿的局部表现，如水肿的分布、水肿的指压特征、水肿部位的表现、水肿的发展速度、水肿的严重程度等。

（2）实验室检查。实验室检查中的血清生化检查、尿检查与肾脏功能试验、血细胞计数和血红蛋白测定、放射性同位素检测、病原学检测、X射线检查、超声波检查、造影、诊断性穿刺、立卧位水试验等都有助于诊断水肿。

（3）治疗。对原发性病因已明确的水肿，主要是针对原发疾病的性质和发病环节给予相应的治疗，原发疾病得到控制后水肿症状会缓解，无须进一步对症治疗。

对于多数因器官功能障碍引起的水肿病人，适当地卧床休息可改善这些器官的血液供应，减轻其负荷，防止症状加重，有利于病情恢复。另外，全身性水肿病人均有不同程度的水钠潴留，因此水肿病人应给予低盐饮食，以减少体内钠和水的含量。

还需注意的方面有：水肿病人一定要注意水钠的摄入量，限制水钠的摄入对防止水肿的进一步加重是十分有效的，但要注意过度限钠可能会造成低钠血症；根据引起水肿的不同病因及水肿病人机体内环境平衡状况，应注意适当掌握水肿液移除速度，过快地排出较多体液可能会引起不良后果，甚至产生危及病人生命的并发症；利尿剂的选用应从小剂量开始，根据治疗反应逐渐增加剂量，避免利尿剂治疗引起的血容量减少和电解质紊乱。

兴趣链接

喝水好处多

喝水可以及时补充人体必需的水分，有利于稀释血液，有利于加快新陈代谢，有利于消化，防止便秘，可预防各种结石，多喝水还对皮肤有保湿润泽，养颜的作用，爱美的你怎么可以错过？

那怎样喝水才科学呢？先给大家看一张网上的每天喝水最佳时间表：

第一杯水是早晨6：30，有排毒养颜的效果；

第二杯水是上午8：30，有补充身体水分的作用；

第三杯水是上午11：00，有解乏放松的作用；

第四杯水是中午12：50，可达到减负减肥的作用；

第五杯水是下午3：00，有提神醒脑的作用；

第六杯水是下午5：30，有助于食物的消化与吸收；

第七杯水是晚上10：00，可以达到解毒，助排泄、消化，促进血液循环的作用。

这个时间表是不是科学呢？是否要严格按照上述时间喝水呢？其实也不是，这个表只是提醒大家每天要有足够的摄水量，满足机体的需求。

虽然喝水好处多多，但也要适量，有些人想靠大量喝水来减肥的方法其实是很危险的，过度饮水可能会引起水中毒。

现在市面上饮用水的花样很多，纯净水、矿物质水、蒸馏水等，什么样的水才是合适的，大家要看清楚，其实一般的温开水就可以帮助解渴，若大量出汗（如运动）则可以喝些淡盐水。另外，现在各种饮料、各种奶茶层出不穷，运动会、聚会都少不了饮料、奶茶，但请同学们注意，喝饮料不等于喝水，尤其是运动过后或高温出汗后喝饮料不但不解渴反而加快了水的流失，容易造成机体代谢紊乱。

三、中暑

📖 基本知识

中暑是指在高温、高湿环境下，人体体温调节中枢功能障碍、汗腺功能衰竭以及水、电解质丢失过多而引起的急性疾病，其中以中枢神经和心血管功能障碍为主要表现（图4-3）。

晕厥　　大汗　　高热

图4-3

1. 先兆中暑

在高温环境下，会出现头痛、头晕、口渴、多汗、四肢无力发酸、注意力不集中、动作不协调等症状，体温正常或略有升高。如及时转移到阴凉通风处、降温、补充水和盐分，短时间内即可恢复。

2. 轻度中暑

除上述症状外，体温往往在38℃以上，伴有面色潮红、大量出汗、皮肤灼热，或出现四肢湿冷、面色苍白、血压下降、脉搏增快等表现。如及时转移到阴凉通风处，平躺解衣、降温、补充水和盐分，可于数小时内恢复。

3. 重度中暑

重度中暑根据症状还分为热痉挛、热衰竭、热射病。

（1）热痉挛。热痉挛是一种短暂、间歇发作的肌肉痉挛，可能与钠盐丢失相关。热痉挛常发生于初次进入高温环境工作，或运动量过大时，大量出汗且仅补水者。临床表现为于训练中或训练后出现短暂性、间歇发作的肌肉抽动。

（2）热衰竭。热衰竭指热应激后，以血容量不足为特征的一组临床综合征。严重热应激情况下，体液、体钠丢失过多，水、电解质紊乱，但无明显中枢神经系统损害表现。热衰竭临床表现为多汗、疲劳、乏力、眩晕、头痛、判断力下降、恶心和呕吐，有时可表现出肌肉痉挛，体位性眩晕和晕厥，体温升高。热衰竭如得不到及时诊治，可发展为热射病。

（3）热射病。热射病分为劳力性热射病和非劳力性热射病。

劳力性热射病是指参加体育运动者、训练的官兵等，其长时间暴露于高温、高湿、无风的环境中，在进行高强度训练后，会出现发热、忽然晕倒等症状，体温升高可达40℃，严重者出现嗜睡和昏迷。

非劳力性热射病常发生于年老、体弱和慢性病人群，发病较慢。早期症状不易被发现，1~2天后症状会加重，即出现神志模糊、昏迷。其体温可高达40℃~42℃，而直肠温度最高可达46℃。

4. 中暑发病原因

（1）环境温度过高。当人们处在温度大于32℃、湿度大于60%，且无风环境下长时间工作、剧烈运动或训练，但又无充分防暑降温措施时，是极其容易发生中暑的。此外，在室温较高而无空调时，肥胖、营养不良、年老体弱和慢性疾病人群更易发生中暑。

（2）产热增加。在夏天进行重体力劳动，或患有发热疾病、甲状腺功能亢进症等，会使机体产热增加。

（3）散热障碍。环境湿度大、肥胖、穿透气不良的衣服或无风天气等会使机体散热障碍。

（4）出汗功能障碍。人体主要通过皮肤汗腺散热，当出现皮肤烧伤，致使汗腺损伤或者缺乏时，则会使热量蓄积，散发不出去。

♥ 社会责任

1. 中暑的治疗方案

（1）脱离高温环境。发现中暑时，应立即脱离高温环境，转移到阴凉通风处，脱去衣服以利散热，及时补充饮用淡盐水或含钠的饮料。

（2）保持呼吸道通畅。要立即吸氧，保持呼吸道通畅，必要时应行气管插管，防止呕吐物误吸。

（3）物理降温。酒精擦拭；在头颈、腋下、腹股沟处放置冰袋，注意室内通风。

（4）化学降温。情况严重的还需要借助药物进行化学性降温，比如氯丙嗪注射液静脉滴注，有调节体温中枢、扩张血管、松弛肌肉、降低氧耗的作用，当然这要根据医嘱进行用药。

2. 预防中暑

在炎热的环境下活动，要有一定的防晒措施，同时注意多补淡盐水，避免水盐的流失；温度较高时减少户外活动。

夏日饮食以清淡为主，多吃水果和蔬菜。

如果有先兆中暑的症状，应立即到阴凉通风处，平卧休息，症状严重的还应该采取冰袋冷敷或酒精擦身等物理降温的措施，必要时服用降温药物并及时就医治疗。

四、腹泻

基本知识

腹泻是指每天大便次数增加，或大便的性质、形状改变，以及粪便变稀薄或含有黏液、脓血等物质，还可能含有不消化的食物及其他病理性的内容物。

从病理方面腹泻可分为感染性腹泻和非感染性腹泻，其中以感染性腹泻为主。感染性腹泻多由细菌、病毒、寄生虫和真菌等病原体感染导致，严重者每天排便次数可达十几次，粪便多呈稀薄水样。粪便中常混有感染性物质，所以可以通过检查粪便来确定病因。而非感染性腹泻一般是由饮食不当导致的。

根据发病快慢程度腹泻分为急性腹泻和慢性腹泻。急性腹泻常常由感染、中毒或胃肠道基础病变导致。急性腹泻特别容易引起脱水，造成水电解质紊乱，发病特点是迅速，病情较为严重，但治疗和恢复也快。而慢性腹泻情况比较复杂，肠道消化功能弱或紊乱、肠道菌群环境紊乱、全身性疾病等都可以导致慢性腹泻。慢性腹泻发病特点是排便次数不如急性腹泻多，但其持续的时间长，起病较缓，进展也缓慢，且不易治疗。

无论是哪种腹泻，其症状都主要表现为排便次数增多，粪便稀薄，而且伴有腹痛，严重者可能还会造成脱肛等。经常腹泻还会引起水电解质紊乱、营养不良、休克等症状。

社会责任

1. 检查手段

（1）实验室检查。验血，主要是查看白细胞计数是否升高，看是否有感染。

（2）粪便检查。可以协助发现是否有结核杆菌等细菌、病毒、真菌、原虫等，以便确定是不是由于感染而导致的腹泻症状。

（3）肠镜。主要检查回肠末端是否有病变。肠镜通过取活组织进行检查，从而明确病因及病变性质，因此该手段也被称为诊断金标准。

（4）X线检查。通过X线钡餐检查或腹部X线平片检查，可以明确是否有胃肠道疾病。

（5）CT检查。用于明确是否有肠道肿瘤疾病。

（6）小肠吸收功能试验。主要用于判断腹泻是不是由于小肠吸收功能不良而引起的。

2. 腹泻的日常护理

发生腹泻后注意保暖，多喝热水。做好臀部皮肤的清洁护理工作，避免刺激皮肤导致破溃。处理好排出的腹泻物，注意双手卫生。如果出现发热、皮肤干燥等脱水症状，或神情疲倦、昏迷的情况，应立即就医并根据医嘱合理用药，定期复查。

3. 腹泻的日常预防

腹泻是消化系统疾病常见的症状，生活中做好预防准备，可以减少腹泻的发生。

注意饮食卫生，避免进食不洁食物，保持手卫生，饭前便后注意洗手。

肠胃功能较弱的人员要注意周围环境的清洁。

乳糖不耐受人员不要饮用全脂牛奶，可选择一些含水解蛋白酶的牛奶，减轻肠道的负担。

避免滥用抗生素类药物，防止肠道菌群失调发生腹泻。

科学思维

（1）根据本节的学习，跟同学谈谈体育运动中如何正确补水。

（2）请看表4-4检查报告，说出引起该患者腹泻的病因，查阅相关资料说说该患者还会出现哪些比较明显的症状。

表4-4

性别：男		项目：轮状病毒检测			标本种类：粪便	
年龄：		床号：			备注：	
序号	代码	项目	结果	提示	单位	参考值
1	YS-FB	颜色	黄色			
2	XZ	性状	稀			
3	NY1	黏液	无			
4	OB	隐血	阴性			阴性

续表

性别：男		项目：轮状病毒检测			标本种类：粪便		
年龄：			床号：		备注：		
序号	代码	项目	结果	提示	单位	参考值	
5	WBC	镜检白细胞	未见			阴性	
6	HXB（F）	镜检红细胞	未见			阴性	
7	NXB	镜检脓细胞	未见			阴性	
8	ZFQ	脂肪球	+++			阴性	
9	RV-Ag	轮状病毒抗原	阳性			阴性	
10	XBD	腺病毒抗原	阴性			阴性	
11	QT	其他	无				

参考文献

[1] 刘洋，陈静，李亚利，等.肠道门诊成人腹泻患者药物应用分析［J］.中国药师，2018，21（11）：1993-1995.

[2] 鄂晶.成人急性感染腹泻的临床护理干预措施［J］.临床医药文献电子杂志，2016，3（35）：7022，7024.

[3] 倪洪波，罗文俊.外科护理［M］.武汉：湖北科学技术出版社，2010.

[4] 李春盛.临床诊疗指南：急诊医学分册［M］.北京：人民卫生出版社，2009.

[5] 葛均波，徐永健，王辰.内科学［M］.北京：人民卫生出版社，2018.

人体细胞可以直接与内环境进行物质交换，获得生命活动所需的营养物质，同时排出代谢废物。那内环境又如何与外界环境进行物质交换呢？人体直接参与内、外环境间物质交换的系统有消化、呼吸、循环和泌尿系统，并通过神经、体液、免疫调节机制保持稳态。本章我们先来了解人体消化系统的结构、功能及可能出现的病症。

第五章

人体对物质和能的获取
——消化系统

食物可以为人体提供所需的物质和能量，其中的营养物质除维生素、水和无机盐可以被生物体直接吸收利用外，蛋白质、脂肪和糖类等物质大部分不能被机体直接吸收，需在消化管内被消化后才能被吸收利用。人体正是通过消化系统各器官协调合作，把从外界摄取的食物进行物理性、化学性的消化，吸收其营养物质，并将食物残渣排出体外，消化系统是保证人体新陈代谢正常进行的一个重要系统。如果某些消化器官出现了问题，又会引起哪些症状呢？本章我们先认识消化系统的结构和功能，再对其中部分疾病如病毒性肝炎、脂肪肝、酒精性肝炎、肝硬化、胃炎、便秘等加以了解。

第一节　消化系统的结构和功能

1. 消化系统由哪些部分组成？
2. 消化系统具有什么功能？

基本知识

消化系统由消化道和消化腺两大部分组成。消化道包括口腔、咽、食管、胃、小肠（十二指肠、空肠、回肠）和大肠（盲肠、阑尾、结肠、直肠）等结构。消化腺连接导管并开口于消化管中，分为小消化腺和大消化腺两种。小消化腺散布于消化管各部的管壁内，如胃腺、肠腺，大消化腺位于消化管壁以外，有唾液腺、肝和胰腺。

消化系统的主要功能是消化食物，吸收营养和排遗。食物在消化管内被分解成结构简单、可被吸收的小分子物质的过程就称为消化。这种小分子物质透过消化管黏膜上皮细胞进入血液和淋巴液的过程就是吸收。对于未被吸收的残渣部分，消化道则通过大肠以粪便形式排出体外。另外，消化管壁的黏膜还参与构成免疫系统第一道防线；消化管壁还存在多种内分泌细胞，其分泌的激素对人体生命活动进行调节，如肠腺分泌的促胰液素可以促进胰腺分泌胰液。

1. 口腔

由唇、颊、腭、牙、舌、咽峡和大唾液腺等组成。口腔受到食物的刺激后唾液腺分泌唾液，坚硬的牙齿将食物嚼碎后与唾液搅和，借唾液的滑润、稀释作用通过食管，唾液中的淀粉酶能促进淀粉分解成麦芽糖，当然在口腔中这个消化过程是很有限的。

2. 咽

口腔后下部是咽部，咽的主要功能是完成吞咽这一复杂的反射动作。空气和食物都要通过咽分别进入气管和食道。吞咽时，咽上面的软腭上举将鼻腔封住，避免食物入鼻；舌上举将口腔封住，以免食物回流；有关肌肉收缩使喉上升，会厌软骨遮住喉的开口，以防止食物经气道入肺；食物顺利进入食道。

3. 食管

一条长条形肌肉管道，连接着咽部和胃，靠肌肉有节律的收缩和松弛即蠕动，运送食物入胃。

4. 胃

胃位于左上腹部，是消化道最膨大的部分。胃分贲门（胃的上口）、胃底（胃顶部）、胃体（胃中部）和幽门（胃下口接十二指肠）四部分。分泌的胃液主要作用是消化食物、杀灭食物中的细菌、保护胃黏膜以及润滑食物，使食物在胃内易于通过等。胃液中含有盐酸和胃蛋白酶，pH可低至1.5～2.5。在酸性条件下胃蛋白酶被活化，可将蛋白质初步消化，消化产物主要为小的肽片段，少部分为氨基酸。胃的黏膜和肌层很厚，收缩能力强，能将食物压碎搅拌形成食糜，食糜借助胃的运动通过幽门进入小肠。

5. 小肠

胃运送食物到第一段小肠即十二指肠。十二指肠长度相当于十二个手指横向并列的长度，因此而得名，全长约25 cm。胃中被部分消化的食物进入小肠，它的酸性刺激消化腺的分泌，各种消化酶集中于小肠中消化食物。胰腺分泌的胰液通过胰液管进入十二指肠，内含多种能消化糖、脂肪、蛋白质甚至是核酸的酶。小肠也分泌大量消化蛋白质、糖类的酶，其中的二肽酶和双糖酶促成蛋白质和糖的最后消化。

小肠是消化管中最长的部分，为5～7米，肠腔面有许多皱襞和小肠绒毛，其上还有紧密排列的微绒毛，这使小肠内表面积扩大到200～400 m^2，极大地增加了与食物的接触面积，提高了小肠消化吸收能力。因此小肠是机体主要的消化和吸收营养物质的器官。

6. 大肠

小肠之后是结肠，结肠伸出一个盲管即盲肠，盲肠顶端的一个手指状附属物为阑尾。阑尾是退化器官，无消化食物的功能，饭后马上跑跳可能会使食物及细菌进入，从而导致发炎即阑尾炎。大肠的最末端是直肠，其紧接结肠下面，是粪便集中之处，粪便最后从肛门排出。肛门一部分由肠道延续而成，另一部分则由体表所组成。肛门内面是肠黏膜的延续。肛门的环状肌肉使肛门保持关闭。

进入大肠的食物残渣含有很多水分，大肠的主要功能是回收水分，既保持机体水分平衡，又有利于形成和排泄粪便。如果大肠受细菌等刺激蠕动太快，水分来不及吸收就会出现腹泻；如果久坐不动等导致蠕动太慢，水分吸收太多就会出现便秘。大肠中还含有很多有益菌，可以为人体合成多种维生素。

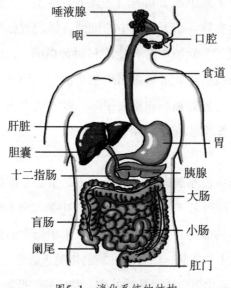

图5-1　消化系统的结构

📖 科学思维

（1）食物进入咽部后可能有哪些去路？机体是怎样协调吞咽动作，使食物不误入歧途的？吞咽食物时要注意的事项有哪些？

（2）牛羊等反刍动物的胃分为四个室，其中瘤胃和网胃中有大量细菌和原生动物。食草动物体内并没有分解纤维素的酶，尝试从胃的结构角度分析它们是如何消化纤维素的。

📖 **科学探究**

人体的胃有由细胞组成的黏膜，含有大量蛋白质，为什么蛋白酶不会将胃分解呢？科学家推测原因可能有两个：一是胃腺分泌的胃蛋白酶原没有活性，只有到了胃腔中受酸的刺激才能成为有活性的胃蛋白酶；二是胃黏膜表面有黏液起保护作用。请你设计实验进行探究。

你还能尝试提出其他假说吗？要怎样验证你的假说呢？

⚙️ **兴趣链接**

幽门螺杆菌的发现

1979年澳大利亚病理学家沃伦从一位慢性胃炎患者的胃窦黏膜切片中发现了一种螺旋形细菌新种。他认为这种细菌很可能与胃炎有关，1981年，年轻的马歇尔和沃伦合作研究，他们从100位同类患者的胃黏膜切片中发现58位有这种新细菌，即现称的幽门螺杆菌。不过当时人们普遍认为胃内环境不适合细菌生长，医学界人士大多不接受沃伦和马歇尔提出的幽门螺杆菌引起溃疡的观点。

近几年来国际医药界对幽门螺杆菌进行了大量研究，高度评价马歇尔等的重要发现，明确了幽门螺杆菌的感染与消化性溃疡密切相关，从而把治疗溃疡病的战略由抑酸转变为根除幽门螺杆菌的感染。2005年马歇尔与沃伦获诺贝尔生理学或医学奖。

同学们，你从以上科学史中，对于学习研究得到什么样的启发呢？

幽门螺杆菌是一种螺旋形、微厌氧、对生长条件要求十分苛刻的细菌，是胃内最重要的一种细菌。它经口到达胃黏膜后定居感染，经数周或数月引发慢性、浅表性胃炎，数年或数十年后发展成为十二指肠溃疡、胃溃疡、淋巴增生性胃淋巴瘤、慢性萎缩性胃炎、肠化生、胃癌等。在我国，幽门螺杆菌平均感染率已接近60%。

为什么其感染率这么高呢？它又会影响人们生活的哪些方面呢？

第二节　消化系统相关疾病

导读

1. 与消化系统相关的疾病有哪些？

2. 这些疾病的形成原因、症状表现、检测及治疗手段是什么？

一、病毒性肝炎

基本知识

病毒性肝炎是由肝炎病毒引起、以肝脏病变为主的传染病。目前已被公认的有甲、乙、丙、丁、戊五种肝炎病毒，除乙型肝炎病毒为DNA病毒外，其余均为RNA病毒。

食欲减退、恶心、肝腹位疼痛、乏力是肝炎的主要表现症状。当然不同类型的肝炎临床病症也不同。甲型肝炎只是急性的，经过一两个月休息治疗就可彻底根治，不会发展成肝硬化。乙型、丙型肝炎，如果不积极控制病情，可能会发展成肝纤维化、肝硬化，甚至肝癌。

形成原因：肝炎病毒感染人体后，进入肝脏细胞复制增殖后释放，导致机体免疫系统被激活，免疫细胞杀伤病毒感染的肝细胞，诱导细胞死亡或凋亡，从而引起肝脏炎症、坏死，进一步导致肝纤维化、肝硬化和肝癌。甲型肝炎的传染源主要是病人，其病毒通常由病人粪便排出体外，通过被污染的手、水、食物、食具等传染，严重时会引起甲型肝炎流行，一般是急性症。上海曾出现了较大规模的流行性甲型肝炎，主要原因是人们食用了被甲肝病毒污染的食物——毛蚶。乙型、丙型肝炎主要通过血液传播、母婴传播和性传播，乙型肝炎急慢性都有可能，丙型肝炎多数是慢性的。

❤️ 社会责任

1. 检测方法

（1）血清酶学检测。丙氨酸氨基转移酶主要存在于肝细胞内，只要有1%的肝细胞被破坏，就可以使血清酶增高一倍。因此，该酶含量被推荐为肝功能损害敏感的检测指标。

（2）血清蛋白检测。血清蛋白可作为肝脏蛋白代谢的生化指标，慢性肝炎肝硬化时，常伴有血清白蛋白下降。

（3）病毒检测。病毒检测目的是检测肝炎病毒类型。

2. 治疗手段

肝炎早期需住院治疗。患者应合理膳食，保证热量、蛋白质、维生素等供给，严禁饮酒。急性丙型肝炎早期应用干扰素防止慢性化，而慢性病毒性肝炎可直接抗病毒治疗。其中使用免疫调节剂效果较好，药物作用机理是促进胸腺素参与机体细胞发生免疫反应，诱导T淋巴细胞的分化成熟，分泌细胞因子，同时激活B细胞，促使B细胞分化成浆细胞，浆细胞分泌大量抗体，抗体与病原体结合可以抑制其增殖或对人体细胞的黏附。可结合使用护肝药物来促进肝细胞再生，防止肝细胞损伤，并能调节机体免疫功能，起到抗纤维化作用。

3. 预防方法

甲型肝炎经由食用肝炎病毒污染食物而感染，故流行率取决于该地的环境卫生状况、传播程度，以及生活经济条件和卫生水平。乙型肝炎病毒主要通过血液传播，因而最重要的传播方式是母婴垂直传播和医源性感染。

（1）控制传染源。对急性甲型肝炎患者进行隔离至传染性消失，慢性肝炎及无症状患者禁止献血及从事饮食、幼托等工作。

（2）切断传播途径。甲、戊型肝炎重点防止粪-口传播，加强水源保护及个人卫生，加强粪便管理。乙、丙、丁型肝炎重点在于防止通过血液、体液传播，加强献血员筛选，严格把控输血及血制品应用，器械应严格消毒，控制母婴传播。

（3）保护易感人群。主动免疫为预防肝炎的根本措施，如新生婴儿乙肝疫苗的接种等。

🔧 兴趣链接

你是否知道自己得了肝炎？

全世界大约95%感染上乙型或丙型肝炎病毒的人并不知道自己被感染了，原因之一是病毒感染的隐蔽性，它能使人们在许多年内无症状地生活。当人们发现患上肝炎时，经常是太晚了以至于治疗并不是完全有效，最终肝脏损伤变成肝硬化或肝癌。

肝炎一直是全球性重要公共卫生问题之一。世界卫生组织最新数据显示，全球共有20亿人感染肝炎病毒，其中约有5亿人感染了慢性肝炎，每年约有100万人因此而死亡。肝炎也是危害我国人民健康的常见传染病，我国仅乙肝和丙肝病毒携带者近1.5亿，每年因肝硬化、肝癌死亡人数达28万。其中乙型病毒性肝炎感染率高、病程复杂、预后较差、难以治愈，是我国负担最重的疾病之一。另外，危害仅次于乙肝的是丙肝，据相关统计我国有760万丙肝的感染者。

为了帮助各个国家制定肝炎测试与治疗计划以及在全球鼓励更多人接受测试，世卫组织发起国家测试竞赛活动，方法包括在监狱中开展肝炎测试、在工作场所和医院急症室中开展肝炎测试和HIV-肝炎病毒整合测试，以及使用网络、社交媒体和电子医学记录找出基层医疗中需要接受测试的高风险患者。

这让我们在一定程度上了解到如何让人们意识到这种隐藏的疾病、提高测试率和让那些肝炎病毒感染者接受治疗与护理，也可以让制药公司、政府、研究机构和社会携手合作，降低治疗药物价格，从而使肝炎治疗药物更为人们所负担得起。可见这场竞赛提供了众多可能性。它表明，如果我们能够开发出可接受的测试方法来适应不同的环境和文化，我们就能够在更多的国家和社会增加有效的肝炎测试并使人们获得及时有效的治疗。

二、酒精性肝病

📖 基本知识

酒精性肝病指因长期过量饮酒而引起的肝脏损害，最初表现为显著的肝细胞脂肪累积，随后可进展为脂肪性肝炎和肝硬化，短期内严重酗酒也可能导致急性重症酒精性肝炎、急性肝功能衰竭，甚至导致死亡。

患者的临床表现因饮酒的方式、个体对乙醇的敏感性以及肝组织损伤的严重程度不同而有明显的差异。酒精性肝病发病前往往有近期内较集中的大量饮酒史，出现明显的腹胀、疲乏无力、食欲不振、腹痛、体重减轻甚至恶心、呕吐、肝脏肿大等症状。

形成原因： 与饮酒量和饮酒持续时间有关，饮酒量越大、饮酒时间越长，对肝脏的损害越大。短时间内大量酗酒也可造成肝脏严重损害甚至肝衰竭。引起酒精性肝病的酒精量存在个体差异，但一般而言，连续5年平均每日摄入酒精过多（男性≥40 g、女性≥20 g），或两周内大量饮酒（每日摄入酒精≥80 g）都可发病。

💗 社会责任

1. 检测方法

（1）血清酶学检测。酒精性肝病具有特征性的酶学改变，即谷草转氨酶升高比谷丙转氨酶升高明显。

（2）影像学检查。可出现肝脾肿大。

2. 治疗手段

一般进行药物治疗，可补充多种维生素，在医生的指导下可采用糖皮质激素治疗。对重度酒精性肝病患者，尤其是终末期肝硬化，可考虑肝移植。

3. 预防方法

治疗酒精性肝病的首要方法是戒酒，其疗效与肝病的严重程度有关。对于普通的酒精性肝病，及时戒酒后往往在几周至几月内临床和病理表现即可明显改善，病死率明显下降。戒酒是唯一治疗酒精性脂肪肝的方法，肝内脂肪可于数周至数月内消失，如果同时补充蛋白质或氨基酸，则可进一步促进肝细胞恢复。对于严重的酒精性肝病，戒酒和药物支持治疗不一定能改善其症状；伴有凝血酶原活动度降低和腹水的酒精性肝硬化，病程常有反复，戒酒也难以使其逆转。

三、脂肪肝

📖 基本知识

脂肪肝是指由于各种原因引起的肝细胞内脂肪堆积过多的病变，是一种常见的肝脏病理改变。正常人的肝组织中含有少量脂肪，如甘油三酯、磷脂、胆固醇等，其重量约为肝重量的3%～5%，如果肝内脂肪蓄积太多，超过肝重量的5%或在组织学上肝细胞50%以上有脂肪变性时，就可称为脂肪肝。如果脂肪肝不注意控制，会导致肝脏纤维组织弥漫性增生，发展为肝硬化甚至走向肝癌。

脂肪肝的临床表现多样，轻度脂肪肝多无临床症状，患者多于体检时偶然发现。疲乏感是脂肪肝患者最常见的症状。中、重度脂肪肝有类似慢性肝炎的表现，可有食欲不振、疲倦乏力、肝区腹部隐痛等。肝硬化患者常呈慢性病容，面色黝黑。主要症状有腹胀、腹痛、腹泻、体重减轻；肝脏早期肿大，晚期坚硬缩小发展为肝硬化。

肝硬化是一种弥漫性肝损害，有广泛的肝细胞坏死、残存肝细胞结节性再生、结缔组织增生形成，导致肝小叶结构破坏和假小叶形成，肝脏逐渐变形、变硬而发展为肝硬化。早期由于肝脏代偿功能较强无明显症状，后期则以肝功能损害和门脉高压为主要表现，并有多系统受累；晚期常出现上消化道出血、继发感染、脾功能亢进、癌变等并发症。

形成原因：

（1）肥胖。肝内脂肪堆积的程度与体重成正比。30%～50%的肥胖症合并脂肪肝。肥胖人的体重得到控制后，其脂肪浸润亦减少或消失。

（2）酒精摄入。长期嗜酒者，75%～95%有脂肪浸润。每天饮酒量在80～160克则酒精性脂肪肝的发生率增长5～25倍。

（3）肝炎。乙型、丙型和丁型肝炎病毒引起的慢性肝炎是我国肝硬化的主要病因。病毒的持续存在、中到重度的肝脏坏死炎症以及纤维化是演变为肝硬化的主要原因。若乙型、丙型或丁型肝炎重叠感染再加酗酒常可加快肝硬化的进展。

（4）快速减肥。禁食、过分节食或其他快速减轻体重的措施可引起脂肪分解短期内大量增加，消耗肝内谷胱甘肽，使肝内丙二醛和脂质过氧化物大量增加，损伤肝细胞，导致脂肪肝。

社会责任

1. 检测手段

（1）体检。多数脂肪肝患者存在肥胖，肝脏轻度肿大，可有触痛，少数患者可有脾脏肿大。

（2）血清酶学检测。表现为丙氨酸氨基转移酶、门冬氨酸氨基转移酶升高，达正常上限的2~5倍。

（3）B超。对脂肪肝的检出比较灵敏，主要依据肝血管的清晰度、超声衰减程度等对脂肪肝进行分级诊断，现已作为脂肪肝的首选诊断方法，并广泛用于人群脂肪肝发病率的调查。

（4）CT。表现为肝状形态失常，肝状的边缘凹凸不平，形态不规则。

2. 预防手段

营养过剩、肥胖者应严格控制饮食，每日三餐膳食要调配合理，做到粗细搭配营养平衡，足量的蛋白质能清除肝内脂肪。提倡高蛋白质、高维生素、低糖、低脂肪饮食。不吃或少吃动物性脂肪、甜食（包括含糖饮料），避免过多脂肪积累。多吃青菜、水果和富含纤维素的食物，以及高蛋白质的瘦肉、河鱼、豆制品等。不吃零食，睡前不加餐。

适当增加运动，促进体内脂肪消耗。主要应选择有氧运动，如慢跑、快走、骑自行车、上下楼梯、打羽毛球、跳绳和游泳等，运动后疲劳感于20分钟内消失为宜。

3. 治疗手段

药物治疗常选用保护肝细胞、降脂药物及抗氧化剂等，如维生素B、维生素C、维生素E、卵磷脂，以及某些降脂药物等。抗病毒药物可逆转肝纤维化和早期肝硬化。由于药物进入体内都要经过肝脏解毒，因此在选用治疗药物时更要慎重，谨防药物的毒副作用，特别是对肝脏有损害的药物绝对不能用，避免进一步加重对肝脏的损害。

科学思维

从以下检查指标分析肝脏可能出了什么问题，并说出你的判断依据。

表5-1

项目	测定值	单位	参考范围
丙氨酸氨基转移酶（ALT）	35	U/L	0～45
肌酐（CRE）	1.0	mg/dL	0.5～1.5
尿素氮（BUN）	14.6	mg/dL	6.0～23.0
血清葡萄糖（GLU）	223	mg/dL	60～110
甘油三酯（TG）	217	mg/dL	50～200
总胆固醇（TCH）	230	mg/dL	150～220

丙氨酸氨基转移酶（又称谷丙转氨酶）是衡量肝功能受损情况的一项指标。转氨酶存在于肝细胞的线粒体中，只要肝脏发生炎症、坏死、中毒等，谷丙转氨酶就会由肝细胞释放到血液中。所以肝脏本身的疾患如肝炎、脂肪肝、肝脏肿瘤、肝硬化，以及溶血性疾病、心肌梗塞、肌肉病变等，都可引起不同程度的转氨酶升高。

兴趣链接

食物防治脂肪肝

（1）燕麦：含有极丰富的亚油酸和丰富的皂甙素，可降低血清胆固醇、甘油三酯。

（2）玉米：含丰富的钙、硒、卵磷脂、维生素E等，具有降低血清胆固醇的作用。

（3）海带：含丰富的牛磺酸，可降低血及胆汁中的胆固醇；食物纤维褐藻酸，可以抑制胆固醇的吸收，促进人体排泄。

（4）大蒜：含硫化物的混合物，可减少血中的胆固醇，阻止血栓形成，有助于增加高密度脂蛋白含量。

（5）苹果：含有丰富的钾，可排出体内多余的钾盐，维持正常的血压。

（6）牛奶：因含有较多的钙质，能抑制人体内胆固醇合成酶的活性，可减少人体内胆固醇的吸收。

（7）洋葱：所含的二烯丙基二硫化物和含硫氨基酸，不仅具有杀菌功能，还可降低人体血脂，防止动脉硬化；可激活纤维蛋白的活性成分，能有效地防止血管内血栓的形成；前列腺素A对人体也有较好的降压作用。

（8）甘薯：能中和体内因过多食用肉食和蛋类所产生的较多的酸，保持人体酸碱平衡。甘薯含有较多的纤维素，能吸收胃肠中较多的水分，润滑消化道，起通便作用，并可将肠道内过多的脂肪、糖、毒素排出体外，起到降脂作用。

此外，胡萝卜、花生、葵花子、山楂、无花果等也可以起到降脂作用，脂肪肝患者不妨经常选食。

四、胃炎

📖 基本知识

胃炎是各种原因引起的胃黏膜炎症，一般可分为急性胃炎和慢性胃炎两大类型；按病因不同可分为幽门螺杆菌相关性胃炎、自身免疫性胃炎等。

急性胃炎起病较急，临床症状轻重不一。最常见的为急性单纯性胃炎，主要表现为上腹痛、腹胀、嗳气（俗称打饱嗝）、恶心、呕吐等。急性糜烂出血性胃炎可有呕血和黑便。

慢性胃炎可有腹胀和早饱现象。部分患者餐后有明显的饱胀感，常常是因为胃内潴留食物、排空延迟、消化不良所致。早饱是指有明显饥饿感但进食后不久就有饱腹感，进食量明显减少。不同类型胃炎的临床表现会有所不同，症状缺乏特异性，且轻重程度与病变严重程度常不一致。部分患者可无症状。

形成原因：

胃炎病因可分为外因性和内因性两大类。凡经口进入胃内的如细菌、药物、毒素、腐蚀剂等，均属于外因。凡致病因子通过血液循环或淋巴播散至胃壁者，称为内因。外因主要有以下几种类型：

（1）生物因素。主要是各种致病菌及毒素，如沙门菌、大肠杆菌、嗜盐菌以及金黄色葡萄球菌毒素和肉毒杆菌毒素等。进食受到细菌或毒素污染的食物，数小时后即可发生急性胃炎。

慢性胃炎的主要致病菌为幽门螺杆菌，90%以上的慢性胃炎患者有幽门螺杆菌感染。

（2）物理因素。如过冷或过热食物、粗糙食物，浓茶、浓咖啡、烈酒，辛辣刺激食物对胃黏膜的长期刺激，可导致胃黏膜反复损伤，引起慢性胃炎。

（3）化学因素。吸烟是慢性胃炎的发病原因之一，烟草中的尼古丁可影响胃黏膜血液循环，同时使幽门括约肌功能紊乱，胆汁反流。

♥♥ 社会责任

1. 检测方法

（1）胃镜检查。胃镜检查是诊断胃炎尤其是慢性胃炎的主要方法，可以直接观察到食管、胃、十二指肠的情况，还可以在直视下取多部位黏膜进行活组织病理学检查。

（2）实验室检查。实验室检查包括胃液分析、胃蛋白酶原测定、幽门螺杆菌检查。

2. 治疗手段

（1）一般治疗。卧床休息，去除病因，清淡流质饮食或适当禁食。呕吐、腹泻明显者及时补充电解质和水。戒烟忌酒；避免使用损害胃黏膜的药物如阿司匹林、红霉素等；饮食宜规律，避免食用过热、过咸和辛辣食物。

（2）对症治疗。给予胃黏膜保护剂和抑酸剂；幽门螺杆菌等细菌感染者应给予抗生素。

（3）特殊处理。急性化脓性胃炎应及早给予大剂量抗生素，病变局部形成脓肿而药物治疗无效时可行手术治疗。吞服强酸、强碱所致的腐蚀性胃炎可服牛奶、蛋清或其他液态黏膜保护剂，剧痛时可给予吗啡等镇痛药。

3. 预防方法

胃炎是一种需要长期管理的疾病，饮食习惯的改变和生活方式的调整是急慢性胃炎治疗的一个重要部分。戒烟、戒酒，保持良好的心态和充足的睡眠很必要。食物应多样化，避免偏食，注意补充多种营养物质，松软易消化的食物有助于养胃，如米粥等。少吃熏制、腌制、富含硝酸盐和亚硝酸盐的食物，不吃霉变食物，多吃新鲜食品。避免进食过于粗糙、浓烈、辛辣的食物。

兴趣链接

咖啡好喝弊须防

咖啡中含有咖啡因和300多种芳香成分。咖啡因是一种生物碱，少量摄取能放松紧张的精神，驱逐睡意，并且还有一定预防疾病的作用，比如预防胃癌与大肠癌，预防帕金森症，保护心血管，甚至防止放射线伤害。

但如果大量饮用咖啡，就会对身体产生消极影响，主要表现在：食欲减退，可能会引起呕吐和痉挛等，也可能出现胃炎和舌苔厚腻。大量喝咖啡使尿量增加，危害膀胱，甚至使人失眠、手发抖和讲话含糊不清。最新研究发现，哺乳期妇女喝咖啡，咖啡因会随乳汁进入孩子体内，使孩子烦躁不安，难以入睡。喝咖啡会加重心脏病和高血压，因此咖啡是心脏病和高血压患者的危险因素。专家告诫：每天摄入咖啡因的量必须控制在200毫克以内，即每天不超过3杯。儿童和哺乳期妇女不要喝咖啡。15岁以下青年和40岁以上者应尽量少喝咖啡。

维生素A能保护黏膜、皮肤和胃壁，喝咖啡时搭配吃些奶酪、蛋、黄油、胡萝卜或绿叶菜等，可补充些维生素A，以免危害健康；如和富含脂肪的食物一起饮用，则更能增强机体对维生素A的吸收。所以，在喝咖啡时搭配着吃些核桃或奶油点心等富含维生素A和脂肪的食品，是科学的。

另外，蔗糖含有能使胰脏疲劳的成分，红糖里含蔗糖最少，所以喝咖啡最好放些红糖。此外，红糖还是碱性食品，有益于身体健康。喝咖啡不放糖时，应放些牛奶或奶油，以保护胃壁不受咖啡因伤害。

五、便秘

基本知识

便秘是指每周排便少于3次、粪便干硬、排便困难。便秘主要表现是排便次数减少和排便困难，排便次数每周少于3次，严重者长达2～4周才排便一次。有的患者可突出地表现为排便困难，排便时间可长达30分钟以上，或每日排便多次，但排出困难，粪便硬结如羊粪状，且数量很少。

形成原因：

（1）与年龄有关。老年人便秘的患病率较青壮年明显增高，主要是由于随着年龄增长，老年人的食量和体力活动明显减少，胃肠道分泌消化液减少，肠管的张力和蠕动减弱，肛门内外括约肌功能减弱，食物在肠内停留过久，水分过度吸收引起便秘。老年人牙齿脱落，喜吃低渣精细的食物，或少数病人图方便省事，饮食简单，缺粗纤维，使粪便体积缩小，黏滞度增加，在肠内运动减慢，水分过度吸收而致便秘。

（2）排便习惯。有些人没有养成定时排便的习惯，常常忽视正常的便意，致使排便反射受到抑制而引起便秘。

（3）活动减少。由于某些疾病和肥胖因素，致使活动减少，特别是因病卧床或坐轮椅的患者，因缺少运动性刺激以推动粪便的运动，易患便秘。

（4）精神心理因素。患抑郁、焦虑、强迫症等心理障碍者易出现便秘。

（5）肠道病变。肠道的病变如炎症性肠病、肿瘤等，导致功能性出口梗阻引起排便障碍。

♥ 社会责任

1. 检测方法

（1）腹部平片。能显示肠腔扩张及粪便存留，可确定器质性病变如结肠癌、狭窄引起的便秘。

（2）钡灌肠。可了解结肠、直肠肠腔的结构。

（3）结肠镜。可观察肠腔黏膜以及腔内有无病变和狭窄，还可发现结肠黑变病。

2. 治疗手段

（1）坚持锻炼。对60岁以上老年人的调查表明，因年老体弱极少行走者便秘的发生率为15.4%，而坚持锻炼者便秘的发生率为0.21%，因此鼓励患者参加力所能及的运动，如散步、走路或每日双手按摩腹部肌肉数次，以增强胃肠蠕动能力。

（2）培养良好的排便习惯。进行健康教育，帮助患者建立正常的排便行为。可练习每晨排便一次，即使无便意，亦可稍等，以形成条件反射。同时，要营造安静、舒适的环境及选择坐式便器。

（3）合理饮食。老年人应多吃含粗纤维的粮食和蔬菜、瓜果、豆类食物，多饮水，每日至少饮水1500 mL，尤其是每日晨起或饭前饮一杯温开水，可有效预防便秘。此外，应食用一些具有润肠通便作用的食物，如黑芝麻、蜂蜜、香蕉等。

3. 预防方法

坚持参加适当的体育锻炼，培养良好的排便习惯，合理饮食，注意补充膳食纤维，如麦麸、水果、蔬菜、燕麦、玉米、大豆、果胶等。此外，应积极治疗全身性及肛周疾病，防止或避免使用引起便秘的药品，保持良好的心理状态，均有利于防治便秘。

科学思维

生活中，我们多吃富含维生素的食物能够促进大肠蠕动，帮助排便，促进排毒。你知道哪些食物是有助于肠道蠕动的吗？

兴趣链接

生活规律化可预防便秘

便秘的发生和不良的生活习惯密不可分。研究结果表明，食物摄入量过少或食物过于精细，缺乏食物残渣，导致肠道所受刺激不足，反射性蠕动较弱，极易造成便秘。其他如睡眠不足、体力活动减少、生活无规律等因素也与便秘发生关系密切。此外，经常饮酒和服用泻药，可使肠道敏感性减弱，引起或加重便秘。同时建议排便时集中注意力，不要玩手机或看报纸分散注意力。还要保持良好的心态，良好的心理状态有助于便秘症状的缓解，相反，焦虑抑郁可能会导致便秘症状的加重。

参考文献

[1] 王陇德.临床诊疗指南：消化系统疾病分册［M］.北京：人民卫生出版社，2019.

[2] 林果为，王吉耀，葛均波.实用内科学［M］.北京：人民卫生出版社，2017.

[3] 李明喆.人体里面有什么［M］.杭州：浙江大学出版社，2017.

[4] 施军平.认识脂肪肝［J］.健康人生，2018（8）：8-9.

[5] 马珂.便秘危害不容小觑［J］.老年世界，2020（10）：54.

[6] 许辰，高泽立，张建表.非酒精性脂肪肝进展至肝硬化的危险因素分析及预测模型构建［J］.中国中西医结合消化杂志，2019（27）：772-776.

人体通过消化系统获取物质和能量，但有机物需要通过氧化分解才能产生细胞生命活动所需能量，呼吸系统保证机体完成其中的气体交换过程。

第六章

人体的气体交换——呼吸系统

人体细胞进行新陈代谢需要获得氧气并排出二氧化碳。呼吸系统的主要功能就是进行气体交换，它不断从外界吸入氧，由循环系统运送到全身组织细胞，将有机物氧化，产生生命活动所必需的能量，该过程产生的二氧化碳再通过循环系统运送到呼吸系统排出体外，保证机体的正常运行。

第一节　呼吸系统的结构和功能

导读

1. 呼吸系统是由哪些器官组成的？
2. 呼吸系统是怎样完成与外界环境的气体交换的？

基本知识

机体与外界环境进行气体交换的过程称为呼吸。呼吸过程包括三个互相联系的环节：外呼吸，包括肺通气和肺换气；气体在血液中的运输；内呼吸，指组织细胞与血液间的气体交换。气体交换有两处：一处由外界与呼吸器官即肺进行气体交换；另一处由血液和组织液与机体组织细胞之间进行气体交换。人体呼吸主要由呼吸、循环系统参与完成，呼吸系统包括呼吸道和肺（图6-1），呼吸道包括鼻、咽、喉、气管、主支气管。

1. 肺

肺是最主要的呼吸器官，位于胸腔内，左右各一个，是进行气体交换的场所。肺主要由分支的支气管及其最小分支末端膨大形成的肺泡共同构成，肺泡

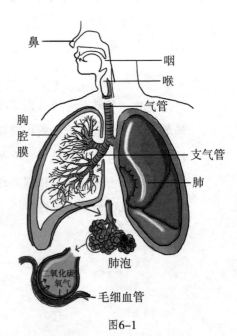

图6-1

是半球形的囊泡，外面缠绕着丰富的毛细血管，肺泡壁和毛细血管壁由一层上皮细胞组成，有利于进行气体交换。从空气中吸入的氧气，透过肺泡进入毛细血管，经血液循环，输送到全身各个组织细胞，供给各细胞氧化过程所需，各组织细胞产生的代谢产物，如CO_2，再经血液循环运送到肺，然后经呼吸道排出体外。

呼吸道包括两部分：鼻、咽、喉为上呼吸道，气管及主支气管及其分支为下呼吸道。呼吸道的作用是使气流通畅和排出灰尘或异物。

2. 鼻

鼻由外鼻、鼻腔、开口于鼻腔的鼻旁窦组成。鼻腔中前部有可以阻挡空气中灰尘的鼻毛；鼻腔内表面覆以黏膜，因结构功能不同可分为嗅部（内含嗅细胞、司嗅觉）和呼吸部（含有丰富血管和黏液腺），黏膜可以分泌黏液，使吸入的空气变得清洁并湿润；丰富的毛细血管可以温暖空气。鼻旁窦对吸入的空气进行湿润和加温，并起发音共鸣的作用。

3. 咽

咽位于鼻腔的后方，是气体的通道，也是食物的通道。

4. 喉

喉为上呼吸道的组成部分，喉上方接咽，下与气管相连。喉由作为支架的软骨和连接软骨的韧带及肌肉共同构成。喉是发声器官，气体经过时可以引起声带振动而发声。吞咽时会厌软骨盖住喉的入口处，以防止食物入喉。

5. 气管

由软骨、肌肉、结缔组织和黏膜构成。软骨为"C"字形的软骨环，缺口向后，各软骨环以韧带连接，环后方缺口处由平滑肌和致密结缔组织连接，保持持续张开状态。管腔衬以黏膜，表面覆盖纤毛上皮，黏膜分泌的黏液可黏附吸入空气中的灰尘颗粒，纤毛不断向咽部摆动将黏液与灰尘排出，以净化吸入的气体。

6. 支气管

支气管指由气管分出的各级分支，由气管分出的一级支气管，即左、右主支气管。左主支气管与右主支气管相比较，前者较细长，走向倾斜；后者较粗短，走向较前者略直，所以经气管坠入的异物多进入右主支气管。支气管经肺门进入左右肺。

呼吸道黏膜覆盖一层假复层纤毛柱状上皮细胞，纤毛不停地摆动，黏膜上皮细胞分泌黏液，以及咳嗽反射等都可以净化或排出灰尘、细菌及过多的分泌物。细支气管和肺泡中还存在巨噬细胞，能吞噬和消灭入侵的细菌。

第二节　呼吸系统相关疾病

导读

1. 与肺相关的疾病有哪些?

2. 这些疾病的形成原因、症状表现、检测及治疗手段和预防方法是什么?

一、流行性感冒

基本知识

流行性感冒是冬春季的一种最常见的流行性疾病,每年都有地区性的大流行。流感是由数种流感病毒(分为甲、乙、丙、丁型四种)所引起的急性呼吸道感染病,传播速度快,传染性非常强。流感以打喷嚏和咳嗽等飞沫传播为主,流感病毒在空气中大约存活半小时,经口腔、鼻腔、眼睛等处的黏膜直接或间接接触可感染,接触被病毒污染的物品等途径也可感染。

在人群密集且封闭、通风不良的场所,流感也可能以气溶胶的形式传播。

流感的急性症状有突发畏寒、全身高热、显著乏力、全身疼痛等,其并发症较为严重,死亡率也不可忽视。儿童抵抗力差、症状不明显等特点让流感治疗与诊断的难度上升。

发作原因:流感病毒通过血凝素(HA)与呼吸道表面纤毛柱状上皮细胞的特殊受体结合而进入细胞,在细胞内进行复制,在神经氨酸酶(NA)的协助下,新的病毒颗粒被不断释放并散播,继续感染其他细胞,被感染的宿主细胞则发生变性、坏死、溶解或脱落，产生炎症反应，出现发热、头痛及肌痛等全身症状。

社会责任

1. 检测手段

冬春季在同一地区，1~2日内有大量上呼吸道感染患者发生应考虑为流感。流感流行期间可根据临床表现，如乏力、高热、寒战及全身酸痛等进行诊断。检测时出现流感病毒核酸检测阳性，流感病毒分离培养阳性，急性期和恢复期双份血清的流感病毒特异性IgG抗体水平呈4倍或4倍以上升高，可以判断为流感。

2. 预防措施

在流行性感冒期间如自身出现不适症状，要及时就医进行诊断，平时要加强个人卫生。保持室内空气流通，流行高峰期避免去人群聚集的场所。咳嗽、打喷嚏时应使用纸巾等，避免飞沫传播。经常彻底洗手，避免脏手接触口、眼、鼻。流行期间如出现流感样症状应及时就医，并减少与他人的接触，尽量居家休息。还可通过注射疫苗和加强卫生进行预防。

3. 治疗方法

患者首先应该进行隔离并卧床休息，多饮水，吃流质或半流质饮食，常漱口，保持鼻、咽以及口腔卫生。高热患者可以给予物理降温或者服用解热药物，咳嗽、咳痰严重的患者可以给予止咳祛痰药物，并密切观察病情发展，若患者病情加重应及时就医诊治。流行性感冒患者可根据自身情况采取药物治疗、中医治疗及其他治疗方法，依靠人体自身的免疫能力，部分患者不治疗也可自愈，一般7~14天后可痊愈。

兴趣链接

非药物方法防治感冒

引起感冒的病毒有很多种，要想找到一种对各种病毒均有作用的药物，难度可想而知，因此，应将重点放在如何预防和减轻症状上，最终通过人体自身免疫能力将病毒消灭。

（1）常喝白开水。冬天气候干燥，人体极易缺水，常喝白开水，不但能保证机体的需要，还可起到利尿排毒、清除体内多余废物的功效。

（2）冷脸热足。每日早晚养成冷水洗脸、热水泡脚的习惯，有助于提高机体抗病能力。

（3）盐水漱口。每日早、晚餐后用淡盐水漱口，可杀死口腔内的致病细菌。

（4）体育锻炼。坚持进行体育锻炼，如散步、跑步、爬山、打球、练拳等，可提高机体的御寒能力，防止感冒。

（5）通风透气。每日早、晚开窗半小时以上，保持室内的空气清新，对人体健康极为有利。

（6）蒸汽吸入。取1杯开水，对着杯口冒出的蒸汽呼吸，距离以能忍受热度为限，直到水不冒热气为止，每日反复5次。感冒病毒有耐寒怕热的特点，吸入蒸汽可杀灭鼻黏膜上的感冒病毒，防止继发上呼吸道感染。

（7）热风吹面。用电吹风对准两侧太阳穴，交替吹3～5分钟热风，每日3次，可迅速缓解流涕、鼻塞、打喷嚏、头痛等症状。

（8）酸碱疗法。感冒病毒在酸碱环境中易受到抑制，可用醋或小苏打来控制病毒。具体方法是：用小苏打与凉开水配成6%的水溶液（或用5%的食醋）滴鼻，每次每个鼻孔2滴，每3小时1次。

（9）姜汤疗法。取生姜、红糖各30克，葱头1～2个煮水饮服，能驱逐风寒。

（10）食蛋疗法。取50克生姜丝加水煮沸，放入鸭蛋2个，搅匀，再加白酒20毫升，盐少许，煎煮5分钟即成，吃蛋喝汤后盖被休息，对冬令感冒的防治效果极佳。

（11）鸡汤疗法。鸡汤中含有人体所需的多种氨基酸，可以有效增强人体对感冒病毒的抵抗力。此外，鸡汤中还含有某些特殊的化学物质，具有增强鼻咽部血液循环和鼻腔黏液分泌的特殊作用。因此，感冒初起时喝些鸡汤可有效消除呼吸道中的病毒，促进感冒痊愈。

（12）蜂蜜疗法。蜂蜜含有生物活性物质，这种物质能刺激人体免疫功能，增强中性白细胞与巨噬细胞吞噬作用的活性，提高人体对病原微生物的抵抗力。蜂蜜富含葡萄糖、果糖等多种营养物质，能提高机体对外界病原体的抵抗力。每天坚持吃60克左右的蜂蜜，对病毒性感冒的抵抗力能提高3～4倍，并利于感冒者的康复。

（13）多吃"红色食品"。"红色食品"是指食品的颜色为红、奶黄或棕红色的食品，如红辣椒、胡萝卜、西红柿、洋葱、山楂、红苹果、红枣、红米、柿子等，这些食品的一个共同特点是含有丰富的β-胡萝卜素，可用来抑制感冒。这是因为胡萝卜素具有捕捉人体内氧自由基、参与维生素A的合成等多种功能，与"红色食品"中的其他红色素一起，能增强人体巨噬细胞的活力，起到抗御感冒的作用。

（14）多吃富含维生素C的果蔬。维生素C能抵抗感冒病毒，服用维生素C片剂或用维生素C制剂滴鼻，在感冒征兆期可取得较好的效果。多吃富含维生素C的蔬菜、水果，同样能起到防治感冒的作用。

二、新型冠状病毒肺炎

📖 基本知识

冠状病毒是一类RNA病毒，目前共发现7种可致人感染的冠状病毒。HCoV-229E、HCoV-NL63、HCoV-OC43、HCoV-HKU1仅引起类似感冒的症状，SARS-CoV、MERS-CoV、SARS-CoV-2会引起严重的呼吸系统疾病。

SARS-CoV-2（新型冠状病毒，图6-2），颗粒呈圆形或椭圆形，有4种结构蛋白：核衣壳蛋白（N）、包膜蛋白（E）、膜蛋白（M）和刺突蛋白（S）及非结构蛋白。S蛋白是由S1和S2亚基组成的膜融合蛋白；S1亚基包含一个信号肽、N末端域和受体结合域（RBD），RBD负责与宿主细胞受体结合；S2亚基包含保守的融合肽、七肽重复序列HR1和HR2、跨膜结构域和胞质域，负责与宿主细胞膜融合。

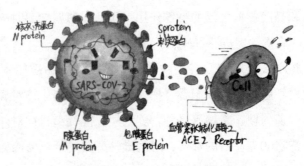

图6-2　冠状病毒（学生作品）

　　人感染了新型冠状病毒后的常见体征有发热、咳嗽、气促和呼吸困难等。除此之外，部分患者会出现嗅觉、味觉失常；有些患者会出现皮炎、湿疹、紫癜等皮肤疾病，部分患者仅出现皮炎症状。在较严重病例中，感染可导致肺炎、严重急性呼吸综合征、肾衰竭，甚至死亡。

　　后来，该病毒的变异种——"德尔塔"病毒在全球快速传播，其传染性和传播能力显著增强，特别是潜伏期或者传代间隔缩短，在短短的10天内就传了五六代，病毒的传播速度仍在加快。感染者的样本PCR检测病毒结果显示，病毒载量有显著增加的特点。这个变异毒株的传播能力比以往毒株传播能力提高了1倍，比在英国发现的毒株传播能力提高了超40%。

　　来自英国的研究团队发现，与感染英国最早发现的"阿尔法"变异毒株的人相比，感染"德尔塔"变异株的人群的住院风险要高出1倍。在此次中国的疫情中，患者发病以后转为重型、危重型的比例比以往高，而且转为重型、危重型的时间提前。患者的CT值非常低，CT值越低表示体内病毒载量越高，患者核酸转阴所需要的时间延长。这些都是我们需要特别注意的地方，疫情控制刻不容缓。

　　发病原因：SARS-CoV-2通过结合宿主细胞表面的主要受体——血管紧张素转化酶2（ACE2），侵入细胞。ACE2存在于黏膜细胞上。黏膜能分泌黏液，保持湿润，所以人类的嘴唇、眼皮、鼻腔和口腔都有大量黏膜细胞。当病毒以某种方式接触到口腔等处黏膜时，会与受体结合，感染就开始了。

　　首先，新型冠状病毒的包膜会与细胞膜融合，释放病毒遗传物质——一段RNA单链，这种RNA可以作为信使RNA，骗过细胞里的核糖体，合成RNA复制酶。RNA复制酶会根据病毒RNA生成RNA负链，这条RNA负链会在复制酶的作用下，继续生成更多的RNA片段和病毒RNA，这些RNA片段又会和核糖体生成更多不同的病毒蛋白质结构，最后这些蛋白质会和RNA组合生成新的病毒颗粒，通过高尔基体分泌至细胞外，感染新的细胞。每个被感染的细胞，都会产生成千上万的新病毒颗粒，随后蔓延到气管、支气管，最终到达肺泡，引发肺炎。

💗 社会责任

1. SARS-CoV-2核酸检测手段

第一种是对患者呼吸道或血液标本中病毒颗粒的核酸进行实时荧光定量逆转录-聚合酶链式反应（RT-PCR）试验。实验原理是提取组织或细胞中的总RNA，以其中的mRNA作为模板，利用逆转录酶反转录成cDNA，再以cDNA为模板进行PCR扩增，从而获得目的基因或检测基因。

第二种是呼吸道标本或血液标本病毒基因测序，与已知的SARS-CoV-2高度同源即可确诊。作为辅助手段，胸部CT影像也发挥了重要作用。免疫学检测方法中特异性抗体和病毒抗原检测阳性也可作为确诊的标准之一。

2. 预防措施

病毒的传播途径主要是呼吸道飞沫以及密切接触者的传播，接触病毒污染的物品也有可能造成感染，在受污染的冷链物品中的传播风险更大，此外，长时间暴露于封闭的高浓度病毒的气溶胶环境中可能会导致气溶胶介导的病毒感染。

（1）减少出行。新型冠状病毒主要通过飞沫传播，人口密集区域会大大增加冠状病毒传播的可能性。

（2）戴好口罩。可选择医用外科口罩、N95和KN95口罩。对于日常出行来说，医用外科口罩已经可以满足防护需求；如果需要接触发热、咳嗽的人，使用N95/KN95口罩防护效果更佳。

（3）清洁手部。外出后及时洗手，在公共场合也能及时、有效地保持手部清洁卫生可以降低病毒的感染概率。手捂嘴咳嗽后、饭前便后、外出接触动物（特别是野生动物）或者其排泄物后必须洗手。

（4）避免食用和接触野生动物。国家卫健委对于新型冠状病毒的研究进展显示，新型冠状病毒可能来源于野生动物。因此，千万不要接触任何野生动物，更不要食用，以免被直接感染。

（5）远离疑似感染人员。出行途中如果遇到疑似发热、乏力、干咳等症状或来自疫区的可疑人员，应及时远离。如果与此类人员距离较近或已有一定接触，除及时佩戴口罩外，还可利用随身携带的湿巾、洗手液等及时消毒，避免感染，并居家隔离至少14天。

（6）避免用手直接揉眼。新型冠状病毒主要通过飞沫进入呼吸道黏膜造成感染，而眼结膜也是感染途径之一，飞沫直接进入眼内或揉眼后也可造成感染。如果处于疫情严重地区，特别是照顾已确诊的新型冠状病毒感染患者的人，可根据医生建议佩戴护目镜。

疫苗也是防控疫情蔓延的重要手段。新冠疫苗根据其技术路线可分为减毒疫苗、灭活疫苗、亚单位疫苗、病毒载体疫苗、DNA疫苗和RNA疫苗。我国研发的灭活疫苗中和抗体阳转率和有效率都非常高，起到了很好的保护作用。

3. 治疗措施

阿比多尔是一种广谱抗病毒药物，可阻断病毒包膜和宿主细胞膜的接触、黏附和融合，并阻断病毒复制，各种生物制剂也被用于治疗新冠肺炎患者，如干扰素、单克隆抗体和恢复期血浆。使用中药制剂增强机体免疫力也是一个很好的治疗措施。

兴趣链接

新冠病毒导致患者出现嗅觉丧失的原因

在一项新的研究中，美国研究小组鉴定出最容易被SARS-CoV-2感染的嗅觉细胞的类型不是可以探测气味，并将它传递给大脑的感觉神经元——嗅觉神经元，它并不存SARS-CoV-2用来侵入人体细胞的ACE2受体蛋白。ACE2只在为嗅觉神经元提供代谢和结构支持的细胞以及某些干细胞和血管细胞群体中表达。研究结果表明，新型冠状病毒不是通过直接感染神经元，而是通过影响支持细胞的功能来改变患者的嗅觉。

三、禽流感

基本知识

禽流感是由禽甲型流感病毒（AIV）某些亚型中的一些毒株引起的急性呼吸道传染病，可引起肺炎和多器官功能障碍。人感染高致病性H5N1禽流感病毒后常表现为高热及呼吸道症状，往往很快发展成肺炎，急性呼吸窘迫综合征和全身器官衰竭，甚至死亡。近年科学家又获得了H9N2、H7N2、H7N3亚型禽流感病毒感染人类的证据。此疾病可能是对人类潜在威胁最大的疾病之一。

禽流感病毒结构由三部分组成，最外为双层类脂囊膜，中间是球形蛋白质内壳，最内为螺旋对称的核壳体。AIV均为单股负链RNA病毒，其基因组由8个RNA片段构成，容易发生变异，可编码不同蛋白质。

病毒主要侵入呼吸道黏膜的上皮细胞，引起上皮细胞增生、坏死、黏膜局部充血、水肿和浅表溃疡等病变。4~5天后，基底细胞层病变可拓展到支气管、细支气管、肺泡和支气管周围组织，引起黏膜水肿、充血、淋巴细胞浸润，并伴有微血管栓塞、坏死、小动脉瘤形成和出血等，引发全身毒血症样反应。

人感染H5N1后发病的1~16天，都可从患者鼻咽部分离物中检出病毒。大多数患者的血清和粪便以及少数患者的脑脊液都被检出病毒，而尿标本阴性（没有检测到病毒）。人感染H5N1主要症状为发热，体温大多持续在39℃以上，会伴有流涕、鼻塞、咳嗽、咽痛、头痛、肌肉酸痛和全身不适的症状。部分患者会有恶心、腹痛、腹泻、稀水样便等消化道症状。重症患者会高热不退，病情发展迅速，几乎所有患者都有明显的肺炎现象，常出现急性肺损伤、急性呼吸窘迫综合征、肺出血、胸腔积液、全血细胞减少、多脏器功能衰竭、休克等多种并发症。

形成原因：

高致病性禽流感病毒主要通过空气进行传染，借助病毒表面的血凝素（HA），与呼吸道黏膜上皮细胞表面的相应受体结合，吸附在宿主的呼吸道上皮细胞上，又借助病毒表面的神经氨酸酶（NA）作用于核蛋白的受体，使病毒和上皮细胞的核蛋白结合，在核内组成RNA型可溶性抗原，并渗出至胞质周围，复制子代病毒，通过神经氨酸酶的作用，以出芽方式排出上皮细胞。一个复制过程的周期为4~6 h，排出的病毒扩散至附近细胞，引起机体免疫系统攻击而产生炎症反应，临床上出现发热、肌肉痛和白细胞减低等全身毒血症样反应。

💗 社会责任

1. 检测手段

依据流行病学和临床表现确诊。其中血象检测为白细胞计数减少，淋巴细胞相对升高，血小板正常；病原学检测为血清禽流感病毒特异性抗体阳性，呼吸道分泌物可分离出禽流感病毒；从呼吸道标本分离H5N1 AIV，或血清微量中和试验检测H5N1 AIV抗体阳性；采用特异性血凝素基因反转录后PCR扩增检测呼吸道标本阳性，则可确诊。

2. 预防措施

禽流感种间宿主多，易传播、高发病、高死亡、难消除，防治难度较大。应加强监控，发现感染动物后立即销毁，封锁疫源地并彻底消毒。患者应隔离治疗，转运时戴口罩防传染。发生疫情时应减少与禽类接触，食用禽肉蛋制品彻底加热。AIV被加热到60℃并持续10分钟就会失去活性，如果被加热到100℃，1分钟即可灭活。对密切接触者可口服特异性抗病毒药物或接种疫苗预防。

🔬 **科学思维**

普通感冒、人流感和禽流感

普通感冒——由鼻病毒、冠状病毒、腺病毒等多种病毒引起，四季均可发生。传染率只有10%。全身中毒症状轻微，发热较低，但呼吸道症状明显，常从鼻咽部发干、打喷嚏开始，然后出现流涕、鼻塞等症状。一个人在短时间内可反复患普通感冒，一般没有并发症。

人流感——由人流感病毒引起。发病主要见于冬春季。起病急骤、传播快、发病率高，传染率可达50%，常引起暴发或流行。以全身中毒症状为主，寒战高热，伴有全身不适，肌肉酸痛，关节痛，而呼吸道症状轻微或不明显。人流感恢复较慢，易发生并发症，特别是儿童、老年人及体弱者，可因并发症而死亡。人流感通常在人员密集的地区易造成大流行。

禽流感——由一般只发生在禽类动物中的流感病毒偶然感染人类引起的疾病，其临床症状也比人流感重。禽流感主要通过人与禽类动物及其排泄物接触而被感染，发生在禽类动物暴发禽流感之后。因此，它在人间流行前会以禽类动物自己患病而大量死亡向人们发出警报。此外，人类的禽流感感染通常是散发的，无明显的人群聚集性。

讨论：

（1）列表比较普通感冒、人流感和禽流感的区别（可从病毒种类、发病季节、发病症状进行比较）。请与家人朋友沟通预防流感的措施。

（2）冠状病毒、HIV、流感病毒、烟草花叶病毒、埃博拉病毒、噬菌体这些病毒在形态结构上有何共同点？它们主要是由哪些物质组成的？如何进行代谢？又有怎样的生活方式？请列表进行比较。

科学探究

实验探究：甲型H7N9流感病毒的遗传物质是DNA还是RNA？

材料用具：显微注射器，甲型H7N9流感病毒的核酸提取液，猪胚胎干细胞，DNA水解酶和RNA水解酶等。

讨论：

（1）为什么病毒核酸提取液需注射到猪胚胎干细胞？

（2）写出该实验设计思路并预测结果及结论。

兴趣链接

为何如今会有如此多种类的流感病毒

大约100年前，世界经历了一场"西班牙大流感"，此后39年又出现了一种新型的流感病毒，大约10年后又出现了另外一种新型的流感病毒，然而从2011年开始，研究人员发现了7种新型以及发生变异的流感病毒，相比过去的流感病毒而言，新型病毒的出现速度明显加快了。

新型流感病毒出现原因有多种，其中一种是研究人员对流感病毒的诊断水平提高了，另外一种是家禽饲养和动物管理的模式发生了变化，流感病毒不光会影响人类及很多动物，而且会改变气候、城市的都市化，还会产生其他生态影响。还有一种原因是一串工程化工具的革新，其能够帮助研究人员对任何有机体细胞中的基因组进行编辑，包括病毒等，而实验室的一次事故就有可能释放新型的流感病毒。科学家们也在不断寻找治疗流感的新思路。

细胞自噬与流感治疗

科学家们早就知道，细胞通过一种叫作自噬的过程来摆脱不需要的物质。自噬涉及将细胞垃圾隔离在被称为自噬体的双层囊泡中，然后与被称为溶酶体的单层囊泡融合，降解里面的物质，并将它们回收以作为其他用途的构成单元，比如氨基酸。这个过程帮助细胞丢弃旧的或有缺陷的细胞器和蛋白复合物、细菌和病毒入侵者。对各种细胞垃圾清除任务，科学家们已经确定了细胞启动和调节自噬的明确途径，与某些基因有关，如果能寻找一条独特的途径专门针对病毒进行自噬，流感的治疗就会有更大的突破。同学们可以查找相关资料提出自己独特的看法。

四、肺炎链球菌肺炎

📖 基本知识

肺炎链球菌即肺炎双球菌，属于原核生物，有R型和S型，它们是肺炎双球菌两个稳定的品系。肺炎链球菌是一种人畜共感的病原菌，其中S型在人体内引起肺炎，在小白鼠体内导致败血症，使小白鼠死亡。5%～60%的正常人平时鼻咽部带有肺炎双球菌，但并不发病，在感冒、过度疲劳后机体抵抗力下降时，细菌可引起肺内感染而导致本病。

R型活肺炎双球菌（受体菌）细胞膜表面有30～80个"感受态因子"位点。感受态因子是一种胞外蛋白，它可以催化外来DNA片段的吸收或降解细胞表面某种成分，从而使细胞表面的DNA受体显露出来（也可能是一种自溶酶，可特异性地结合双链DNA）。

被加热杀死的S型肺炎双球菌（供体菌）通过自溶过程，释放出自身的DNA片段，与受体菌膜表面的"感受态因子"位点相结合，进而发生酶促分解，形成DNA片段。然后双链拆开，其中一条降解，另一条单链逐步进入细胞，与受体菌DNA上的同源区段配对，并使受体菌DNA的相应单链片段被切除，从而将其替换，形成一个杂种DNA区段。随着受体菌DNA进行复制，杂合区段分离成2个模板，其中之一类似供体菌，另一类似受体菌。

细胞分裂后，已复制的DNA发生分离，于是就由R型肺炎双球菌产生S型肺炎双球菌的后代。这个过程称为原核生物的转化，其实质是其因重组。因为R型细菌与S型细菌的DNA在同源区段配对，形成杂合细菌，所以通过分裂生殖形成R型和S型两种后代菌，不像许多人认为的R型细菌直接变成S型细菌。

本病的表现主要是寒战持续，约半小时后出现39~40℃的持续高热。头痛、全身酸痛、食欲不佳；开始干咳，1~2天内出现铁锈色痰；可有胸疼，呼吸困难，恶心、呕吐、腹泻等表现，重者可有烦躁不安、嗜睡、昏迷等表现；病人呈急性热性病容。白细胞计数增加（1.5万~3万/立方毫米），X线检查可见肺大叶均匀致密阴影。

肺炎链球菌肺炎典型的病理变化分为4个阶段：第一阶段主要为水肿液和浆液析出；第二阶段为红细胞渗出；第三阶段有大量白细胞和吞噬细胞集聚，肺组织病变；最后为肺炎吸收消散阶段。

形成原因：

绝大多数引起大叶性肺炎的是肺炎链球菌。肺炎链球菌为革兰氏阳性球菌，不产生毒素，所以不会导致原发性组织坏死或形成空洞。其致病力是由于高分子多糖体的荚膜对组织的侵入作用。当机体因受寒、过度疲劳、醉酒、感冒、糖尿病、免疫功能低下等使呼吸道防卫功能减弱时，细菌侵入肺泡通过化学反应使肺泡壁毛细血管通透性增强，浆液渗出，富含蛋白的渗出物中细菌迅速繁殖，并通过肺泡间孔或呼吸细支气管向邻近肺组织蔓延，波及一个肺段或整个肺叶。

❤ 社会责任

1. 检测手段

可取患者痰、支气管灌洗液、尿、粪、脑脊液或胸、腹水，肺外感染可取相应部位分泌液或组织细胞进行检测，也可用X线检查肺部是否有空洞形成。对年龄较大，起病较慢，中毒症状不明显，但持续有痰中带血的患者，可用X线检查及纤维支气管镜检查或协助诊断。

2. 防治措施

可以采用药物治疗，如抗生素治疗（青霉素等）；还可通过注射肺炎双球菌疫苗等综合方法进行预防治疗。

📖 **科学思维**

抗生素使细菌出现耐受性的原因

抗生素是由微生物（包括细菌、真菌、放线菌属）或高等动植物在生活过程中所产生的具有抗病原体或其他活性的一类次级代谢产物，是一类能干扰其他生活细胞发育功能的化学物质。科学家之前已证实，细菌能够在抗生素作用下存活下来的一种方式是进化出一种"定时器"，从而确保它们在整个抗生素治疗期间保持休眠。

在一项新的研究中，研究人员报道了细菌进化出耐药性的一种令人吃惊的替代性途径。在进化出这种休眠机制后，这些细菌群体能够比正常时快20倍地进化出耐药性。因此，继续服用抗生素并不会杀死这些细菌。

为了研究这个进化过程，研究团队在实验室可控条件下，让细菌群体接触致死剂量的抗生素直到产生耐药性。通过追踪这些细菌，他们发现对抗生素暂时休眠的细菌，可以免受抗生素攻击。一旦细菌获得休眠的能力（也被称为"耐受性"），就可以快速获得耐药性突变，从而克服这种抗生素治疗。这些结果表明在重复地接触高浓度抗生素的情形下，耐受性可能在细菌群体进化出耐药性中发挥着至关重要的作用。关键因素是细菌存在大量可能发生的突变，耐受性因而会快速地产生；耐药性和耐受性的组合效应导致在耐受性的基础上，更快地产生部分耐药性突变。

讨论：

（1）从现代生物进化理论角度分析，抗生素是如何使细菌产生耐受性的。

（2）跟同学讨论一下滥用抗生素的危害是什么。

⚙️ **兴趣链接**

细菌在人体中扮演的重要角色

微生物占据着每一个人的肠道、皮肤和口腔，影响着我们的营养、代谢、甚至思维。大部分微生物驻留在消化道远端，通过合成维生素和必需氨基酸，以及重要的代谢产物，来帮助宿主维持健康。微生物群还可以通过直接促进局部肠道免疫反应来调节机体健康。肠道微生物群的发育不良，包括组成和功能的不平衡，与宿主的多种疾病有关，包括肠胃功能紊乱，以及神经系统、呼吸、代谢、肝和心血管方面的疾病。除了肠胃炎，研究人员表示肠道微生物甚至对于癌症也有作用。科学家发现口服双歧杆菌能够促进树突状细胞的活化，有助于改善能特异性杀伤肿瘤细胞的CD8[+]T细胞的功能。益生菌对健康的贡献与其种类相关。现今，已经有实质性的证据支持益生菌对于治疗急性腹泻、预防抗生素相关的腹泻，以及改善乳糖代谢方面都有重要作用。

五、烟草导致的肺炎

📖 基本知识

烟草主要由碳水化合物（占40%~50%）、羧酸、色素、萜烯类物质、链烷烃、类脂物质等组成，同时还有一些生长过程中必需的营养物（如硝酸盐等）以及某些污染物（如农药、重要金属元素等）。烟草中萜烯类物质比较丰富，即通常所说的"尼古丁"。

吸烟时烟草在不完全燃烧状态下发生一系列的化学反应，释放出一氧化碳、尼古丁、焦油、重金属、放射性同位素等40多种有害物质。焦油是好几种物质的混合物，在肺中会浓缩成一种黏性物质。尼古丁是一种会使人上瘾的药物，由肺部吸收，主要对中枢神经系统发生作用。

人体吸入烟雾中的许多化学物质进入肺部和其他器官后，首先刺激、腐蚀呼吸道黏膜，导致纤毛削弱保护功能和对外界异物的清除作用，空气中的化学毒物及病原体随呼吸进入呼吸系统，甚至深入肺部组织。尼古丁对免疫功能有抑制作用，使杀伤靶细胞的效应T细胞减少，浆细胞减少，免疫球蛋白即抗体减少，同时细胞内酶的活性受到抑制，细胞增殖变化，遗传因子改变，导致人体脏器功能受损伤，引起肺炎、心脏病和高血压等，甚至致癌。

烟草导致的肺炎，早期体温多在38~39℃，最高达40℃左右；常咳嗽，咽部有痰声，呼吸加快，肺部早期呼吸音粗糙；血检白细胞数明显升高。

形成原因：吸烟引致肺气肿，肺部支气管内积聚有毒物质，会阻碍人体吸入空气和正常呼出，令肺部细胞膨胀或爆裂，导致患病者呼吸困难。重度肺气肿患者是十分痛苦的，为了吸入足够的氧气，他们不得不上体直立且高频率地喘息，因氧气吸收不足，即使在平地上他们也只能慢慢行走。有些更严重的患者则必须依靠氧气袋才能维持生命，他们在有生之年必须努力去做一个简单的动作——喘气。由此可见，吸烟对人体危害的严重性。

吸烟还是慢性阻塞气管疾病的主要发病因素，因为吸烟能引致支气管上皮细胞的纤毛变短和不规则及其运动发生障碍，降低局部性抵抗力，支气管容易受到感染。

♥ 社会责任

1. 检测手段

（1）胸片。X光胸片检查，肺部X光照射有小斑片状浸润阴影等症状。

（2）血常规检查。白细胞数量增多，中性白细胞占比超过70%，可能为细菌引起的肺炎。

（3）痰培养。采集痰液标本，观察细菌数量。

（4）血和胸腔积液培养。血和痰培养分离到相同细菌，则可确定为肺炎的病原菌。

2. 预防措施

避免接触吸烟，避免吸入粉尘和一切有毒或刺激性气体；加强体育锻炼，增强体质。

平时注意防寒保暖，遇有天气变化，及时更换衣着，预防发生感冒；进食或喂食时，注意力要集中，应细嚼慢咽，避免边吃边说，食物不小心吸入肺部而加重肺炎症状。

📖 科学思维

吸烟成瘾的原因

烟草中的尼古丁通过肺黏膜和口腔黏膜扩散到全身，进入大脑之后，它能模仿乙酰胆碱这种神经传递物质的作用，同许多神经元表面的尼古丁受体结合。尼古丁对中枢神经系统具有刺激作用，在奖赏回路内作用尤为明显，它能通过激活相关神经来释放更多的多巴胺。时间长了，大脑就会产生奖赏，记住这样的效应，成瘾者就会通过更频繁地获取尼古丁来产生这种愉悦感。

尼古丁的半衰期为2～3小时，如果成瘾者停止吸烟，体内尼古丁浓度会迅速降低，就无法继续体验愉悦感，并出现戒断症状，比如精神不振、萎靡无力、全身软弱等。事实上在成瘾之后，尼古丁带来的愉悦感非常有限，为了避免戒断症状，烟民们就需要每隔一小段时间就吸一次烟。可见尼古丁具有极强的成瘾性，一旦吸烟成瘾就很难戒断。而且尼古丁对脑神经有毒害，会造成记忆力减退、精神不振等。吸烟者在不知不觉中患了吸烟成瘾症，又称烟草依赖症，这是造成吸烟者难以戒烟的重要原因。

讨论：描述尼古丁导致吸烟者成瘾的原因，想一想生活中还有哪些事情也可能导致人体成瘾，原因又是什么呢？

兴趣链接

电子烟对身体无害吗

电子烟被制造商吹捧为传统尼古丁香烟的"健康"替代品。在一项新的研究中发现电子烟中的化学物会破坏肠道屏障，并引发体内炎症，从而可能导致各种健康问题。长期使用不含尼古丁的电子烟会导致"肠漏"，即微生物和其他分子从肠道中渗出，从而导致慢性炎症。这种炎症会导致各种疾病和症状，包括炎症性肠病、痴呆症、某些癌症、动脉硬化、肝纤维化、糖尿病等。

六、肺结核

基本知识

肺结核病是一种由结核分枝杆菌引起的慢性传染疾病，主要传播途径是呼吸道传播，可侵犯全身多处脏器，以肺为主。正常人若吸入肺结核病人呼出的带结核菌的飞沫，就有可能感染该病。此病曾肆虐全球，被视为"白色瘟疫"。肺结核具有较强的传染性，全球每年有1000万以上肺结核新增感染患者，我国肺结核发病率也一直处于较高水平。

结核菌属分枝杆菌，是需氧细菌，在大部分培养基上菌落呈粗糙型。结核菌主要通过呼吸道传染，肺结核患者咳嗽、喷嚏或大声说话时，会形成以单个结核菌为核心的飞沫核悬浮于空气中，从而感染新的宿主。此外，患者咳嗽排出的结核菌干燥后附着在尘土上，形成带菌尘埃，亦可侵入人体形成感染。

如出现咳嗽、咳痰、发热、夜间盗汗、疲乏无力等症状，要及时到医院就诊，需要在医生的指导下进一步检查。如一时难以确定，可经2周左右观察后复查，大部分炎症病变会有所变化，肺结核则变化不大。

形成原因：

侵入呼吸道的结核菌被肺泡巨噬细胞吞噬。细菌在肺泡巨噬细胞内存活和复制，后扩散至邻近肺泡巨噬细胞并形成早期感染灶。在淋巴T细胞反应期，结核菌在巨噬细胞内的最初生长，形成中心呈固态干酪坏死的结核灶，它能限制结核菌继续复制。细胞免疫产生的效应T细胞能杀死大部分被结核菌感染的宿主细胞，大多数感染者发展至T细胞反应期，仅少数发生原发性结核病。大部分感染者结核菌可以存活很久，细菌与宿主处于共生状态，持续存在的主要场所是纤维包裹的坏死灶干酪性中央部位。其中低氧、低pH和抑制性脂肪酸的存在使细菌不能增殖。宿主的免疫机制亦是抑制细菌增殖的重要因素，免疫损害便可引起受抑制结核菌的重新活动和增殖，大量结核菌从液化干酪灶释放。

❤ 社会责任

1. 检测手段

痰结核分枝杆菌检查是确诊肺结核的主要方法，也是制定治疗方案和考核治疗效果的主要依据。每一个有肺结核可疑症状或肺部有异常阴影的患者都必须进行痰液检查。

（1）纤维支气管镜检查。支气管镜可直接观察气管和支气管病变，也可以抽吸分泌物、刷检及活检。

（2）结核菌素试验。结核菌素试验广泛应用于检出结核分枝杆菌感染，而非检出结核病。结核菌素试验对儿童和青少年的结核病诊断有参考意义。

（3）影像学检查。凡X线检查肺部发现有异常阴影者，必须通过系统检查，确定病变性质是结核性还是其他性质。如果诊断为肺结核，应进一步明确有无活动性，因为结核活动性病变必须给予治疗。

2. 预防措施

新生儿进行卡介苗接种可有效预防肺结核重症疾病。平时注意进行体育锻炼，增强体质，提高自身免疫力。患者的日用品、衣物、被褥等应注意晾晒消毒。

🔖 科学思维

体检做结核菌素试验的原因

结核菌素皮肤试验（PPD试验）是测定是否感染结核菌的一种传统方法，是结核病筛查的主要手段，也是目前世界卫生组织推荐优先使用的结核病筛查方法。PPD是结核菌素纯蛋白衍生物的缩写，是从结核杆菌培养滤液中获得的活性物质，主要成分是蛋白质，对已受结核菌感染或曾接受过卡介苗免疫的机体，能引起特异的皮肤变态反应（皮肤结块）。

结核菌素引发的皮肤变态反应是迟发型细胞超敏反应。超敏反应是指异常的、过高的免疫应答，即机体与抗原性物质在一定条件下相互作用，产生致敏淋巴细胞或特异性抗体，如与再次进入的抗原相结合，可导致机体生理功能紊乱和组织损害的免疫病理反应，又称变态反应。

抗原（结核菌或卡介苗）进入机体使机体的免疫T淋巴细胞致敏，并大量分化增殖。当已致敏的机体再次遭受到抗原入侵时，致敏淋巴细胞就会与之结合，引起变态反应性炎症，表现为在结核菌素注射部位形成硬结甚至发生水泡、坏死。PPD试验阳性表明机体曾经受到结核菌感染或接种过卡介苗，也表示机体对结核菌有一定免疫力。但也有少数免疫力低下的人（约5%）呈阴性。通常接种卡介苗后，若PPD皮试阴性，说明接种失败。

讨论：同学们根据以上资料，查阅相关资料并找出过敏反应、超敏反应与细胞免疫的异同。

📖 科学探究

（1）实验目的：了解结核杆菌耐药状况，为临床指导用药提供科学依据。

（2）实验材料及用具：取自某医院结核病门诊及住院病人，其中男性782例，女性425例，标本有痰、胸腹水、脑脊液、大便、小便、纤支镜灌洗液，改良罗氏培养基及丙酮酸培养基，6种抗结核药物（12种浓度）：利福平50μg/mL、250μg/mL；链霉素20μg/mL、200μg/mL；异烟肼1μg/mL、10μg/mL，对氨基水杨酸1μg/mL、10μg/mL；乙胺丁醇5μg/mL、50μg/mL；氧氟沙星2μg/mL、20μg/mL。

（3）实验过程：对男性782例和女性425例标本进行分组标号，取等量病人标本的同时接种罗氏培养基1份及丙酮酸培养基1份，分别滴加6种（12种浓度）的等量抗结核药物，37℃培养4周后观察实验结果（表6-1）。

注意：未出现菌落者为敏感，出现阳性菌落（＋～＋＋＋＋）者即为耐药。

表6-1　2003—2005年1207例结核菌耐药情况

药品	2003（n=294）			2004（n=370）			2005（n=543）			3年耐药率（%）
	敏感	耐药	耐药率（%）	敏感	耐药	耐药率（%）	敏感	耐药	耐药率（%）	
利福平	139	155	52.7	179	191	51.6	295	248	45.7	50.0
异烟肼	221	73	24.8	265	105	28.4	359	184	33.9	29.0
链霉素	199	95	32.3	248	122	33.0	325	218	40.1	35.1
对氨基水杨酸	228	66	22.4	277	93	25.1	400	143	26.3	24.6
乙胺丁醇	241	53	18.0	282	88	23.8	443	100	18.4	20.1
氧氟沙星	218	76	25.9	257	113	30.5	405	138	25.4	27.3

讨论：

（1）由以上表格得到的实验结果和结论分别是什么？

（2）临床上针对肺结核患者用药要注意什么？

兴趣链接

结核杆菌是怎么被发现的

19世纪，肺结核被称为"白色瘟疫"，在当时的死因中占据前排，可人们无论是对死者进行病理解剖还是动物实验，都没办法找到它的致病菌。当时有很多科学家为寻找肺结核的致病菌绞尽脑汁，科赫也不例外。科赫意识到，特殊的感染一定是由特殊的微生物引起的，只有找到那个微生物，将其分离培养出来，才有进一步研究的可能性。于是，科赫用各种染料给病灶组织进行染色，结晶紫、亚甲蓝、伊红、刚果红等，常用的染料科赫都试了个遍，却仍然一无所获。科赫虽然有些失落，可是却没有放弃寻找合适的染料，终于，在亚甲基蓝染色后的组织中，他发现了一种从没有见过的细菌，为了验证自己的实验结果，他在柏林的各个医院中寻找因结核病致死的患者遗体，拿到了大量病灶组织的他继续进行自己的实验，他将结核组织注射到各种动物体内并进行染色观察，结果让他十分兴奋，所有患上结核病的动物体内都能看到那种细菌，而健康的动物体内完全找不到那种细菌的踪影，向来严谨的科赫并没有直接宣布自己发现了结核病的致病菌，在实验中，他给动物注射的是病灶组织提取液，不是纯净的细菌，仅凭病灶组织提取液并不能证明已经发现了结核病的致病菌。他决定将那种细菌分离出来。科赫将病灶组织提取液接种到了琼脂肉汤固体培养基上，小心地分离出了那种他之前没有见过的细菌，培养成纯净的菌种再注射给动物，他成功了，那种细条状的、弯曲的、被染成了蓝色的细菌在被注入动物体内后，成功地让实验动物感染上了结核病，科赫给这种细菌起了个名字——结核杆菌。

参考文献

［1］林果为，王吉耀，葛均波.实用内科学（第15版）上册［M］.北京：人民卫生出版社，2017.

［2］孔亚红.1207例结核杆菌耐药结果分析［J］.广西医学，2011（11）：1492–1493.

［3］倪明.吸烟对女性冠心病患者冠状动脉粥样硬化的影响［J］.医学信息，2019（15）：54–57.

［4］黄亚妮，王玲，曹梦西，等.新型冠状病毒（SARS–CoV–2）的环境传播研究进展［J/OL］.环境化学，2021（7）：1945–1957.

通过消化系统获得的物质、呼吸系统交换的气体只有通过循环系统进行运输，才能参与细胞代谢过程。

第七章

人体的物质运输——循环系统

人体循环系统的主要功能是完成体内的物质运输。血液循环一旦停止，机体各器官组织将因失去正常的物质转运而发生新陈代谢的障碍，同时体内一些重要器官的结构和功能将受到损害，尤其是对缺氧敏感的大脑皮层，只要大脑中的血液循环停止3~4分钟，人就会丧失意识。心脑血管病，比如冠心病、动脉粥样硬化、高血压等疾病威胁着很多人的生命。要深入了解循环系统疾病，还需从循环系统的结构和功能入手，对疾病的致病机理进行进一步了解，才能提出有针对性的防治措施和建议。

第一节　循环系统的结构和功能

导读

1. 循环系统由哪些部分组成？
2. 循环系统如何完成人体的物质运输？

基本知识

循环系统是分布于全身各部位的连续封闭管道系统，包括心血管系统和淋巴系统。心血管系统内循环流动的是血液，将氧、各种营养物质、激素等供给器官和组织，又将组织代谢的废物运送到排泄器官，以保持机体内环境的稳态、新陈代谢的正常进行和维持正常的生命活动。淋巴系统内流动的是淋巴，是人体重要的防御系统。

循环系统还有内分泌功能。科学家从大鼠和人的心房组织中提取、分离、纯化出一类生物活性物质，这些物质被统称为心房肽类或心房钠尿因子。这类物质具有调节机体水盐代谢的功能，表现为激素样的作用。这一重大发现扩大了人们对心脏功能和内分泌功能的认识领域。

一、心血管系统

心血管系统是循环系统的主要管道，由心脏和血管组成。心脏是血液循环的动力器官，血管是负责物质运输和交换的管道。血液循环是人体内的血液借助心脏节律性搏动，经动脉、毛细血管、静脉返回心脏的循环过程。血液循环根据路径不同分为体循环和肺循环。

心脏能终身自动有节律地收缩和舒张，当然也会受神经系统的调节，可产生促进血液循环的动力。心跳一旦停止，血液就不能循环，各处组织不能获得营养，也不能排出废物，生命就很快终结。人的心脏与自己拳头大小相似，重约400g左右，位于胸腔的围心腔中。围心腔是由一层围心膜构成的腔。

人的心脏分为4室即左右心房和左右心室。左心房和左心室的血液是从肺流回的带氧的血，右心房和右心室的血液是从大静脉流入的带二氧化碳的血。左右两半界限分明不相通，但心房的血液可通过房室瓣单向流入同侧的心室。它们的搏动（心搏）是同步的，左右心房同时收缩，然后左右心室同时收缩，完成血液循环。

血管包括动脉、毛细血管和静脉（图7-1）。动脉、静脉都是较大的血管，两者的结构不同。血液从心脏流出的血管都是动脉，动脉管壁有很强的弹性，使血管能随血液的流动而调整管腔的大小，不致因血压增大而破裂。血液流回心脏的血管都是静脉，静脉管壁比动脉薄，承受压力也较小。静脉内壁上有瓣膜，作用是阻止血液逆流。但长时间直立的人，血液下流而入腿、足，此时静脉中血液过多，管腔胀大，瓣膜就不能封闭管腔。静脉曲张可能就是由于静脉长久胀大，壁变厚扭曲而造成的。肛门区静脉曲张会导致痔疮。

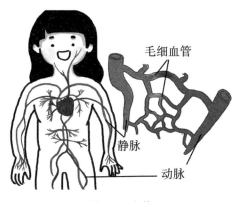

毛细血管

静脉

动脉

图7-1　血管

毛细血管是血管中最纤细的部分，管壁只有一薄层内皮细胞，其外有少许结缔组织细胞。血液从小动脉流入毛细血管，毛细血管分支而成血管网，密布全身各处组织中而与细胞直接接触进行物质交换。

（1）体循环。富含氧气的动脉血由左心室搏出，经主动脉及其分支流到全身毛细血管（肺泡毛细血管除外）进行物质交换和气体交换，使动脉血变成静脉血。静脉血再汇入各级静脉，最后经上腔静脉、下腔静脉及冠状窦流回右心房。

（2）肺循环。全身返回心脏的含二氧化碳较多的静脉血，由右心室搏出，经肺动脉及其分支流到肺泡毛细血管，并在此进行气体交换，暗红的静脉血变为含氧较多的鲜红的动脉血，再经肺静脉流回左心房。

心脏自身是怎样获得所需要的物质的呢？

（3）冠状动脉循环。心脏虽然充满血液，但心脏的厚壁却不能依靠心腔中的血液取得营养物质和 O_2，而是和其他器官一样，也需要有专门的血管系统做供应和运输工作。大动脉在离开心脏处分出左右两个冠状动脉，在心脏厚壁中分支而成毛细血管网，分布于心脏壁的各部分。血液在毛细血管网中与心脏壁组织进行物质和气体的交换，然后流入小静脉、冠状静脉等，最后流入右心房。冠状动脉循环十分重要，冠状动脉硬化或堵塞，都会引起心肌死亡。

二、淋巴系统

淋巴系统是人体内重要的防御功能系统，它遍布全身各部位，由淋巴管、淋巴组织、淋巴器官（如淋巴结、胸腺、脾、扁桃体等）构成。

血液由动脉运输到毛细血管时，其中部分液体成分透过毛细血管壁渗入组织间隙形成组织液。组织液与组织、细胞进行物质交换后，大部分在毛细血管静脉端被吸收，进入静脉；少部分进入淋巴毛细管成为淋巴，淋巴毛细管的末端是关闭的。淋巴经另一端通入淋巴管向心脏方向流动，并经过结节状膨大的淋巴结，最后注入静脉，与血液混合进入心脏。故淋巴管可视为静脉系的辅助管道。淋巴系除借助淋巴管协助体液回流外，还同时携带由淋巴器官产生的淋巴细胞和抗体，故淋巴系统又是人体重要的防御结构。

📖 科学探究

英国医生哈维观察了大约40种不同动物，并做了许多离体心脏的实验研究。他敏锐的观察，精确的实验，严格的分析堪称生物学实验研究的典范。哈维的老师早就发现了静脉中的瓣膜，认识到这些瓣膜能防止血液的倒流，但是他没有因此而怀疑血液的"潮汐样流动"。哈维受到他的启发，根据心房与心室间和静脉内存在单方向的瓣膜这些事实做出相应推论_____。为了证明这一点，他用探针从右心室伸入肺动脉而到肺部，他发现探针通畅地进入了肺。同样，用探针从大静脉伸入右心房，再伸入右心室，也很通畅。反之，用探针从肺动脉伸入右心室却很困难，只有刺伤肺动脉中的瓣膜才能进入。同样地，探针从右心室伸向右心房也受到阻碍。

（1）请根据哈维的实验结果写出哈维的推论。

（2）后来，他又进行了一个更严谨的探索，将水从不同部位泵入心脏，观察水的流动情况。请同学们补充该实验步骤并预测实验结果。

第二节　循环系统相关疾病

导读

1. 冠心病、动脉粥样硬化、高血压的症状和发作的原因是什么？

2. 心绞痛和冠心病、心衰、猝死的关联是什么？

3. 动脉粥样硬化与血栓的关联是什么？

4. 冠心病、动脉粥样硬化、高血压的检测手段和防治措施有哪些？

一、冠心病

基本知识

冠心病，全称为冠状动脉粥样硬化性心脏病，是冠状动脉血管发生动脉粥样硬化病变而引起血管腔狭窄或阻塞，造成心肌缺血、缺氧或坏死而导致的心脏病。我国冠心病患者超过1000万，每年新增100万左右。男女发病比例为2∶1，也就是说，男性得冠心病的风险比女性高一倍。

心绞痛是冠心病当中最常见的一种类型，通常出现在心前区、胸部正中，手掌大小的范围，可表现为压迫感、紧缩感和烧灼感。不是所有的心绞痛患者都会出现胸痛症状，有些仅会感觉胸闷不适。胸痛、胸闷一般持续时间不长，安静休息或含化硝酸甘油，3～5分钟内，症状就会逐渐消失。放射痛也是心绞痛的常见症状之一，一般会放射到左肩、左臂内侧达无名指和小指、颈部、咽喉部和下巴，表现为钝痛、胀痛、麻木感或烧灼感。如果任由心绞痛发展，久而久之就会演变为心梗、心衰，严重的还可能猝死。

1. 发作原因

人体血浆中含胆固醇，肝脏依靠膜表面特定受体结合机制来调节血浆中胆固醇含量。如果血浆中的胆固醇过多，肝失去调控能力，胆固醇及脂类分子在血中的含量增加就会沉积于血管壁。如果导致冠状动脉堵塞，由于心肌供血不足，患者将发生胸闷、心绞痛等症状。严重时，部分心肌可因缺氧而死，即心肌梗死。

心绞痛是指由于冠状动脉供血不足，心肌急剧地、暂时缺血缺氧，所引起的以发作性胸痛或胸部不适为主要表现的临床综合征。营养物质在氧气的作用下产生大量能量，用来维持心肌细胞的正常代谢。冠脉变窄，会导致血流不畅、氧气供应不足，心肌细胞进行无氧代谢。无氧代谢效率低、产能少，产生的乳酸、丙酮酸等酸性物质就会堆积在心肌内，刺激神经产生疼痛感。

2. 诱发因素

年龄、性别、遗传、疾病、不良生活习惯等都会成为心绞痛发作的诱因。心绞痛更偏爱中老年人；因为雌激素有保护血管的作用，所以女性比男性发生心绞痛的概率低；有糖尿病、高血压、血脂异常等家族史的人，更容易诱发冠心病；熬夜会导致血液黏稠；烟草中的尼古丁会对血管造成损伤；不爱运动会降低血管弹性，升高血脂含量，血管变窄。这些都是导致冠心病的诱因。

科学思维

由于心绞痛一般持续时间不长，休息几分钟就不痛了，患者往往觉得不严重，不加重视，不及时去医院检查。同学们要认识到冠心病的"狡猾"，科普给身边的家人朋友，了解和关注冠心病，保持身体健康。

请你调查家族的病史，推测哪些属于易发人群？了解他们的生活习惯，一起制定一份身体保健方案。

社会责任

1. 检测手段

（1）心电图。心脏搏动时心肌细胞发生的电流变化可迅速传到周围组织。

心电图是通过在人体上放置电极，捕捉心脏的电活动，并把它记录下来。根据心电图，医生就能大致判断有没有发生心肌缺血。但是，心电图反映的是即时心肌供血的情况，如果当时心绞痛没发作，心电图就查不出异常了。因此，要检测和诊断冠心病，还需要其他技术。比如动态心电图，它能24小时监控心脏的电活动，不放过任何一次心绞痛发作。若还不能检测到心绞痛发作的心电图，还可以进行心电图负荷试验。受检者在医生的指导下运动，使心脏耗氧量增加，激发心肌缺血，一旦心绞痛发生，立刻进行检测。

（2）冠脉造影。冠脉造影成像清晰，准确度高。最明显的优点在于动态显示，能直接观察冠脉的血流情况。检查时，医生从受检者手腕部或腿部的血管送入一根柔软细小的导管，一直到冠脉开口，再注射造影剂，造影剂会随着血流弥散至整个冠脉。跟随镜头找到某处黑影突然变细，说明通过这里的血流减少，血管有堵塞（图7-2）。该方法不仅可以检测血管，还可以利用导管进行介入治疗，帮助血管恢复畅通（图7-3）。

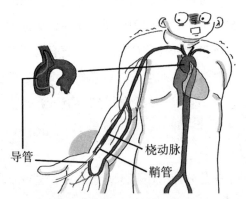

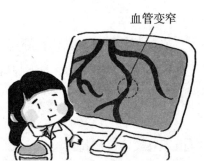

图7-2　冠脉造影影像学检查　　　　图7-3　冠脉造影中的导管介入治疗

2. 急救手段

心绞痛发作时，患者应坐着或者站着休息，千万不能躺下。患者躺下会导致回心的血流量增加，加重心脏负担。还可立刻舌下含服硝酸甘油，切不可吞服和舌上含服。舌下有丰富的血管群，硝酸甘油极易融化，能直接入血，抵达患处，迅速起效。硝酸甘油还能扩张冠脉、增加冠脉血流量，减轻心肌缺血缺氧的状况，心绞痛也就缓解了。若服药后症状还没缓解，5分钟后可再次用药，并立即拨打120求助。

科学探究

研究表明，噪声对从业者听力及心血管系统功能存在影响。

抽取某市3家机械加工厂的470名作业人员作为研究对象，按是否接触噪声作业分为噪声暴露组（248人）和非暴露组（198人）。测定工作场所中的噪声暴露水平，工人的听力损失、血压、血脂及心电图异常情况。

结果显示：噪声暴露组头晕头痛（17.74%）、耳鸣（19.53%）、耳聋（10.08%）、失眠多梦（12.90%）及记忆力减退（11.29%）等自觉症状检出率明显高于非暴露组；暴露组听力损失（20.56%）、血压异常（14.11%）、血脂异常（32.66%）、心电图异常（17.74%）检出率明显高于非暴露组；噪声强度越高，作业人员的听力损害及心血管异常越明显。结论：职业性噪声暴露者有较高的听力和心血管系统损伤风险，完善降噪防护措施及健康教育非常必要。

请仿造上述调查制作问卷对你所生活的小区居民进行调查，总结噪声的来源和影响并提出"降噪减噪，健康生活"倡议。

兴趣链接

应对冠心病的措施

控制高血压：我国75%的冠心病患者合并有高血压，血压大于160/95 mmHg者冠心病的患病率比正常者高5倍。患者血压升高可引起血管内膜损伤，血中脂质渗出，形成动脉粥样硬化斑块，同时血管张力增加，血管壁受损，加速动脉粥样硬化进程。

调节血脂异常状况：胆固醇（CHO）升高和高、低密度脂蛋白的比值降低均会增加患冠心病的风险，因此调节血脂异常状况可降低患冠心病的风险。CHO每降低1%，冠心病危险性分别降低2%~3%。

控制血糖：80%的糖尿病患者终因冠心病而死亡。

戒烟：吸烟可使氧气的转运和利用受限，增加心肌耗氧量。冠心病患者戒烟后6年的死亡率比未吸烟组低70%，心肌梗死的发生率低50%。

控制饮食、增加运动、减轻体重：肥胖者冠心病发病率比正常人高5倍。试验表明，体重减轻10%以后，接受试验者的血压、胆固醇明显降低，血糖控制平稳。饮食过量，运动减少，体重增加三个因素是引发冠状动脉粥样硬化的高危因素。此外，日常饮食宜清淡，防止食盐过量，保持低脂肪、多蔬菜豆类、高蛋白高钙的饮食习惯，有助于血压、血脂、血糖等指标保持在正常或接近正常水平。同时，适当运动可有效增强心功能，减少冠心病。

近期，某研究团队发现，每天食用一份红肉（约85克），冠心病风险上升12%。此前，也有大量研究证据表明，大量摄入红肉，特别是加工红肉，与人群死亡风险和主要慢性疾病（包括冠心病等）风险增加直接相关。

你知道什么是红肉吗？请查阅相关资料了解其营养成分，并想一想可以用什么食品替代红肉。

二、动脉粥样硬化

基本知识

动脉粥样硬化（AS），是心血管疾病中常见而最重要的一种，可累及心、脑、肾、眼等脏器及外周血管的动脉系统。动脉硬化的共同特点是动脉管壁增厚变硬，失去弹性和管腔缩小。由于在动脉内膜积聚的脂质外观呈黄色粥样，因此称为动脉粥样硬化。如果脑部血管被堵住了，导致脑的部分组织没有血液补充营养而造成细胞死亡，人就可能因为脑血栓或脑栓塞出现生命危险。动脉粥样硬化就是"血栓"形成的原因，是严重危害人类健康的常见病。

1. 发作原因

首先，血管出现破损，这常常由糖尿病和高血压导致。血管中的低密度脂蛋白会钻进破损的血管壁内膜，并逐渐代谢转变为有毒物质——过氧化脂质。从血管内侧看，就形成了鼓来鼓去的斑块。随着斑块的不断成长，血管壁就会凹凸不平，血液里的钙、脂肪、糖等就在凹陷处沉积下来。于是，血管壁越来越厚，血管越来越窄，血压就越来越高。高压的血流不但冲走了血管壁上的堆积物，还可能冲破血管壁的内膜，造成大面积破损导致流血，凝血因子和被它们定住的血堆积在这里就成了血栓。抱团物从静止状态变成游走的状态，那就是致命的杀伤性武器。

2. 诱发因素

高血脂症、高血压、吸烟、糖尿病、遗传因素等都会成为动脉粥样硬化的诱因。

💗 **社会责任**

动脉粥样硬化症发展到严重程度，尤其有器官明显病变时诊断并不困难，但早期诊断很不容易。

1. 检测手段

第一种是测血脂，正常情况下，血脂中总胆固醇参考区间为2.8～5.17 mmol/L，甘油三酯参考区间为0.56～1.7 mmol/L。第二种可通过动脉造影发现血管狭窄性病变。第三种可通过磁共振血管成像技术（MRA），利用血液流动的磁共振成像特点，检测血流方向和速度。

2. 防治措施

膳食总热量勿过高，以维持正常体重，超过正常标准体重者，应减少每日进食的总热量，食用低脂、低胆固醇食物，并限制含糖食物的摄入，提倡饮食清淡，多食富含维生素C和植物蛋白的食物。已确诊有冠状动脉粥样硬化者，严禁暴饮暴食，以免诱发心绞痛或心肌梗塞。还可以辅以药膳治疗。

进行适当的体力劳动和体育活动，体育活动可循序渐进，不宜勉强做剧烈活动，对老年人提倡散步，做保健体操，打太极拳等。生活要有规律，保持乐观、愉快的情绪，避免过度劳累和情绪激动，注意劳逸结合，保证充足睡眠。提倡不吸烟，不饮烈性酒或大量饮酒。积极治疗与本病有关的疾病，如高血压、高脂血症、痛风、糖尿病、肝病、肾病综合征和有关的内分泌病等。严重者进行药物和手术治疗（见图7-4）。

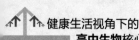

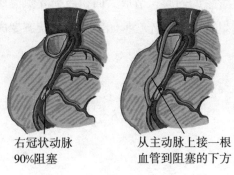

右冠状动脉　　　　从主动脉上接一根
90%阻塞　　　　　血管到阻塞的下方

图7-4　冠状动脉阻塞的手术治疗

🔩 兴趣链接

预防动脉硬化的食物

生姜：生姜中含有一种含油树脂，具有明显的降血脂和降胆固醇的作用。动物试验证明，姜可抑制肠道对胆固醇的吸收，使血液中胆固醇的含量降低。

牛奶：含有一种因子，可降低血清中胆固醇的浓度；牛奶中还含有大量的钙质，也能减少胆固醇的吸收。

大豆：含有一种皂甙物质，可以降低血液中胆固醇的含量。所以高胆固醇的病人，多食大豆和豆制品极有好处。

大蒜：含挥发性辣素，可消除积存在血管中的脂肪，有明显的降脂作用，是预防高脂血症和动脉粥样硬化的良药。

洋葱：含有二烯丙基硫化物和含硫氨基酸，其在降低血脂，防治动脉粥样硬化和预防心肌梗塞方面有良好作用。

海鱼：海水鱼类的鱼油中有较多的不饱和脂肪酸，有降血脂的功效。临床研究表明，多食鱼者，其血浆脂质降低，因此有预防动脉硬化及冠心病的作用。

蜜橘：含有丰富的维生素C，多吃可以提高肝脏的解毒能力，加速胆固醇的转化，降低血清胆固醇和血脂的含量，防止动脉粥样硬化。

山楂：含三萜类和黄酮类成分，具有加强和调节心肌功能，增大心脏收缩幅度及冠状动脉血流量的作用，还能降低血清中的胆固醇，心脑血管病人多食有益。

茶叶：含有咖啡碱和茶多酚，有提神、强心、利尿、消腻和降脂之功效。

经常饮茶，可防止体内胆固醇含量升高。

茄子：含有较丰富的维生素P，能增加毛细血管的弹性，因此对防治高血压、动脉硬化及脑出血有一定的作用。

燕麦：含有B族维生素、卵磷脂等，具有降低血液中的胆固醇和甘油三酯的作用，常食可预防动脉粥样硬化。

木耳：含有一种多糖物质，能降低血液中的胆固醇，可减肥和抗癌。可长年煎服或烹汤佐膳。

红薯：可供给人体大量的胶原和黏多糖类，能保持动脉血管的弹性，预防动脉粥样硬化。

🖋 科学思维

本病的预防应从儿童期开始，即儿童也不宜进食高胆固醇、高脂肪的饮食，亦应避免饮食过量，防止发胖。请参考上述食物的作用，结合青少年生长特点，尝试设计一份一日三餐的健康饮食菜单。

三、高血压

📖 基本知识

高血压（hypertension）是指以体循环动脉血压（收缩压和/或舒张压）增高为主要特征（收缩压≥140毫米汞柱，舒张压≥90毫米汞柱），可伴有心、脑、肾等器官的功能或器质性损害的临床综合征。高血压是最常见的慢性病，也是心脑血管病最主要的危险因素。据统计，我国高血压患者近三个亿，平均每十个成年人里，就有三名高血压患者和四名高血压预备役。换言之，七成中国人都在高血压的威胁之下。

1. 症状表现

头痛，是高血压患者的典型症状，一般是太阳穴位置搏动性跳痛，严重时有炸裂样剧痛。头晕，也是高血压患者常见症状，常在下蹲或起立时出现，或在劳累、精神紧张后出现。高血压导致的头晕并非天旋地转型，患者常有头部闷胀、脚踩棉花的感觉。心悸，也是高血压患者常见症状，患者常在运动或情

177

绪波动后，出现心脏急剧跳动、惊慌不安等表现。鼻子出血、牙龈出血也是高血压的症状。

高血压容易引发的病变有：第一，血管变窄。血压一再升高，血液大力冲击血管壁，导致血管壁增厚，血管变窄，血压继续升高。血管变窄导致下游器官营养和氧气长期供给不足，发生病变。第二，血管堵塞。动脉粥样硬化引起血管堵塞，甚至出现"血栓"，引起心梗、脑梗等。第三，血管爆裂，引发脑出血、眼底出血、流鼻血等。

2. 影响因素

血压就是流动的血液对血管侧壁的压强。我们常常测上臂肱动脉的血压，因为这里和心脏主动脉差不多在一个水平线上，所以这里的血压最接近主动脉的血压。心脏收缩，血液喷射到主动脉里，此时测得的是收缩压。心脏收缩到极限，开始舒张，主动脉受到的压力减弱，此时测得的是舒张压。

以下因素会影响血压值。血容量：人体血管里血液的总量叫作血容量，血容量加大，血压就会升高。心功能和心血管弹性：心肌越发达的心脏，泵的血就越多，血压就会升高，血管弹性越好，血压的调节越稳定。外周小动脉：如果这些外周小动脉比较窄，弹性又比较差，大量的血液只能滞留在大动脉里等着通行。全身小动脉硬化、管腔狭窄，是原发性高血压的一个主要发病原因。

💗 社会责任

1. 检测手段

加强监控，勤测血压。血压是一个波动值，每一分、每一秒都不一样。血压仪显示的只是测量瞬间的血压值。通常，在紧张、运动、喝酒、愤怒、遇到危险等情况下，血压升高。睡觉、休息、心态平和的时候，血压降低一些。服用降压药后，随着药效的变化，血压也会有波动。因此，血压监测有两个指标"降"和"稳"。高血压心脏损害的评价方法主要包括心电图、超声心动图、心脏核磁共振成像。其中，超声心动图是利用超声短波的物理学特性，检查心脏和大血管的解剖结构及功能状态的一种无创性技术。该技术具有较高的敏感性和实用性，在临床实践中得到广泛应用。

2. 防治措施

高血压是一种慢性病，和生活习惯密切相关。监测血压早预防，规律生活更重要。要遵守以下防治口诀——"限盐减重多运动，戒烟限酒平心态"。只要做到这一点，没有高血压的人，会离高血压越来越远。有高血压的人，也能渐渐控制下来。

限盐即少盐饮食。吃的盐多，血液里的盐含量就多，势必会锁住更多的水。水多了，血容量增加，直接导致血压升高。科学家建议坚持每天摄入食盐少于6 g，收缩压平均可以下降2～8 mmHg。

减重多运动。有资料显示，体重每减少5～10 kg，高压可下降5～20 mmHg。运动加速血液循环，血管收缩扩张的幅度会加大，还能增加血管弹性。每周坚持5～7次、每次30分钟的有氧运动，能使高压下降4～9 mmHg。

戒烟限酒。香烟中含有尼古丁等有害物质，它们能对血管造成损伤。饮酒会使心脏兴奋，泵出来的血量增加，血压也就升高。

规律起居、保持良好心态。熬夜、紧张、暴躁，都能使体内的激素分泌增多，导致血管收缩、血压升高。

高血压的成因十分复杂，有研究表明，双亲血压正常，其子女患高血压的概率是3%。双亲均为高血压，其子女患高血压的概率是45%。因此，有高血压家族病史的人更易得此病。症状比较严重的患者，可以进行药物治疗，如选择利尿剂减少血容量，代表药物有氢氯噻嗪、呋塞米、氨苯喋啶等。钙通道阻滞剂也是一种降压药，能够阻止钙进入细胞，放松血管。β受体阻滞剂也是一种降压药，能够干扰肾上腺素作用于心脏，从而降低心脏的泵血功能，该类药物的代表是普萘洛尔、美托洛尔、比索洛尔等。

🔍 科学思维

孕妈妈很容易得孕期高血压，请联系本文思考妊娠高血压的原因。

⚙️ 兴趣链接

血压居高不下的原因及对策

高血压是目前的常见病、多发病，血压长期升高会严重损害心、脑、肾等脏器，导致一系列并发症，如心力衰竭、肾功能不全等，因此长期有效地控制血压对病人至关重要。但由于种种原因，有些病人的血压老是控制得不理想，以下对导致这种情况的各种原因逐一加以分析，并提出相应对策。

原因之一："白大衣效应"。有些人一到医院，见到穿白大衣的医生心里就特别紧张，血压也随之升高，而在家里测血压或用24小时动态血压计测量的血压均在正常范围。这种因精神紧张而产生的升压反应，被称为"白大衣效应"，由此引起的高血压叫"白大衣高血压"或"诊所高血压"。

对策：给予心理疏导，转移注意力，消除精神紧张。由于不是真正的高血压，故通常不需要用降压药物治疗。

原因之二：忽视非药物治疗。有些病人错误地认为血压高光靠服药就行，事实并非如此。高血压与一些不良的生活习惯有很大关系，高盐和高脂饮食、吸烟、酗酒、长期的精神紧张、缺乏运动、肥胖等因素均可导致血压升高，并可使降压药物的疗效大打折扣。

对策：建立科学的生活方式，心态平和，这一点很难做到却非常重要。

原因之三：用药不当。其中包括：用药剂量不足；服药间隔时间过长；未采取联合用药；经常漏服或未坚持长期治疗；升压药物的拮抗作用，如拟交感神经药（如麻黄素等）、非甾体类消炎药（如消炎痛、布洛芬等）、糖皮质激素、单胺氧化酶抑制剂等药物本身有升压作用，若与降压药物联用，会使后者的疗效大大降低。

对策：遵循个体化的用药原则，从小剂量的单一药物开始，逐渐加大剂量，若对药效仍不满意，则应考虑联合用药。提倡使用疗效持久、副作用小、服药依从性好的长效制剂，注意各种药物之间的合理搭配。

第二节　胸外按压急救法

导读

1. 胸外按压急救法与人工呼吸、心肺复苏术的关联。

2. 胸外按压急救法适用的情况。

3. 胸外按压急救法在操作上的注意事项。

 基本知识

　　人的大脑细胞在常温下对缺氧的耐受极限通常为4～6分钟，超过此时限就会出现大脑细胞损伤；超过10分钟大脑细胞就会发生"不可逆性坏死"。因此，这几分钟内的急救行为至关重要，现场第一目击者的急救知识、技能和行为意义重大。心肺复苏术简称CPR，是针对骤停的心脏和呼吸采取的救命技术。目的是恢复患者自主呼吸和自主循环。心肺复苏术包括两个部分：胸外按压和人工呼吸。

1. 适用情况

　　心脏骤停（SCA）是公共卫生和临床医学领域中最危急的情况之一，表现为心脏机械活动突然停止，即心脏射血功能突然终止。患者对刺激无反应，无脉搏，无自主呼吸或濒死叹息样呼吸，如不能得到及时有效的救治常导致患者即刻死亡，即心脏性猝死，罕见自发逆转者。

　　心脏性猝死（SCD）指急性症状发作后1小时内发生的以意识突然丧失为特征的、由心脏原因引起的自然死亡。无论既往是否有明确的心脏病，死亡的时间和形式无法预料。

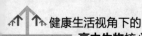
2. 操作步骤

针对心跳、呼吸骤停所采取的抢救措施称为心肺复苏。2010年国际急救与复苏联合会和美国心脏协会在联合制定的最新心肺复苏指南中，将心肺复苏的顺序定为"C→A→B"：Compressions（胸外按压）→Airway（开放气道）→Breathing（人工呼吸）。

第一步：做好救助评估。评估现场环境安全并判断患者的意识。患者意识可以通过呼吸判断：解开上衣看病人胸部有无起伏；听有无呼吸音；感觉口鼻有无出气，约5秒（数1001、1002、1003、1004、1005），确认呼吸是否停止。还可以通过判断有无颈动脉搏动：用右手的中指和食指从气管正中环状软骨（喉结部位），旁开两指，至胸锁乳突肌前缘凹陷处，确认无搏动（数1001，1002，1003，1004，1005……10秒）。经过评估判断无呼吸或无脉搏，应立即呼救，并展开心肺复苏。

第二步：胸外心脏按压。目的是改变胸腔内的压力和容积，将心脏内的血液输送到全身组织器官。找准部位——两乳头连线中点（胸骨中下1/3交界处），用左手掌跟紧贴病人的胸部，两手重叠、手指相扣，左手五指翘起，双肘关节伸直，用上身重量垂直下压（图7-5）。

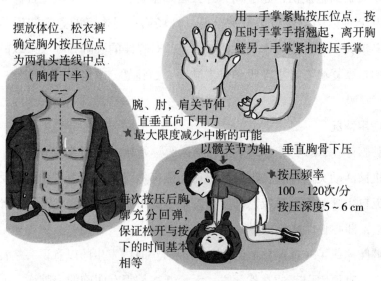

图7-5 胸外心脏按压

说明：按压时间和放松时间1:1，按压频率至少100次/分。8岁以上儿童或成人按压时用双手掌根，按压深度至少5厘米；1~8岁儿童按压时用单手掌根，按压深度大约为5厘米。有效胸外按压应快速有力，尽量不间断，因为过多中断按压，会使冠脉和脑血流中断，复苏成功率明显降低。

开放气道：用仰头抬颏法，将一只手置于患者的前额，然后用手掌推动，使其头部后仰；将另一只手的手指置于颏骨附近的下颌下方；提起下颌，使颏骨上抬。注意在开放气道的同时用手指挖出病人口中的异物或呕吐物，有假牙者应取出假牙。

人工呼吸：口对口人工呼吸——吹气时捏住患者鼻子，呼气时松开，吹气见胸廓抬起即可，嘴包严患者的口部。每次吹气都应看到病人的胸廓随着吹气起伏，并且吹气后气体能够从口部排出。

说明：按压与人工呼吸比例为30:2。持续进行2分钟或5个CPR周期（每个周期包括30次按压和2次人工呼吸）后为保证效果尽量更换按压者，在5秒内完成更换。心脏按压开始、送气结束，再次判断效果，时间不超过10秒。

第三步：判断复苏是否有效。判断的指标：颈动脉搏动；收缩压60 mmHg以上；瞳孔由大缩小；对光反射恢复；口唇指甲由紫绀变为红润；自主呼吸恢复。

第四步：密切监测病人生命体征变化。注意：救护者需要经过专门培训，方可进行心肺复苏操作。

有条件的同学可以参加一些机构的心肺复苏培训，利用模型直观学习本急救方法。

参考文献

[1]卢昌亚.心脏内分泌的发现及其生物学意义［J］.生物学教学，1995（5）：7-8.

[2]杨庆.及时识别心梗小心不典型症状［N］.健康报，2020-11-21（4）.

[3]李娜，曹艺宸，谢秀平，等.噪声对工人听力和心血管影响的调查［J］.工业卫生与职业病，2020，46（6）：454-456，460.

［4］李新铭，王振花，陈军.高血压心脏损害评价方法的研究进展［J］.医学理论与实践，2020，33（22）：3725-3727.

［5］袁晓雯，姜楠，柏冬，等.桂枝汤调控免疫和肠道菌群抗动脉粥样硬化的作用［J］.中国实验方剂学杂志，2021，27（4）：24-29.

［6］罗莉，姜艳，马娜，等.四八拍胸外按压计数法在心肺复苏教学中的应用［J］.护理学杂志，2020，35（9）：64-65.

通过消化、呼吸、循环系统的共同作用，细胞获得生命活动所需物质，但细胞代谢的废物也必须及时排出，这个过程则需要泌尿系统的参与。

第八章

人体的排泄——泌尿系统

人体每天需要摄入的各种食物，经由人体消化吸收和细胞利用后会产生各种代谢产物，泌尿系统将各种代谢产物和多余的水、无机盐等排出体外，对机体有害的物质或某些异物也一并排出，从而保持机体的稳态。若泌尿系统功能发生障碍，代谢产物积累于体液中，则会破坏内环境的稳态，影响机体的新陈代谢，甚至导致尿毒症危及生命。

第一节　泌尿系统的结构和功能

 导读

1. 泌尿系统由哪些部分组成？
2. 泌尿系统如何完成机体代谢废物的排泄？

基本知识

泌尿系统由肾脏、输尿管、膀胱及尿道组成，通过肾小球的初次滤过和负电荷屏障以及肾小管集合管的重吸收作用形成尿液，完成机体的排泄过程。排泄和排遗是两个不同的过程。排泄的对象主要是细胞代谢废物，如人体多余蛋白质分解产生的尿素，细胞呼吸产生的二氧化碳等；排遗的对象主要是没有进入细胞的食物残渣，排遗是消化系统的一种功能。

1. 肾脏

人体肾脏有两个，形似蚕豆，呈左右对称，每个肾脏由100多万个肾单位组成。每个肾单位具体可分为肾小球、肾小囊和肾小管等结构。肾小球是血管球，由小动脉分出的许多毛细血管相互缠绕组成，进入肾小球的小动脉称为入球小动脉，再从肾小球出来的就称为出球小动脉。肾小囊则套在肾小球的外面，下接肾小管（图8-1）。

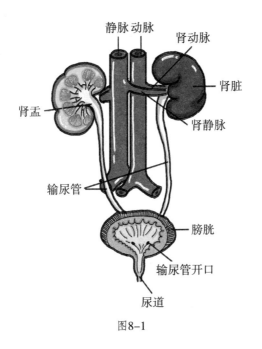

静脉 动脉

肾动脉

肾脏

肾盂

肾静脉

输尿管

膀胱

输尿管开口

尿道

图8-1

　　肾小球的滤过主要通过其毛细血管内皮细胞层、基膜和肾小囊的上皮细胞层进行。这三层结构组成肾的滤过屏障，滤过膜就像多层筛子，每一层都能限制一定大小的物质通过。来自细胞的代谢产物等进入入球小动脉，血浆中的较大分子物质如蛋白质不能通过基膜。剩下的物质穿过肾小球最外层的上皮细胞，最后进入肾小囊。

　　另外，肾小球的每一层滤过屏障上都含有许多带负电荷的物质，这些带负电荷的物质排斥带负电荷的血浆蛋白，限制它们的滤过。小分子的水、无机盐和葡萄糖、氨基酸等则可以进入肾小囊，这里的液体称为原尿。

　　一个正常人一天约可以产生180 L原尿，但人体不可能排出如此多的尿液。原因是原尿进入长长的肾小管后，肾小管的不同部位可重吸收不同物质。肾小管集合管的重吸收是因为缠绕在其周围的毛细血管血浆渗透压变高（由出球小动脉分出的许多毛细血管缠绕在肾小管和集合管的周围，其中蛋白质一直在积累，故而渗透压变高），而肾小管集合管管腔中存在大量水分以及无机盐、葡萄糖和氨基酸等物质，相对来说渗透压较低，这种渗透压的差距使肾小管集合管具有重吸收的能力，重吸收掉其管腔内的大部分水分、无机盐及全部的葡萄糖和氨基酸等。最后尿素、尿酸、异物以及多余的水和无机盐随输尿管排至膀胱里，人体每天的尿液在1 L左右（图8-2）。当人体水分缺乏的时候，抗利尿激素的分泌释放就会增多，使肾小管集合管重吸收水的量大大增加，让大部分水分保持在体内。

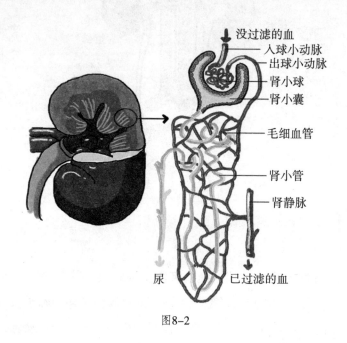

图8-2

2. 输尿管

输尿管上连肾脏，下连膀胱，是一对圆柱状的管道，管的直径有0.5 ~ 0.7厘米，全长为20 ~ 30厘米（图8-1）。输尿管有三个狭窄部，如果人体有肾结石则易停留在此而引起排尿困难和绞痛。

3. 膀胱

膀胱具有储尿和排尿功能，内部中空，膀胱壁从内到外有三层：黏膜层、肌层和外层。成人的膀胱尿容量为350 ~ 500 mL。排尿活动是一种反射活动。当膀胱尿量充盈到一定程度时，膀胱壁的感受器受到刺激而兴奋。冲动沿传入神经到达脊髓的排尿反射低级中枢；同时，冲动也传达到大脑皮层的排尿反射高级中枢，产生排尿欲。排尿反射进行时，冲动沿传出神经，引起逼尿肌收缩、内括约肌松弛，于是尿液进入尿道。这时尿液还可以刺激尿道的感受器，冲动再次传到脊髓排尿中枢，进一步加强其活动，使外括约肌开放，于是尿液被强大的膀胱内压驱出。尿液对尿道的刺激可进一步反射性地加强排尿中枢活动。

这是一种正反馈，它使排尿反射一再加强，直至尿液排完为止。在排尿末期，由于尿道海绵体肌肉收缩，可将残留于尿道的尿液排出体外。此外，在排尿时，腹肌和膈肌的强大收缩也产生较高的腹内压，协助克服排尿的阻力。

大脑皮层的排尿反射高级中枢能对脊髓初级中枢施加强化或抑制性影响，以控制排尿反射活动。小儿大脑发育还不完善，对初级中枢的控制能力较弱，所以小儿排尿次数多，且易发生在夜间遗尿的现象。

排尿或储尿任何一方发生障碍，均可出现排尿异常，常见的有尿频、尿潴留和尿失禁。排放次数过多者称为尿频，常常是由膀胱炎症或机械性刺激（如膀胱结石）而引起的。膀胱中尿液充盈过多而不能排出者称为尿潴留。尿潴留多半是由于腰骶部脊髓损伤使排尿反射初级中枢的活动发生障碍所致。脊髓受损后，初级中枢与大脑皮层失去功能联系，排尿便失去了意识控制，可出现尿失禁。

4. 尿道

尿道是一条从膀胱通向体外的管道。男性尿道长约18～22 cm，兼有排尿和排精功能。女性尿道长约3～5 cm，经阴道前方，开口于阴道前庭（图8-1）。女性尿道短而直，易扩张，细菌可从尿道进入，逆行至膀胱、肾盂而出现炎症，所以女性需特别注意清洁卫生。

📖 **科学探究**

1844年德国生理学家C.Ludwig认为肾小球的作用是机械性过滤，即由于肾小球中血液的压力高，血中能透过膜的小分子穿过毛细血管壁和肾小囊的壁而进入肾小管。

如果这一过滤学说正确，肾小球滤出液的成分和血液是否一样？请以此为依据尝试设计一个实验来论证该学说。

⚙ **兴趣链接**

警惕饮食导致尿路结石

尿路结石是一种常见病，与饮食有密切关系。经化学分析，大多数尿路结石都是含钙结石，多与草酸和尿酸含量高有关。正常状态下这些物质在尿内呈现溶解状态，并不沉淀下来形成结石，而人在摄食大量动物蛋白、糖和脂肪等后，就会在体内生成较多的草酸和尿酸或增加尿中的草酸盐，即可促使结石形成。

有人习惯在饮用啤酒时大吃海鲜，认为这样口味好。其实，这种吃法不利于健康。海鲜中含有丰富的核酸。核酸由嘌呤核苷酸和嘧啶核苷酸两类单核苷酸组成。在人体的新陈代谢中，嘌呤类物质分解后成为尿酸，随尿液排出体外。而啤酒中丰富的维生素B1恰恰是嘌呤核苷酸分解代谢的重要催化剂。如果在饮用啤酒时进食过多的海鲜，就会使血中的尿酸含量迅速增加。尿酸不能及时排出体外，就沉积下来，聚积在关节和肾脏周围的软组织中，容易使人出现痛风或尿路结石。

另外，吃晚餐太晚也易患尿路结石。日本科学家研究表明，人体排尿的最高峰在饭后4～5小时。如果吃晚餐太晚，这个时间正处于熟睡状态，会使应该排出的尿液滞留在肾脏、膀胱和尿道中，尿中的钙盐因滞留过久而沉积在这些部位，日久天长就易形成结石。

因此，为预防结石，在饮食上应注意以下四点。一是养成多饮水的习惯，以增加尿量，稀释和排泄草酸和尿酸等危险因子。二是限制超额营养。过多摄食动物内脏和肉类，可使血和尿内的危险因子大量积聚，增加形成结石的危险。三是尿路结石治愈后，为预防结石复发，可将已排出或手术取出的结石做化学分析，了解结石的成分，这样便于有针对性地忌食与结石形成有关的食物。如含草酸高的食物有菠菜、甜菜、苋菜、土豆、西红柿、巧克力等；含尿酸高的食物有鱼、肉、动物内脏、海产品、咖啡和花生；含钙高的食物有牛奶、乳酪和豆制品等。四是尽量少服与结石形成有关的药物，如阿司匹林、磺胺及抗酸药等。

第二节　泌尿系统相关疾病

导读

1. 与泌尿系统相关的疾病有哪些?

2. 这些疾病的形成原因、症状表现、检测及治疗手段和预防方法是什么?

一、尿毒症

基本知识

尿毒症是各种肾病发展到晚期引起肾功能衰竭的病症。依据肾脏病预后质量指南,临床按照肾小球滤过率的变化,将慢性肾脏病分为五期,分别代表慢性肾衰竭进展的不同阶段。第五期为终末期衰竭,此时肾脏完全失去功能,大量细胞代谢产物等滞留在体内。

1.症状表现

尿毒症的病因不同,但通常是由于慢性肾脏病发展所致,早期不易觉察。尿毒症因为发病原因不同而症状有所差别,但最终呈现出来的是肾脏结构功能异常以及并发症,肾脏不能及时地将代谢产物或有毒物质排出体外,表现为体内酸碱平衡失调,水代谢异常如水肿等症状。肠胃道会发生呕吐、腹泻,严重时有黑粪和吐血症状,嘴里有刺激性尿味,口腔黏膜时常出血。精神方面则表现为嗜睡、头晕头痛等。心血管方面表现为血压升高、心律失常甚至心力衰竭。

2. 形成原因

尿路感染以及泌尿系统有肿瘤使人体排出毒素的管道被堵住，人体代谢产物无法及时排出，累及身体多个脏器；或是人体代谢功能出现异常，好的坏的代谢产物都排出体外或吸收进人体，代谢紊乱等成为诱因；还有可能是其他疾病引起，如糖尿病病人有30%会转化为尿毒症，老年人比较常见的是高血压转化为尿毒症等。

❤ 社会责任

1. 检测手段

临床上用B超检查肾脏形态，同时可以抽血检验其中的肌酐含量。肌酐的来源有两种：食物中摄取以及肌肉细胞代谢，这些肌酐都会通过肾小球滤过排出体外，但肾小球病变则会使肌酐无法及时排出体外。一般来说，检测出肌酐大于等于707 μmol/L，或者肾小球滤过率小于15 mL/min，就诊断为尿毒症。当然还需通过尿液化验、B超等其他方法一起检测才能最终确定。

2.治疗方法

尿毒症患者现行治疗方式主要是肾脏替代治疗法，即血液透析、腹膜透析和肾脏移植三种方法。

（1）血液透析。需借助血透机，因此须每周固定到医院2～3次，每次大约4个小时。优点在于每次血透后体内积存废物较少。缺点是每次需要扎针，造成贫血较严重；透析前后血压会受影响，对心血管疾病和糖尿病病人较不利；需要严格控制饮食；透析易产生不适感。

（2）腹膜透析。腹膜透析是指把一种被称为"腹透液"的特制液体通过一条"腹透管"灌进腹腔，这时候腹膜的一侧是含有代谢废物和多余水分的血液，另一侧是干净的腹透液，腹透液的成分主要是葡萄糖、氯化钠、氯化钙和水等，腹透液的浓度比血液各成分浓度稍低，这样有利于血液中代谢废物和多余水分透过腹膜跑到腹透液里。保留3～4个小时后，把这些含有废物的腹透液从腹腔里放出来，再灌进去新的腹透液。这样每天更换3～4次，就可不断地排出体内毒素和多余水分。患者及其家属经培训可自行在家中进行腹膜透析。若借助全自动腹膜透析机，每日夜晚在睡眠中执行透析即可，白天的时间可以正常工作、学习。

腹膜透析的优点很多。如保护残余肾功能比血透好——腹透是最接近生理状态的治疗方案，腹透过程中没有血流动力学、体液容量等骤变，从而减少因内环境不稳定而产生的透析并发症，无心血管病变、血压不正常、心律失常等，治疗过程中不会造成肾脏缺血，有利于保护残余肾功能；腹膜透析心血管的稳定性好，是伴有严重心血管疾病、脑血管疾病、糖尿病以及老年患者首选的透析方式；腹透的饮食限制较少，患者营养状态较好，对儿童的生长发育影响小，且免除血透穿刺的痛苦；此外腹膜透析效率也较高，对中分子毒素物质及磷的清除效果较好。故腹透能改善尿毒症的症状，对贫血、神经病变的改善功能优于血透，长期透析发生透析性骨病的程度亦优于血透，减少发生乙型和丙型病毒性肝炎感染的机会。透析可在家中进行，不用去医院，不影响工作、学习和旅游，治疗费用较低，生活质量高。

在缺点方面，由于腹膜透析需要在腹腔内置入腹透管，且透析过程中存在频繁更换腹透液等操作，如果患者或家属没有严格掌握好无菌操作，易感染导致腹膜炎。但随着腹膜透析装置的改进，腹透专科医生护士对患者培训的加强，生活、居住卫生条件的改善，腹膜透析感染的发生率已经大大降低。腹膜透析用于维持尿毒症患者的生命已有三十余年的历史。在一些发达国家，尿毒症病人中的80%在腹膜透析的治疗下可正常生活、工作。

但是，无论血透还是腹透，都只能代替肾脏清除代谢废物，维持水、电解质、酸碱平衡的作用，而无法替代肾脏另外一个重要功能，即内分泌功能，比如活性维生素D3等的产生。因此维持性血液透析或腹膜透析的病人，仍然需要视病情使用骨化三醇等药物治疗。

（3）肾移植。肾移植是尿毒症病人最合理、最有效的治疗方法，但由于供体的缺乏，肾移植无法发挥其应有的治疗作用。全国每年接受肾移植者仅有5000多例，大约每150个等待的病人，只有一人可能得到肾移植的机会，而供体短缺已成为限制器官移植的一个瓶颈。因此绝大多数尿毒症患者需要长期维持性血液透析或腹膜透析治疗。

3. 预防措施

预防尿毒症首先要提高对肾脏损害的警惕性。如对高血压、糖尿病、前列腺增生等可能会导致肾损害的疾病，积极治疗，并定期进行尿液及肾功能化验。

最重要的还是养成健康规律的生活作息习惯。少吃盐分较多的食物，饮食太咸会增加肾脏负担。此外高嘌呤食物也要少吃，易引发尿酸水平升高，而过量的尿酸一旦沉积在肾脏，就容易引起肾脏损害。同时注意低磷饮食，确保钙较少沉积。平时一定要及时排尿，尽量避免慢性肾病的发生，这样才能保护好肾脏。若身体长期出现水肿、腰疼、血压升高、消化不良的症状，需主动进行例行体检。等到出现不适症状时，多数已经到了比较严重的阶段，会给治疗带来很大困难。

科学思维

（1）请你网上查找有关渗透装置的资料图，并综合各种透析装置资料图画出一个简易的透析装置图，和同学分享这样的透析装置在给尿毒症患者使用时的原理和注意事项。

（2）临床上有因为一个肾脏病变而用手术切除一个肾的情况，想想这会对病人造成什么负面影响？其在生活方面需注意什么？请查找资料和你的同学交流讨论。

（3）针对以上最常见的透析方法，请你进一步查找资料并列表分析各方法的优缺点。

兴趣链接

干细胞培养微型肾脏

在器官移植手术中，80%以上器官衰竭病人需要更换的器官是肾脏，但是肾脏捐献数量太少。为了解决肾脏器官短缺问题，目前许多科学家开始利用干细胞技术来模拟肾脏的发育过程，期望在体外人工合成可移植的肾脏，这也是肾脏再生领域的研究热点。

在胚胎时期的肾脏发育过程中，肾单位祖细胞与收集管祖细胞相互诱导祖细胞的进一步分化和收集管的分支，最终形成复杂的肾单位-收集管网络结构。作为肾脏的重要组成部分之一，收集管的发育缺陷可导致出生时肾脏缺失，肾脏畸形，肾单位数量减少，以及先天性肾脏和尿路畸形。通过干细胞体外培养产生具有三维结构的微型肾脏模型即"肾脏类器官"是一种解决方法。2021年美国医学院干细胞研究所提出了全新的三维培养方法，能够以类器官的形式对人和小鼠的原代收集管祖细胞，或者由人类多能干细胞分化而来的收集管祖细胞进行体外培养、扩增，并最终诱导分化为成熟的收集管。这一实验结果为进一步利用肾单位祖细胞和集合管祖细胞人工合成肾脏提供了实验基础，取得了重要突破。

尿毒症离我们远吗？

生活中的哪些习惯会增大患尿毒症的风险呢？

（1）憋尿和熬夜。憋尿时尿液的废物不能及时排出会使膀胱负担加重并累及肾脏。经常熬夜的人身体各方面机能会下降，发生慢性肾病的可能性较高。

（2）吸烟和酗酒。烟里的化学物质也会累及肾脏，酗酒的人其血肌酐容易升高，这是肾功能损伤的强烈信号。

（3）乱服药物。大部分药物需要肾脏排泄，在一定程度上加重了肾脏的负担，不遵医嘱乱用药，更会增加伤肾风险。

（4）肥胖。其引起诸多代谢性疾病如高血压、高血脂、高血糖等，这些疾病会进一步损害肾脏功能。

此外，诱发尿毒症最主要的因素是肾病，肾病是导致尿毒症的主要原因，早期肾病患者若不重视生活习惯，往往会加速病情的发展。

二、蛋白尿

📖 基本知识

正常情况下，肾小球的蛋白质不会通过肾小囊从出球小动脉中流出去。当肾脏病变使肾小囊的滤过作用遭到破坏时，蛋白质进入原尿中，肾小管只能重吸收掉一部分，大部分蛋白质进入尿中，形成蛋白尿。

蛋白尿是慢性肾病的典型症状，蛋白尿的形成原因与肾小球的屏障功能有着密不可分的关系。当各种病理损伤作用于肾脏时，会导致受损肾脏局部出现循环障碍而缺血、缺氧。由于缺血、缺氧损伤了肾小球毛细血管内皮细胞，就会吸引血液循环中的炎性细胞浸润，并释放出致病物质，此时会造成受损肾脏的炎症反应。肾脏处于病理状态，肾小球的三层滤过屏障都会发生各种改变而致使带负电荷的血浆蛋白滤过量比正常时明显增加，故此在临床上形成蛋白尿。

1. 症状表现

出现蛋白尿以后，患者最早出现的症状就是尿液中有大量泡沫，之后随着蛋白尿逐渐增多，患者可能会出现水肿、高血压、夜尿频繁等多种异常情况，肾脏功能进一步损伤之后，还可能会出现恶心、呕吐、缺乏食欲等各种不适症状。

2. 形成原因

蛋白尿分病理性蛋白尿和生理性蛋白尿两种类型，生理性蛋白尿通常只是暂时出现，一般可逆。病理性蛋白尿主要是因为肾小球或肾小管病变，对血浆蛋白质的滤过率增加，或者还有肾脏代谢产生的蛋白质渗入尿液中，后者蛋白质易进一步成为体内结石。由此可见，蛋白尿最有可能是身体患有各种慢性肾炎而引起的，故只有找到真正的起因才能有效治愈蛋白尿。

❤ 社会责任

1. 检测手段

临床上蛋白尿的检测指标主要是尿蛋白排泄率（简称PER）和白蛋白排泄率（简称AER），若持续出现成人尿PER＞150 mg/24h或者尿AER＞30 mg/24h，则表明出现了蛋白尿症状，当然还需结合其他检测指标以进一步确定。

干化学试带法则是检验较灵敏的方法之一，针对尿中的白蛋白检测比较灵敏。此外还有染料结合–化学显色法，如邻苯三酚红钼络合显色法通过与蛋白质结合显色实现自动化检测，是尿蛋白定量检测的常用方法。

由于白蛋白是尿液蛋白质的主要成分之一，因此还有专门针对白蛋白的检测方法——免疫散射比浊法和免疫透射比浊法，一般适用于检测具有免疫反应性且分子质量较大的白蛋白，两者的检验原理都是采用特定抗体与白蛋白结合形成复合物。

在具体选用尿液样本时，一般选取清晨空腹的尿液处理，此时机体未过多受外界影响，其尿中蛋白质的情况比较符合其真实情况。另外，一般取中段尿做检测效果更理想。

2. 治疗方法

蛋白尿的治疗方法主要是遵守医嘱服用药物，但需慎用抗生素药物；注意清淡饮食，少吃海鲜、羊肉等刺激性食物，多吃新鲜蔬菜；多休息，在精神上要乐观，如有感冒发烧等情况应及时去医院治疗，以免出现并发症。

3. 预防措施

多喝水、多排尿，有健康的作息习惯，平时可密切观察尿液的颜色。若长期尿液浑浊，可能有蛋白尿，需及时做尿常规检查。表8-1为尿常规化验单的异常指示，如果尿检测有蛋白，则要进一步做24小时的尿蛋白测定。

表8-1　尿常规化验单的异常指示

尿常规	正常范围	异常提示
尿液颜色	浅黄至深黄色	尿浑浊、粉红、酱油色、乳白色等就说明有问题。
尿蛋白	阴性（-）	阳性（+）提示可能有肾脏病，也可能见于感染、剧烈运动后。
隐血	阴性	阳性（+）提示血尿，也可能提示尿路感染、肾结石等。
红细胞	0～3个/HP	多可见于泌尿系统结石、炎症、肾小球疾病等。
白细胞	阴性（-）	阳性（+）提示尿路感染。
尿糖	阴性（-）	阳性（+）可见于糖尿病酮症、应激因素、饥饿等。
酮体	阴性（-）	阳性（+）提示可能酸中毒、糖尿病、呕吐、腹泻。
亚硝酸盐	阴性（-）	阳性（+）提示尿路感染，进食维生素C或硝酸盐丰富的食物也会出现假阳性。

请查阅相关资料结合所学知识解释一下这些异常指标出现的机理是什么。

参考文献

［1］刘云. 实用临床护理专科知识问答［M］. 南京：东南大学出版社，2017：1-193.

［2］人民教育出版社，课程教材研究所，生物课程教材研究开发中心. 义务教育教科书七年级下册生物学［M］. 北京：人民教育出版社，2012：72-77.

［3］田昆仑，黄英，苏娟，等. 病理生理学［M］. 昆明：云南大学出版

社，2012：1-69.

[4] 暴宇，李荣山.衰老肾脏的结构及功能变化 [J].中国继续医学教育，2018，10（11）：106-109.

[5] 贝弗莉·麦克米伦，刘庆奎.图解人体大百科 [J].中国科技信息，2013（20）：41.

[6] 黄蕾.尿液形成和排出的结构 [J].中国多媒体与网络教学学报（电子版），2018（1）：12-16.

[7] 李海霞，刘怡，丁洁.蛋白尿相关检测进展 [J].中国实用儿科杂志，2016，31（11）：820-823.

[8] 吴勇.尿毒症患者与健康人血清脂类检验结果分析 [J].基层医学论坛，2021，25（16）：2336-2337.

[9] 张贵.面对肾病患者，准确把握最佳透析时机 [J].东方养生，2021（5）：66.

[10] 子琳.如何看懂肾脏检查报告？[J].中国老年，2016（23）：38-39.

我们的身体处于各种不断变化的环境中，但内环境总能维持相对的稳态，这有赖于机体完善的神经—体液—免疫调节机制。神经系统能够及时感知机体内、外环境的变化，并做出反应调控各器官、系统的活动，实现机体稳态。

第九章

人体的神经调节——神经系统

我们遇到惊吓会心跳加速，面对喜欢的人会面红耳赤，心情愉快时会微笑，伤心难过时会流泪，手指碰到滚烫开水时会迅速缩回，在冷风中手臂会起鸡皮疙瘩。我们生来就会呼吸，我们总能对外界的刺激迅速做出反应……人为什么能精准地做出以上各种反应呢？人体是一个非常复杂的系统，在这个系统里有一个巨大的神经网络，我们称之为神经系统。人体所有的生理活动，如呼吸、心跳、思考、情绪、运动等都是由这个神经系统所控制和调节的，倘若神经系统的结构或功能发生了异常，就有可能导致相应的疾病。本章我们一起来学习神经系统的结构、功能以及与神经系统相关的疾病。

第一节　神经系统的结构与功能

导读

1. 神经系统如何通过反射来控制和调节机体活动？

2. 神经冲动如何传导？

3. 突触与神经递质的关系是怎样的？如何完成传递过程？

基本知识

　　人体神经系统的活动都是各种各样简单或复杂的反射活动。最简单的是单突触反射，如膝跳反射，仅有传入和传出两个神经元参与。而复杂反射有很多中间神经元参与。比如赤脚走路时，忽然脚心为石块所刺痛，此时这一只脚会立刻提起，另一只脚立即着地，全部活动在瞬间就十分协调地完成，这就是一个较复杂的反射。脚心皮肤中的痛觉感受器接受刺激并传到脊髓，和其中多个中间神经元相联系，神经冲动经中间神经元而传至传出神经元。有些传出神经元将冲动传给腿部缩肌，使缩肌收缩；另外一些传出神经元将抑制的信号传送给伸肌，伸肌呈半松弛状态，因而不干扰缩肌的收缩，结果腿抬起，离开地面。同时另一条腿也得到了"通知"而相应地动作起来。有一些中间神经元迅速将冲动横向传达到脊髓另一侧传出神经元，这里的传出神经元将抑制信号传送给缩肌，将兴奋信号传送给伸肌，结果这条腿加强力量，承担了全身重量。

　　反射活动的基本功能单位是神经元，即神经细胞，一般由胞体、突起构成。胞体是神经细胞的重要部分，是神经细胞的代谢中心和营养中心。胞体表面是一层细胞膜，膜内含有细胞核、细胞质等细胞结构。突起包含树突和轴突，树突是胞体发出的较短而分支多的突起，与胞体的表膜一样有接受刺激的功能；而轴突是胞体发出的较长的突起，一般只有一个，可以把神经冲动传导到其他神经元或效应器。

轴突与包裹在其外部的髓鞘一起组成神经纤维，而神经纤维被结缔组织包围起来就形成了神经。神经遍布人体全身，是一种能将兴奋在各个器官之间相互传递的组织。

人的神经系统是地球上最复杂的结构，因为它包含了由几百亿到上千亿个神经元组成的组织、器官，我们可以通过图9-1将人的神经系统组成进行简单的归纳。

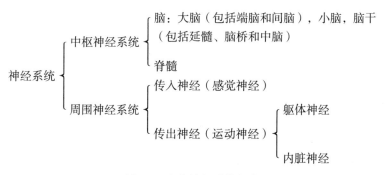

图9-1　人的神经系统组成

神经系统是非常复杂的，它的复杂性在于数量庞大的神经元及它们之间的相互联系非常复杂。神经元如何传导兴奋？神经元与神经元之间是怎么进行联系的？

1. 神经冲动的传导

细胞外液中Na^+比神经细胞中多、K^+比神经细胞中少，这种不平均分配是靠Na^+-K^+泵维持的。Na^+-K^+泵每消耗一个ATP，可将3个Na^+逆浓度梯度泵出细胞，将2个K^+逆浓度梯度泵入细胞。膜对Na^+、K^+的透性不同，泵出的Na^+很难重新过膜进入神经，而K^+却可以从膜漏出。这样就使神经细胞膜外呈正电性，膜内呈负电性。此外，细胞内还有很多带有负电的大分子，如某些蛋白质和某些有机的磷酸化合物。这些分子体积大，不能穿过膜而留在细胞内，这进一步加强了膜内的负电性。

由于细胞内的负电离子略多于正电离子，细胞外正电离子略多于负电离子，正负电互相吸引。细胞内多的负电离子和细胞外多的正电离子分别集中于细胞膜的内外两面，这样就产生了细胞膜内外的电位差，也就是静息电位。与此同时，细胞质和细胞外的体液本身却得以保持电中性。

神经冲动的传导过程是在神经纤维上顺序发生的电化学变化。用同位素标记的离子做试验证明，神经纤维在受到刺激时，Na^+的流入量比未受刺激时增加20倍，同时K^+的流出量增加9倍。

可见神经纤维受到刺激时，膜上接受刺激的地点透性发生变化，膜外大量的Na^+顺浓度梯度从Na^+通道流入膜内，这进一步使膜Na^+通道张开，结果有更多的Na^+流入。这是一个正反馈的倍增过程，这一过程使膜内外的Na^+达到平衡时，膜电位从静息时的-70 mV转变到0，并继续转变到+35 mV，即动作电位，此时Na^+通道关闭。

此时膜并未恢复到原来的静息电位，Na^+通道是处于失活状态的，受到刺激不能重新开放。此时K^+通道打开，K^+顺浓度梯度从膜内流出，膜内变为负电性，膜外变为正电性。再通过Na^+-K^+泵的作用，Na^+、K^+回到正常分布，恢复原来的静息电位，就可以重新接受新的刺激。

2. 细胞间信息传递的神奇结构——突触

神经元在接受刺激之后能产生神经冲动，可以沿着轴突传送出去。前一个神经元的轴突末梢作用在下一个神经元的胞体、树突、轴突处或作用在下一个其他类型的细胞膜处形成的结构就叫突触。

以蛙的坐骨神经-腓肠肌标本受刺激后肌肉收缩的现象为例来说明神经冲动在神经元与另一细胞之间的传递。在蛙的坐骨神经处施加一个适当强度的电刺激后，腓肠肌发生了收缩现象。实验说明不仅在刺激部位的神经元处产生了神经冲动，而且刺激部位的神经元还将神经冲动通过突触传递给了腓肠肌细胞，最后腓肠肌才发生了收缩反应。

当神经冲动传到神经末梢处时，突触小泡中的乙酰胆碱分子就会被释放到突触间隙中，并向突触后膜处扩散。而突触后膜处有乙酰胆碱的相应受体，乙酰胆碱与受体相结合后会对突触后膜的离子通透性产生影响，引发突触后膜处的电位变化，这种电位虽不能传播，但随着乙酰胆碱与受体结合越来越多，电位会继续增大，最后形成一个动作电位。这样神经冲动就以电信号的形式，从前一个神经元经过突触结构，传递到了下一个细胞中，而细胞中的动作电位还会继续传递，最后引起肌肉收缩。两个神经元之间或者一个神经元与另一个其他细胞之间的信息传递都是通过突触来完成的。

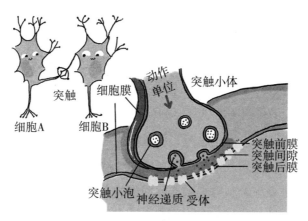

图9-2　两个神经元之间的突触结构

当然，神经冲动有兴奋性的，也有抑制性的。抑制是由于神经冲动在到达突触时受到阻碍，不能或很难通过所致。神经冲动能否通过化学突触决定于这一突触释放的递质的性质和突触后膜性质。如果释放的递质能使突触后膜产生动作电位，就是兴奋性突触。如果释放的递质不但阻止Na^+的渗入，而且促使K^+大量渗出，或Cl^-大量渗入，结果膜的电位差加大，这就是抑制性突触。

🔧 兴趣链接

多种多样的神经递质

在20世纪以前，人们普遍认为神经突触之间是通过电信号来完成细胞间信息传递的。随着对神经突触结构的进一步研究，人们发现电信号无法直接通过神经突触向下一个细胞传递信息。经过科学家的不懈努力，人们终于发现了一类能在神经系统中担当"信使"的特定的化学物质，即神经递质。

根据相对分子质量的大小可以将神经递质分为两大类：一类是相对分子质量较大的神经递质，如催产素等神经肽递质。另一类是相对分子质量较小的神经递质，如乙酰胆碱、多巴胺、肾上腺素、去甲肾上腺素、谷氨酸、天冬氨酸等，这些小分子神经递质能通过与受体结合直接引起突触后的细胞发生兴奋或抑制，作用时间极短，往往在几毫秒内即可发生作用。

1. 乙酰胆碱——神经递质中的"大众脸"

乙酰胆碱是人类认识的第一个神经递质，也是最常见的神经递质之一，更是最重要的神经递质。乙酰胆碱具有兴奋和抑制的作用，在机体中展现的宏观效果往往与其受体及靶器官有关，它们广泛地分布在脑内某些负责认知、记忆和学习的区域。乙酰胆碱通过和特定受体（胆碱能受体）的结合来发挥作用，如前面提到的蛙的坐骨神经-腓肠肌标本受刺激后肌肉收缩的现象就是通过乙酰胆碱在神经突触间的作用来完成神经细胞与腓肠肌细胞之间的信号传递的。

人们发现，人只要一发生思考，胆碱能受体的活性就会增大，局部乙酰胆碱的浓度迅速升高。假如人失去了思考能力，脑内同区域的乙酰胆碱浓度就会很低，如老年痴呆症患者脑内细胞乙酰胆碱的浓度相对较低。因此，人们认为思考与乙酰胆碱之间可能存在着关联性。

2. 多巴胺——传说中的快乐因子与爱情激素

多巴胺是一种由中脑的黑质多巴胺能神经元分泌的儿茶酚胺类神经递质，也是一种与传递兴奋和快乐情绪有关的激素。

（1）快乐因子。多巴胺能通过由脑的多个部位共同组成的神经网络，即"奖赏回路"，我们对任何事物产生的快乐情绪都是通过这个"奖赏回路"来感受的，快乐产生的机制与多巴胺有关。心理学上也认为，当人的某个决策能获得较好的结果或被证实正确时，大脑就会向相应区域发送"奖赏"信号，由此使人的认知能力得到进一步提升，从而养成好的行为习惯，这被称作"奖赏效应"。例如，学习好的同学在学习过程中能释放较多的多巴胺，多巴胺使他们比较容易从学习中获得成就感和愉悦感，而大脑记住的这种愉悦感，激发了大脑中的"奖赏回路"，他们认为学习是一件很快乐的事情，为了再次享受这种愉悦感，他们就会不断自主学习并从中获得愉悦感，进而养成主动学习的良好习惯。而学习不好的同学则没有在学习过程中激发这种"奖赏回路"。因此，爱学习的习惯是可以通过激发"奖赏效应"来培养的，也就是说学习不好的同学们可以借助外力，例如自我暗示"我爱学习，学习使我快乐"、在学习时每完成一个小目标都奖励自己等方法来刺激大脑产生并发送"奖赏"信号，从而爱上学习。

多巴胺的作用也与相应的受体（多巴胺受体）有关，例如肥胖的人往往比普通人吃得更多，这与他们体内多巴胺受体的含量有关。肥胖的人体内缺少多巴胺的相应受体，因此他们在进食时会抑制兴奋，当他们接受食物所给的刺激时，反应较慢，所以需要接受更多的食物刺激才能获得对食物的快感。

（2）爱情激素。有人认为，爱情是一种在多巴胺、苯乙胺、后叶催产素等爱情化学物质的作用下产生的"爱的感觉"。爱情发生的每个阶段都受到特定激素的影响，其中第二个阶段的决定意识就叫多巴胺，因此多巴胺也被称为"爱情激素"。

当我们面对喜欢的人时，脑内的多巴胺浓度升高，在多巴胺的作用下，我们会产生一种幸福愉快的感觉，也就是"恋爱"了。热恋期的人们总以为爱情可以永久狂热，这是因为多巴胺的作用给他们带来的激情让他们处在一种极度兴奋的状态下。实际上人的身体无法长期处在这样刺激的状态下，人的身体会将体内过多的多巴胺通过突触前膜上的转运蛋白进行回收或降解，使其含量恢复到一个相对平衡的状态，而代谢的过程需要一定的时间，因此爱情有一定的热恋期和保质期。

在多巴胺的作用下愉悦感产生的机制与我们在品尝自己喜欢吃的食物或"瘾君子"在吸食大麻时产生满足感的机制是一样的。因此人们在热恋期间所说的"爱得上瘾，爱得发狂"其实有一定道理，因为多巴胺也与各种各样的上瘾行为有关，例如人喝酒、吸烟会上瘾。

科学思维

（1）人们认为思考能力与乙酰胆碱之间可能存在着关联性。请你查阅相关资料，并根据"兴奋在神经突触间传递"的相关知识，分析：为了提高孩子的记忆力和增强思维能力，家长购买市面上宣称含有乙酰胆碱添加的食品或保健品是否有科学依据？

（2）可卡因既是一种兴奋剂也是一种毒品，它的药效与多巴胺受体有关。请你查阅相关资料，结合所学知识，分析可卡因的作用原理。

第二节　神经系统相关疾病

1. 阿尔茨海默病的发病机制是什么？如何治疗和预防？

2. 帕金森病的发病机制是什么？如何治疗和预防？

3. 脑卒中的病因是什么？如何预防？

一、阿尔茨海默病

 **基本知识**

阿尔茨海默病（简称AD），是在老年人中第一常见的进行性神经退行性疾病，多发于70岁以上的群体。目前全球AD患者约有5000万，并且有逐年增加的趋势。

AD就是人们常说的"老年痴呆症"，该病患者的常见典型症状有：短期记忆减退，但是过去的事情反而记得很清楚；重复一件事，例如做菜重复放盐、重复同一句话；性格突然大变、生活能力下降、智力下降、认不得人、认不得回家的路；等等。

发病机制： AD的发病原因为特定脑区的选择性神经元丢失、突触异常，患者脑中由神经元结合而成的海马体体积缩小，神经元纤维发生缠结，大脑皮层淀粉样斑块沉积。但由于AD发病机制较为复杂，到目前为止，致病因素尚未明确。

一开始，科学家们普遍认为AD的病因是相关神经元的大量死亡，而神经元死亡是β-淀粉样蛋白（Aβ）异常沉积所致。Aβ是一种未被激活的蛋白，是合成相关蛋白质的一种原材料。Aβ具有神经毒性作用，假如Aβ没有用于合成蛋白质而是在血液、脑脊液等处大量聚集，就会在负责储存短期记忆的海马体中沉积，影响海马体神经元的呼吸等生理活动，进而导致神经元大量死亡，最后海马体的功能受损，患者的短期记忆丧失。然而，当科学家们将目光锁定Aβ时，却没有取得预期中的进展。

后来又有研究表明，Tau蛋白沉积才是导致AD患者认知能力下降的最重要原因。Tau蛋白是细胞中含量最高的微管相关蛋白，与微管蛋白一起组成微管，而微管则是组成神经元细胞骨架的主要成分。Tau蛋白天然结构柔软，能将营养物质从神经元的胞体运到突触的末端，若Tau蛋白过度磷酸化，则会发生聚集形成毒性形式的坚固结构，并在患者脑部扩散和转移，可导致神经元的神经纤维相互缠结在一起并形成神经元纤维结节，而神经元纤维结节的加速增长能使神经元大量死亡，导致海马体迅速老化，最后患者认知能力下降。

此外，研究发现，载脂蛋白、胆碱能系统、雌激素、人体的代谢、凝血酶、免疫、基因和其他疾病如抑郁症等，与AD的发生也有着错综复杂的关系。

❤ 社会责任

1. 治疗手段

由于AD发病的年龄段以及"痴呆"的病症，大多数人认为这是人老了之后的正常反应，从而忽略了AD这个可能性，因此患者被确诊时往往已经进入症状较严重的阶段了。目前较为常用的治疗手段是药物治疗，如患者通过服用乙酰胆碱酯酶抑制剂，提高胆碱能神经功能，帮助神经元之间恢复信息的传递。但是目前所有的药物治疗均不能有效地控制病情。其他的治疗手段还有干细胞治疗、物理治疗等，此外，科学家们在疫苗研究方面也取得了重要进展，目前为止，已经有至少10款Tau蛋白抗体正在进行临床试验。2013年，首次针对轻中度AD患者的疫苗临床试验正式启动，患者反应良好。2020年，该疫苗的第2期试验表明疫苗整体安全，而现在正准备启动第3期临床试验，若取得成功，将给AD患者带来巨大的福音。

我国的中医一直遵循"治病必求于本"的理念。AD属于中医中"痴呆"的范畴，由于肾虚导致的人体出现的"痰、瘀"等病理产物会伴随着AD发展的整个过程，使病情不断加重，因此中医认为肾虚是AD发生的根本原因。故而中医采取了以"补肾填髓"为主的手段，用补肾的滋养药物治疗AD患者，取得较好的效果。

2. 预防措施

目前对于AD的预防还没有证实有效的方法，但是有研究表明患有高血压、肥胖、血脂水平异常、糖尿病、血管损伤等疾病或有吸烟、不健康饮食等不良习惯的人比正常人发病率更高，因此，健康生活、保持一定强度的体育锻炼、保持愉快的心情有助于预防AD。

其实九成以上的老年痴呆都属于脑机能的"老化、废用型痴呆"。人类的左脑负责处理工作、读书信息，右脑则负责处理艺术、运动等信息，若在中年时忽略右脑的锻炼，老年时若无法在短时间调整生活形态，左、右脑运动不足，就容易产生老化、废用型痴呆。

防止老年痴呆症的最好方法，当然是及早开始右脑的锻炼，如培养工作以外的生活爱好，种类、范围不拘，最重要的是能够以轻松的态度和愉悦的心情去从事活动，如果能够找到一起分享的同伴更佳。

然而，AD在全球范围内还在时刻发生。倘若将来的某一天，你在街头遇到那些走失的老人，他们虽穿戴整齐，但认不得人，也许还会因为记不得回家的路而着急地跟路人重复描述着同一件事或诉说着同一句话，最后甚至发展为他个人的自言自语，请你向他们伸出援助之手。他们是AD患者，他们的家人往往会将写有家庭地址和联系方式的名牌挂在他们脖子上或者缝在他们的衣服里，以防老人走丢后好心人能及时联系他们的家人。此刻，他们就像一个手忙脚乱的孩童，需要我们给予足够的关爱和关注。

二、帕金森病

📖 **基本知识**

帕金森病（简称PD），是一种由黑质多巴胺能神经元死亡而引起的、不可治愈的神经退行性疾病，俗称"震颤麻痹"。该病患者的主要症状为：一开始患病，静止时患者头部、四肢或嘴巴会不自主地震颤，然后逐渐丧失对运动的控制，比如身体某些部位会麻痹、僵硬。之后会发展到认知功能障碍，如患者的认知、记忆出现问题。众多的症状往往会导致患者生活无法自理，最后，还会发展到痴呆和死亡。

PD是在中老年人中第二常见的神经退行性疾病，一般在50～65岁发病，发病率和病症会随患者年龄的增长而逐渐增加、恶化。目前全球PD患者有600万～1000万，并且还在以每年约10万人的速度迅速增长。随着人类平均寿命的延长以及社会老龄化的加剧，"攻克"PD已经迫在眉睫。PD的发病机制是什么？又该如何治疗？这给研究人员带来了巨大的挑战。

1. 帕金森病是一种自身免疫疾病？

长期以来，人们认为PD的病因是多巴胺能神经元死亡引起的多巴胺缺失，因为患者发病时往往伴随着不同程度的运动障碍，而低水平的多巴胺就能导致运动障碍。但是，人们至今未能确定多巴胺能神经元死亡的分子机制。

一项新的研究指出，多巴胺能神经元的死亡可能与人体自身免疫系统的防御有关，即多巴胺能神经元被人体的自身免疫系统误认为是外来物而被杀死。若该项研究结果属实，PD的治疗就有了新的方向。而神经生物学家们则认为免疫系统不会攻击神经元，一方面是因为我们大脑内的神经元几乎没有新的来源，若神经元会遭受免疫系统的攻击，大脑中缺失的神经细胞便无法得到补充；另一方面是因为神经元表面不会显示出抗原，所以能免于T细胞的攻击。然而后来却有人发现，某类神经元表面竟然能显示出抗原，这就说明了它们可能会遭受到免疫系统的攻击！该项研究的提出有一定的道理，但目前仍存在着争议。

2. 帕金森病的罪魁祸首是α-突触核蛋白？

科学家们发现，α-突触核蛋白与PD的发病有直接联系。α-突触核蛋白是一种在神经元末端，负责神经元与神经元间信息传递的可溶性蛋白，其结构依赖于所处的细胞环境。如当细胞处在病理状态时，α-突触核蛋白易发生聚集形成聚集体，且这种聚集体还可能在细胞间进行扩散和转移，诱导其他α-突触核蛋白发生异常变化，最后导致神经元死亡，从而引发大脑组织受损或相关神经系统疾病。已经有研究结果证实，α-突触核蛋白与抑制多巴胺释放有关，因此，科学家们认为PD是由α-突触核蛋白引发的神经系统疾病。

❤ 社会责任

帕金森病的传统治疗及新策略

PD的传统治疗包括药物治疗和脑深部电刺激。其中药物治疗的机理是研究突触结构中传递信息的神经递质，使患者大脑内的多巴胺恢复到正常水平。即患者通过服用左旋多巴、多巴胺拮抗剂等药物，诱导体内神经元合成多巴胺（增加来源）或者阻断多巴胺分解（减少去路），但长期服用药物会使所有神经元均受影响，因此药物治疗导致的副作用较多也较严重，且随着用药时间逐渐延长，药物的作用会逐渐下降。而脑深部电刺激则是近几年来被广泛应用于运动性功能恢复治疗中的一种治疗手段。然而，无论是哪种方法，均无法根治PD，且治疗效果会逐渐下降，这就决定了在治疗PD时必须另辟蹊径。

科学家们发现了一种PD的疾病标记物——血清素。研究发现，在PD患者还未出现症状时，体内的血清素已被消耗殆尽，而此时，多巴胺还处在正常水平，多巴胺能神经元完好无损。因此，科学家们认为，血清素系统变化的发生早于患者出现运动功能障碍，若能及时检测血清素系统的变化，PD就能提早发现并采取一定的应对措施，这也给开发新药提供了更多的可能性。遗憾的是，血清素系统的相关检测价格十分昂贵，目前还需要一定的技术与经济的支持。

科学家们又做了一项伟大的实验，他们将从人的胚胎干细胞中衍生得来的多巴胺能神经元移植到PD模式大鼠体内，结果发现该大鼠恢复了运动功能！该实验为胚胎干细胞衍生多巴胺能神经元移植治疗PD提供了强有力的依据。科学家们正在不断努力，相信在不久的将来，定能为PD患者带来福音。

⚙ 兴趣链接

世界帕金森病日

为了纪念PD发现者詹姆斯·帕金森博士，更为了提高人们对PD的关注度，欧洲帕金森病联合会于1997年，将帕金森博士的生日——每年的4月11日确定为"世界帕金森病日"，并宣布PD患者享受在诊断与治疗过程中的多项权利。世界卫生组织（WHO）和许多国家、地区均共同参与学习，在4月11日这一天开展PD主题活动、科普活动，引发社会对PD患者的关爱和关注，倡导健康生活，共同推动PD的研究与治疗。

那些罹患帕金森病的伟人

邓小平（1904—1997年）：邓小平爷爷也是PD患者中的一员，你知道吗？虽然众多并发症会让患者异常痛苦，但邓爷爷却是一个非常坚强的人，尽量不给医生和家人添麻烦，也没有因为痛苦发出任何呻吟。在亲人的回忆中，在邓爷爷接受治疗的十几年里，爷爷的病症越来越严重，直到后来，疾病蔓延到呼吸系统，一发不可收拾。在与疾病的斗争中，邓爷爷并没有放下工作，他坚守岗位，每一刻都在为我国的改革开放艰苦奋斗着。然而，1997年2月19日，邓爷爷没有等到他开拓的盛世，永远离开了他最热爱的祖国和人民。

陈景润（1933—1996年）：陈景润，我国著名数学家，其代表作品为"表大偶数为一个素数及一个不超过二个素数的乘积之和"，主要成就"1+2"的详细证明是哥德巴赫猜想研究的丰碑。他的成果被国际数学界称为"陈氏定理"，还被英、美、法等国写进教科书中。然而就是这样一位伟人，却在51岁时被确诊为PD患者。他在与PD斗争了十余年之后，因突发性肺炎并发症使病情加重，最后因呼吸系统衰竭逝世。陈景润一生都在为国家做贡献，即使是逝世后，他也将遗体捐献给了医院，为医学研究做了最后一次奉献。

你还知道历史上的哪些名人也是PD群体里的一员吗？他们是如何与疾病抗争的？请与你的同学朋友分享交流。

三、脑卒中

基本知识

脑卒中，又称"中风""脑血管意外"，是一种由于大脑中血管堵塞造成的大脑缺氧、缺血或血管突发性破裂出血而引起的疾病，一般有缺血性脑卒中和出血性脑卒中两种类型。脑卒中发病一般在40岁以上，且男性患者多于女性患者，是全球第二大死因。

缺血性脑卒中和出血性脑卒中患者的症状有些许不同。缺血性脑卒中患者较轻的症状表现为头晕、头疼，较严重时会出现麻木无力，再严重时出现偏瘫、失语症状，严重者会危及患者的意识状态。因为血管中血压较高，血管破裂导致的出血使大脑组织遭到压迫与破坏，因此出血性脑卒中的症状往往较为严重。患者往往表现为突发性的剧烈头痛、呕吐，且常常伴随着意识性障碍或肢体瘫痪，严重者可导致死亡。

💗 社会责任

治疗措施：

脑卒中的治疗必须"早"，及时恢复患者大脑神经元的供氧供血或及时止血，若及时就医，患者可以恢复正常，若抢救不及时，有可能导致瘫痪、死亡等。一般患者出现脑卒中之前都会有一定的异常表现，如说话不清、嘴歪、眼斜，而且天气剧烈变化时为高发期，有老人的家庭要格外注意。

📖 科学探究

随着社会老龄化的加剧，各类"老年疾病"严重威胁着更多人的健康与家庭生活，因此，需要更多的科普性活动来提高人们对这类疾病的科学认识，及早预防或治疗。请在帕金森病、阿尔茨海默病、脑卒中等疾病中选择一种，为其设计一份手抄报或宣传海报，或拍摄科普小视频，并在所处的学校或社区进行宣传活动。你可以自己完成，也可以找小伙伴一起合作完成。

参考文献

[1] 米日妮萨·凯才尔，闫楚涵，郭慧芳，等. 阿尔茨海默病的发病机制及相关研究进展 [J]. 解剖学研究，2021，43（3）：276-281.

[2] 张译戈，梁雨晴，李雅黎，等. 从"肾虚痰瘀"浅谈阿尔茨海默病的中医病机演变 [J]. 世界科学技术：中医药现代化，2021，23（1）：159-164.

人体内有些化学物质含量微少，既不组成细胞结构，又不直接参与细胞代谢，却可以发挥高效的调节作用，它们中有内分泌系统产生的多种类型的激素，通过体液传送而发挥调节作用，实现机体稳态。

第十章

人体的体液调节——内分泌系统

内分泌系统是由散布在人体内的一些无导管的特殊腺体组成，以体液形式进行调节的重要系统。它主要作用于机体的新陈代谢、内环境稳态、机体对外界的适应、个体的生长发育和生殖等方面。激素分泌过多或不足都会引起机体功能紊乱。

那到底什么是内分泌系统呢？内分泌系统是如何对机体进行调控的呢？如果内分泌系统出现问题，会出现哪些症状呢？本章先介绍内分泌系统的结构和功能，再介绍常见的相关疾病，如甲状腺肿大、甲亢、尿崩症、糖尿病等。

第一节 内分泌系统的结构与功能

1. 内分泌系统由哪些部分组成？
2. 什么是内分泌腺的反馈调节？如何进行？
3. 激素调节机制是什么？

基本知识

内分泌系统主要由内分泌腺和内分泌组织与细胞组成。内分泌腺是具有分泌功能的组织或器官，不需要导管就能直接将分泌物分泌到细胞周围的毛细血管里，通过血液运输至全身。内分泌腺包括垂体、甲状腺、肾上腺、胰腺等，见图8-1。

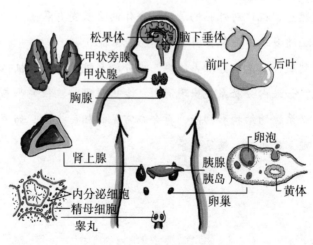

图10-1 人体主要的内分泌腺

内分泌腺的形态结构一般相对独立，但其功能几乎都有直接或间接联系。其中反馈调节是维持激素水平相对稳定的一个重要机制。反馈调节指的是系统本身的工作效果，作为信息反过来调节该系统的工作。如果这种调节使系统的工作效果变得更强，使系统总是向某个方向偏移，就是正反馈调节；如使工作效果减弱，系统最终稳定在一个平衡状态，则是负反馈调节。

譬如，下丘脑会产生并分泌促性腺激素释放激素，作用于垂体并使垂体释放促性腺激素，促进性腺合成相关的性激素。当性激素含量增加到一定程度时，会反过来抑制下丘脑和垂体分泌相关激素，从而使性激素的分泌减少。

又如，在女性卵泡发育成熟阶段，高浓度雌激素对下丘脑促性腺激素释放激素释放产生更强的促进作用，进而引起垂体相关激素分泌高峰，诱发排卵；排卵后破裂的卵泡又会继续分泌更多的雌激素，使雌激素的量达到一个高峰。

请同学分析一下上述两种调节分别属于哪种反馈调节方式？你还能举出有关反馈调节的事例吗？

激素的作用机制：

激素是通过内分泌腺合成并分泌的化学物质。激素在机体内含量微少，但对机体的生长、发育、代谢等生理活动起着重要的调节作用。

激素在血液中大部分与血浆蛋白结合，小部分游离于血浆中随血液循环进行运输。结合的激素可随时与蛋白质分离，维持激素分子之间的平衡。游离激素在运输过程中，一部分与靶细胞结合，一部分被肝破坏失活，还有一部分随尿排出体外。

激素只能作用于特定的细胞，因为靶细胞有能与激素特异性结合的受体。性激素、甲状腺激素等分子量较小，可以穿过细胞膜，因此它们的受体在细胞内，激素与细胞内特定受体结合后引起某些基因转录出特异的mRNA，从而合成特定的一些蛋白质。胰岛素、生长激素等不能穿过细胞膜的分子，其特异性受体在细胞膜上，我们把该类激素称为第一信使，其与细胞表面特异性受体结合后使细胞内产生环磷酸腺苷即cAMP，我们称为第二信使。cAMP继续在细胞内传送，通过影响细胞内酶的活性实现第一信使的意图，这样一环扣一环的过程，效果会逐步被放大，所以激素分泌量少，而且很快失效被分解，但通过这样一步一步地增加效应，却可以高效发挥作用。

📖 科学探究

激素的发现

早在1850年法国实验生理学家克劳德·伯尔纳就发现酸性食糜进入小肠会引起胰液分泌，但没有引起广泛注意。到了1894年，俄国生理学家道林斯基重新发现该现象。可惜由于当时以神经调节为主导思想，科学家们仍然坚信这个反应是一个顽固的局部反射。直到1902年英国两位生理学家贝利斯和斯他林终于发现促胰液素（图10-2）。

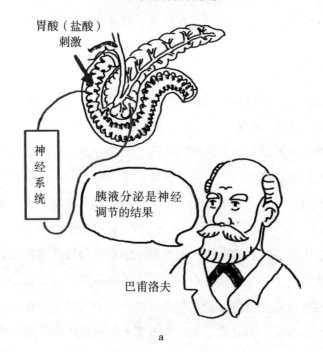

19世纪，学术界普遍认为，胃酸刺激小肠的神经，将兴奋传递给胰腺，使胰腺分泌胰液

胃酸（盐酸）刺激

神经系统

胰液分泌是神经调节的结果

巴甫洛夫

a

法国学者沃泰默发现把稀盐酸注入狗
的上段小肠肠腔内，会引起胰腺分泌
胰液；若直接将盐酸注入狗的血液
中，则不会引起胰液的分泌

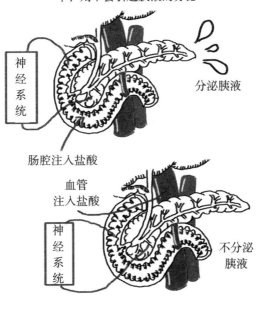

b

他进而切除了通向该段小肠的神经，
只留下血管，再向小肠内注入稀盐
酸，发现这样仍能促进胰腺分泌胰液

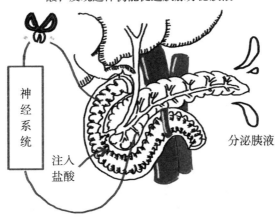

沃泰默认为：这是一个非常顽固的反射

c

图10-2　激素调节的发现过程

（1）请同学们结合漫画中的科学探究过程，推论胃酸是如何一步步影响人体胰液分泌的。

（2）结合科学家的实验，分析上述哪些对照实验可以分别验证你的推论。

社会责任

内分泌失调的影响因素

（1）生理因素。随着年龄的增长，尤其是进入更年期以后，人的各项身体机能会有不同程度的下降，如卵巢功能的衰退会引起雌激素的分泌减少，从而使内分泌失调。有的人内分泌失调来自遗传。

（2）营养因素。我们要维持正常的生理功能，就必须摄入足够的营养物质。但有些人为了减肥，不吃米饭和肉类，最终营养不良，使相关腺体衰退，导致出现内分泌失调。

（3）心理因素。平时，我们要承受来自工作、家庭等方面的诸多压力。这些压力使我们产生焦虑、紧张、思虑过度等情绪，从而导致激素分泌的紊乱而产生内分泌失调。

（4）环境因素。环境污染会引起内分泌失调。如某些化学物质进入人体后会产生一系列的化学反应，导致女性出现月经失调或子宫内膜增生等问题。有科学家统计从1973年到2011年，男性精子数目明显减少，浓度整体下降59.3%，主要原因是杀虫剂、工业废弃物等在分解中会产生类似性激素的物质，对人的内分泌功能产生不良影响。

兴趣链接

雄性激素与机体衰老

众所周知，女性比男性长寿。无论各地的整体健康情况如何，处于和平年代还是动乱之中，或在严重的流行病和饥荒期间，都是如此。最新数据表明，中国男性平均预期寿命73.6岁，女性则为79.4岁，差距明显。相似地，在大多数动物中，雌性也往往比雄性长寿。

当然对于人体的健康状况来说，遗传可能起到了重要的作用，其他社会、心理因素等也会带来影响。研究表明男女有别的那第二条X染色体正是长寿和抗衰老的关键。其可能的机制在于女性体内X染色体数量和表达的多样性都比男性更多，当个体在衰老过程中出现问题时，这些X染色体起到了保护作用。

科学家还发现了一个令人惊奇的事实，阉割可以延长雄性哺乳动物如猫、狗等的寿命。研究员们选择了受雄性激素影响较大的绵羊作为大型动物模型，构建表观遗传时钟，其为衰老分子生物标志物，通过测量DNA的衰老，可以评估生物年龄，检测生物的衰老速度。研究发现，阉割不仅会影响表观遗传时钟，减缓表观遗传衰老速度，而且与完整的雄性绵羊相比，阉割绵羊寿命更长。

研究人员设计了4694个探针探索雄性激素和表观遗传衰老之间的机制作用。结果表明探针在阉割和完整雄性中的年龄依赖性甲基化变化率之间存在显著差异。此外，阉割者在特定的DNA位点有明显的女性化的特征。这证实了阉割、雄性激素和甲基化有明确的关联性，确定了雄性激素依赖性低甲基化，为研究男性加速衰老机制提供了一个新方向。

第二节　内分泌系统相关疾病

1. 甲状腺激素、抗利尿激素、胰岛素、生长激素等分别有什么生理作用?

2. 什么是甲状腺肿大? 什么是甲状腺功能亢进?

3. 什么是糖尿病? 发病的原因是什么?

4. 什么是尿崩症? 发病的原因是什么?

5. 什么是生长激素缺乏性矮小症? 发病的原因是什么?

6. 下丘脑在内分泌中的作用是什么?

7. 各种内分泌疾病都有什么预防治疗措施?

一、甲状腺疾病

基本知识

甲状腺位于人体颈前部喉下气管部位，呈"H"形。人体从食物中摄入的碘被甲状腺主动吸收，经过相关酶的催化后与滤泡中的甲状腺球蛋白相结合。在促甲状腺激素的作用下，碘化甲状腺球蛋白被水解酶水解，并经一系列反应形成酪氨酸的碘化衍生物即甲状腺激素，然后释放到细胞外，通过血液循环运输，几乎作用于全身细胞，发挥的生理作用如下。

（1）促产热。甲状腺激素可能通过促进细胞膜上钠钾泵的合成，促使线粒体代谢增强，导致产热量增加。

（2）促新陈代谢。甲状腺激素可以诱导与代谢相关酶的合成，从而促进代谢的进行。同时，甲状腺激素可以通过调节其他激素如胰岛素的分泌来影响糖代谢，加快体内的化学反应。

（3）影响神经系统的发育。甲状腺激素影响着中枢神经系统的发育，如果在胎儿期缺乏甲状腺激素，可能会导致胎儿神经发育延迟，从而影响大脑的发育。

（4）影响幼小动物的生长发育。妊娠11周前的胎儿主要依赖母体提供的少量甲状腺激素，11周后则依赖自身产生的甲状腺激素。在甲状腺激素含量不足的情况下，胎儿的大脑和骨骼的发育会受损，从而引发呆小症。

1. 甲状腺肿大

提到甲状腺肿大，最容易让人想到的就是"大脖子病"，见图10-3。这个"大脖子病"实际上是单纯性甲状腺肿，又称非毒性甲状腺肿，指的是非炎症或非肿瘤的原因导致的甲状腺代偿性肿大，呈现弥漫性或结节性肿大。单纯性甲状腺肿包括地方性甲状腺肿和散发性甲状腺肿。其中地方性甲状腺肿常见于远离海洋或海拔高的山区等缺乏碘的地区，通常女性发病率较男性高。还有另一种甲状腺肿大是甲状腺功能亢进时甲状腺增生造成的。

请思考上述两种甲状腺肿大的患者临床表现会有什么不同。

甲状腺肿大除了在脖子的部位肿胀外，还有可能会使气管或食管受到压迫，从而导致呼吸不畅或难以吞咽食物。严重者甚至会产生上腔静脉压迫综合征，使面部或上肢产生水肿。

图10-3　甲状腺肿大

发病原因：

（1）缺碘。有些地区因缺乏碘，导致居民摄入的碘不足，从而不能合成足够的甲状腺激素。甲状腺激素含量较低时，下丘脑和垂体不断分泌TRH和TSH。当甲状腺受到TSH的刺激后会增生而导致甲状腺肥大。

（2）遗传缺陷。遗传缺陷或某些基因发生突变会引起甲状腺激素的合成出现障碍，最终引发甲状腺肿大。如因基因突变而使运输碘的蛋白缺失，或者甲状腺细胞上的TSH受体无法合成等。

（3）环境因素。环境中的致甲状腺肿物质常见于卷心菜、菜花、萝卜等十字花科植物中。这些植物可释放硫氰酸盐抑制甲状腺过氧化物酶的活性，影响甲状腺激素的合成而导致甲状腺肿大。某些药物，如秋水仙碱、对氨基水杨酸等会抑制甲状腺激素的合成和释放，从而导致甲状腺肿大。

2. 甲状腺功能亢进

甲状腺功能亢进简称甲亢，主要是指甲状腺处于持续释放甲状腺激素状态，而甲状腺激素过多会使机体神经系统、消化系统和循环系统的兴奋性提高，细胞代谢强度比正常高20%~80%的一种临床综合征。甲亢患者激动易怒、烦躁焦虑，多汗怕热，食欲强但体重下降，心跳过快，脖子粗大。眼球突出是一个比较明显的表现，因此又称"凸眼症"。

发病原因：

甲亢是因为甲状腺功能太活跃，导致自身产生的甲状腺激素过多而引起的。引起甲亢的原因有很多，相关机制也各有不同。如TRH或TSH分泌过多，会促使甲状腺产生的甲状腺激素增多，而甲状腺激素的反馈调节过程受到抑制，无法阻止下丘脑和垂体分别对TRH和TSH的释放，最终导致甲状腺激素含量过高。甲状腺结节或腺瘤等都有可能导致甲亢。

❤ **社会责任**

1. 甲状腺肿大的治疗

首先需要明确甲状腺肿大的发病原因。针对不同的病因，治疗的方案也不一样。如果是因为缺碘而导致疾病，可以适当补充碘。食用碘盐是一种相对安全且有效的方法。如果患者是因为无法合成甲状腺激素，则可以在医生的指导下服用甲状腺激素等药物。如果是因为肿瘤或功能亢进引起的甲状腺肿大，则可以采取手术的方法进行治疗。

2. 甲状腺功能亢进的治疗

目前治疗甲亢常采用抗甲状腺药物，如抑制甲状腺激素合成的他巴唑、甲亢平等。也可以通过放射碘或手术切除甲状腺，从而减少甲状腺激素，但患者术后需要额外服用甲状腺激素来维持机体正常的生理活动。

📖 科学探究

唾液腺、汗腺等外分泌腺可以通过导管或分泌孔直接收集它们的分泌物，再利用这些物质来探究它们的作用。但内分泌腺无导管，很难直接收集它们的分泌物，请同学们思考一下可以通过什么方法证明激素的作用呢，请设计出相关证明实验。

⚙ 兴趣链接

肾上腺激素

肾上腺是一对附着在肾脏上端的内分泌腺，由外部的皮质和中央的髓质组成，它们分泌的激素统称为肾上腺激素。

1. 髓质

分泌肾上腺素和去甲肾上腺素两种激素，都属于氨基酸衍生物，功能相似。另外交感神经系统也能产生肾上腺素，功能是引起人体兴奋激动。当人们在重体力劳动和精神极度紧张时，肾上腺素会引起血压上升、心跳加快、代谢率提高、细胞耗氧量增加、血管舒张、脾脏中的红细胞大量进入血液循环、骨骼肌和心脏中血流量加大、瞳孔放大、毛发直立；同时抑制消化管蠕动，肠壁中的血管收缩，血流量减少。

在紧急状态时，人们常能激发潜能，做出一些平常做不到的行为。这是由于肾上腺素的分泌使人体的能量多了，特别是糖原分解为葡萄糖，肌肉的力量大增，所以才能做更大的功。而另一方面消化管的血流量减少，蠕动停止或减慢，以减少耗能。因此，肾上腺素常被称为"应急激素"。

2. 皮质

能分泌的激素约有50种，都属于固醇类，分子式相似机能却有所不同，总共可以分为以下三类。

（1）糖皮质激素。可使蛋白质和氨基酸转化为葡萄糖，使肝脏将氨基酸转化为糖原，并使血糖含量升高。还能解除身体紧张、加强免疫、抵抗感染。

（2）盐皮质激素。此类激素的作用是促进肾小管对Na^+的重吸收，也促进对Cl^-和水的重吸收。

（3）性激素类。正常情况下，肾上腺分泌的性激素可能不甚重要，但如皮质发生病变而分泌旺盛，也可引起一些症状，如女人男性化，男人早熟等。

科学思维

人体切除肾上腺皮质就不能生存，但去除肾上腺髓质仍能生活，并且能有同样的应急反应。请根据上述资料，推测一下其中的原因。

二、糖尿病

基本知识

胰脏中存在一百多万个被称为胰岛的无管腺细胞群，含三种分泌细胞α、β、δ，其中α细胞分泌胰高血糖素，主要作用是促进肝脏分解糖原，也能促进脂肪分解，提高血糖含量；β细胞分泌胰岛素，提高细胞吸收、分解、转化葡萄糖的能力，是机体唯一可以降低血糖的激素。δ细胞分泌生长激素抑制剂，有抑制胰岛分泌胰高血糖素和胰岛素的作用。

糖尿病是一种代谢性疾病，突出特点是尿里有糖，往往是因为胰岛素缺乏或不能起作用而引起的。当出现严重高血糖时患者会有多尿、多饮、多食、体重下降的症状，俗称"三多一少"。这主要是因为胰岛素不能发挥作用，葡萄糖氧化分解受阻，机体会分解更多的脂肪等以获得所需能量，所以体重下降；葡萄糖中的能量无法有效利用，机体不断感觉饥饿，想吃东西，这是"多吃"的原因；葡萄糖不能有效利用，存在于血液中，血糖升高，超过肾糖阈，导致肾小管集合管内残留了大量葡萄糖，肾小管集合管的液体渗透压升高，重吸收水减少，尿液增多；葡萄糖从尿中流失又会让人觉得越来越渴，需要大量喝水，导致"多饮"。

1. 症状表现

糖尿病常伴有软弱、乏力，许多患者有皮肤瘙痒的伴发症状。刚开始时症状相对较轻，半数以上无任何症状，不少患者因慢性并发症、伴发病或仅于健康检查时发现，全身的细胞因为不能有效利用葡萄糖而受累。到达糖尿病晚期，受累的器官会出现功能衰竭，如并发心脏病的晚期是心衰、心功能不全；并发脑血管病会引起肢体瘫痪、卧床、痴呆；并发下肢血管病变，会出现血管闭塞、肢端坏死；并发肾脏病变会出现尿毒症，需要透析；并发眼睛病变会出现失明。此外，还有神经病变，会出现全身痛；足部并发症会出现无痛性不易愈合的溃疡。患者容易出现感染和其他相关的症状。如果上述并发症都出现，则病人的情况非常不乐观，寿命缩短，生活质量下降。所以，要及早关注、及早治疗。

2. 发病原因

糖尿病主要分为Ⅰ型糖尿病和Ⅱ型糖尿病两种。

（1）Ⅰ型糖尿病。在一些病毒或饮食等外界因素的作用下，遗传易感的个体容易引起一系列的自身免疫反应。这会让胰岛β细胞被误认为抗原而被破坏，导致胰岛素的分泌量减少，从而最终得糖尿病。

（2）Ⅱ型糖尿病。在我国比较常见，占糖尿病患者的95%以上，常因进食过多运动减少导致肥胖造成。病因主要包括两个方面：一方面是胰岛素作用的靶器官，如肝脏等对胰岛素的识别能力下降。也就是说哪怕胰岛素分泌量在正常范围内，都不能起到理想的降血糖的作用。另一方面是胰岛β细胞的功能有缺陷，导致不能正常地合成分泌胰岛素，最终因胰岛素不足而得糖尿病。

❤ **社会责任**

1. 糖尿病的检测方法

尿糖检测是最重要的检测手段，尿糖含量过高暗示患糖尿病，但也有尿糖含量低存在糖尿病的可能，需进一步检测血糖。

还可以抽血化验看血糖含量，餐后2小时血糖大于11.1 mmol/L者可诊断为糖尿病。也可空腹抽血，口服葡萄糖后规定时间再次抽血检查（糖耐量试验），根据相关指标可协助判断是否患有糖尿病。

另外，也可针对胰岛 β 细胞功能及相关蛋白质进行检测。

2. 糖尿病治疗预防手段

由于糖尿病的病因和发病机制尚未完全阐明，目前仍缺乏病因治疗。目前，糖尿病患者需终身治疗，长期进行血糖检测和药物治疗、饮食控制和运动。糖尿病病人平时饮食需多样化，少食多餐、规律饮食，多食用粗纤维食物如谷物、麦片等，还要避免摄入过多的流质食物如稀饭等，以免血糖升得太快太高。

兴趣链接

人工合成牛胰岛素的诞生

从发现胰岛素到成功合成牛胰岛素，历经了近半个世纪。1869年，保罗·兰格尔翰斯发现胰岛，1921年班廷·贝斯特提取了胰岛素，再到科学家通过胰岛素第一次清晰地了解到蛋白质的结构，人类对胰岛素的探索从未停止，能够成功合成牛胰岛素，代表人类可以人工合成生命，合成其他蛋白质也就有了参考。

1953年，美国科学家维格纳奥德已经合成了世界上第一例生物活性多肽催产素，为人们提供了一套可行的多肽合成方法。更重要的是1955年，英国科学家弗雷德里克·桑格完成了世界上第一种蛋白质——牛胰岛素的一级结构鉴定，人们已经知道牛胰岛素的基本单位——氨基酸的排列顺序，从此人工合成牛胰岛素就成了一个世界性的热门课题。

当时在中国科学院上海生物化学研究所、北京大学和中国科学院上海有机化学研究所的纽经义、龚岳亭、邹承鲁、张友尚等科学家通力合作进行了研究，针对牛胰岛素有A、B两条肽链，两条肽链之间由二硫键连接着的特点，研究思路是先拆开A、B链之间的二硫键，再把它们合起来，然后想办法分别合成两条链，最后将两条人工链合在一起。

把牛天然胰岛素和亚硫酸钠以及四硫酸钠共同保温后拆开，科学家非常完美地得到了A、B链。把这两条链重新合成为胰岛素，形成二硫键的方式有15

种，但正确的二硫键只有一个位置，在溶液中A、B链自发重新组合形成一个蛋白质比买彩票中奖还要难得多，且合成的蛋白质活性都很低。

邹承鲁他们认为：前人做不出来的事情，不代表我们就做不出来；外国人搞不定的事情不代表我们就搞不定。在失败了600多次以后，他们把试管放进冰箱，让其进行最慢的氧化，最后竟然得到了粗产品，且其生物活性达到天然胰岛素的5%～10%。下一步就是粗产物纯化，张友尚是进行这项工作的主要人员，他们发现一种溶剂可以从粗产物中提取到合成的胰岛素，其活性较为接近天然胰岛素，这充分证明了只要蛋白质的一级结构正确，就能形成天然胰岛素所特有的高级结构或折叠。

反复摸索之下，科学家们在艰难地合成了A链和B链后，废寝忘食地待在实验室，向着人工胰岛素冲锋，并把这个合成的胰岛素注射入小白鼠体内，但小白鼠没有任何改变。他们不断地反思究竟是哪里出了问题，每天反复进行多次实验，最终得到了具有生物活性的结晶牛胰岛素。

历经长达6年零9个月的不懈努力，科学家们终于在1965年完成了结晶牛胰岛素的合成，中国科学家依靠集体的智慧和力量，摘取了人工合成胰岛素的桂冠！

三、垂体相关疾病

垂体与丘脑下部相连，是最主要的内分泌腺，由不同来源的前叶和后叶两部分组成。人体的腺垂体（主要是垂体前叶）至少能分泌7种激素，都是蛋白质分子。如催乳素在产妇分娩后促进乳腺分泌乳汁，生长激素促进蛋白质的合成、骨的生长等，促激素可对其他内分泌器官起控制作用。神经垂体（垂体后叶）贮存并释放下丘脑分泌的两种激素，催产素和抗利尿激素都是含9个氨基酸的短肽，结构差异小，作用却完全不同。催产素有助于孕妇分娩，抗利尿激素则促进肾小管和集合管重吸收水。

科学探究

根据下丘脑与垂体的结构特点，同学们可以设计一个实验证明抗利尿激素不是垂体后叶分泌的吗？

（一）尿崩症

📖 基本知识

当机体内的抗利尿激素缺乏或肾脏出现问题时，肾小管对水的重吸收功能会出现障碍，就会容易产生口渴、多饮多尿等症状，最终导致尿崩症。尿崩症可发生于任何年龄，一般男性多于女性，在青少年中较为多见。

1. 症状表现

尿崩症一般起病较急，多饮多尿，一天尿量可达4～10 L，尿色淡如清水。由于低渗性多尿，血浆渗透压经常会有所上升。当下丘脑渗透压感受器接受到信号后，病人会因口渴而大量饮水。如能及时补充水分，病人一般不受影响。但当病人处于意识不清的状态时，如不能及时补充水分，将会出现严重失水的状况，伴随发热、精神症状、谵妄，甚至死亡。

2. 发病原因：

（1）获得性（继发性）。大约50%的病人因为下丘脑神经垂体及附近部位出现肿瘤，如松果体瘤等引起尿崩症。10%的病人由头部创伤所致。此外，少数病人由脑部感染性疾病如脑膜炎、血管病变等引起。

（2）遗传性。少数尿崩症患者有家族史，呈现常染色体显性遗传，也有少部分呈常染色体隐性遗传、X连锁隐性遗传等。

（3）特发性。大约有30%的病人在临床上找不到任何病因，需进一步研究。

❤ 社会责任

1. 尿崩症的检测方法

（1）尿量。超过2500 mL/d称为多尿，尿崩症患者尿量可多达4～20 L/d。

（2）血、尿渗透压。血渗透压正常值为290～310 mOsm/kgH$_2$O，而患者的血渗透压正常或稍高。

（3）禁水-加压素试验。正常人在禁水一段时间后，血渗透压、血压变化不大，血容量下降，抗利尿激素分泌增加，尿量减少，尿渗透压上升；而垂体性尿崩症患者在禁水相同时间后，血压、体重明显下降，血容量下降，抗利尿激素分泌不足，导致尿量没有明显减少，尿渗透压、尿比重也不升高。在此基础上再施以加压素，尿崩症患者尿量明显下降，尿比重、尿渗透压升高，而正常人无明显变化。

2. 尿崩症的治疗方法

（1）替代疗法。可以使用替代剂来代替抗利尿激素进行治疗。使用的替代剂之一是加压素水剂，主要用于脑损伤或神经外科手术后造成的尿崩症的治疗。但作用只能维持3~6 h，每日须多次注射，长期使用起来不方便。也可以使用尿崩停粉剂赖氨酸加压素，这是一种鼻腔喷雾剂，但长期使用会引起慢性鼻炎，影响吸收。

（2）其他抗利尿药物。氢氯噻嗪可使患者的尿量减少一半。其作用机制可能是由于尿中排出的钠增加，使体内缺钠，肾小管重吸收增加，到达远曲小管的原尿减少，因而使尿量减少。但长期服用会引起缺钾、高尿酸血症等，须适当补充钾盐。

（二）生长激素缺乏性矮小症

📖 **基本知识**

生长激素缺乏性矮小症，指因缺乏垂体生长激素或生长激素生物效应不足，导致躯体生长障碍，又称儿童生长激素缺乏症。这种病是儿科临床中常见的内分泌疾病之一，大多数为散发性，少部分为家族性遗传。

1. 症状表现

患者出生时的身长和体重往往是正常的，但数个月后躯体生长变得迟缓，不容易被发现。到了2~3岁，与其他同龄儿童比较，会发现身高的差别越来越明显，但生长并没有完全停止，只是生长速度比较缓慢，成年后较多还会保持童年时的体型和外貌，身高一般不超过130 cm。患者成长至青春期，性器官发育缓慢，男性生殖器官小，与幼儿相似；女性可表现为原发性闭经，乳房发育不良，子宫及其附件均小。

2. 发病原因

特发性病因尚不明确。可能由于下丘脑、垂体功能或结构出现异常，导致生长激素分泌不足。部分病人在接受生长激素释放激素治疗后，生长激素水平有所升高，生长速度加快，从而明确了有些病人的病因在下丘脑。

肿瘤或创伤等会影响下丘脑或垂体结构功能。如颅咽管瘤、生殖细胞肿瘤、垂体瘤；颅内感染（脑炎、脑膜炎）及肉芽肿病变；创伤、放射损伤等均有可能影响下丘脑-腺垂体的结构和功能，从而引起继发性生长激素缺乏症。

遗传因素也有可能导致发病。有些患者发现决定下丘脑-垂体发育的转录因子发生基因突变，或生长激素释放激素的受体基因发生突变等变异，也会引发生长激素缺乏症。

❤ 社会责任

1. 生长激素缺乏性矮小症的检测

（1）测定身高。与同龄人相比较，身材矮小，生长速度缓慢，可伴随性发育障碍等临床特征。

（2）骨龄检查。较实际年龄落后2年以上。

（3）测定生长激素的水平。检测是否低于正常值。

（4）染色体和基因检测。

2. 生长激素缺乏性矮小症的治疗

可通过皮下注射人生长激素来治疗。实验发现，补充适当的生长激素对生长激素缺乏造成的病症效果显著。近年来启用胰岛素样生长因子-1治疗生长激素不敏感综合征，早期治疗效果较好。

📖 科学思维

小明对自己的身高不满意，怀疑自己得了生长激素缺乏性矮小症，想通过服用生长激素来治疗疾病。如果你是小明的朋友，你会给他什么建议呢?

（三）下丘脑相关疾病

📖 基本知识

下丘脑位于丘脑下方，重量虽然只有约4g，占全脑重量的0.3%，但它在人体中起着重要的作用。下丘脑是人体的神经-内分泌高级调节中枢和转换站，下丘脑除了参与神经调节外，有些神经细胞也具有分泌激素的功能，如分泌促甲状腺激素释放激素，在维持人体内环境稳定和神经-内分泌功能方面起着十分重要的作用，并与水盐平衡、体温调节、免疫行为等生命活动的关系十分密切。

1. 症状表现

下丘脑是大脑皮质下植物神经和内分泌的最高级中枢。下丘脑发生病变会引起机体内分泌功能紊乱。下丘脑病变可能会引起内分泌代谢出现障碍，甚至伴随植物神经系统功能紊乱，如睡眠、体温、进食、性功能等会发生障碍。

内分泌功能障碍表现为怕冷、脱发、肥胖症、多饮、多尿、尿崩症、性欲减退、阳痿、性早熟或性功能发育不全；占位性病变而引起颅内压增高表现为头痛、呕吐、视力减退、视野缩小；摄食障碍表现为贪食，过度贪食伴有极度肥胖，或厌食，过度厌食伴有极度消瘦；睡眠和意识障碍表现为嗜睡或失眠；体温调节障碍表现为发热，可为低热37.5℃以下；亦可表现为体温过低；精神障碍表现为过度兴奋、哭笑无常、幻觉等。

2. 发病原因

病毒性脑炎、流行性脑炎、天花、麻疹等疫苗接种引起的脑炎或者肿瘤、脑硬化等疾病均可能诱发下丘脑疾病。先天性疾病、脑外伤、药物或精神创伤均有可能引发下丘脑疾病。

❤ 社会责任

1. 下丘脑疾病的检测

引起下丘脑疾病的病因很多，有时诊断比较困难，必须详问病史，综合分析各项检查结果。常用检查如下：测下丘脑释放激素水平；测垂体及靶腺内分泌激素水平；脑脊液检查；脑电图；脑血管造影、头颅CT等。

2. 下丘脑疾病的治疗

根据病因进行治疗，对肿瘤可采取手术切除及放疗，对炎症选用抗生素，由药物引起立即停用有关药物，全身其他疾病影响所致者应治疗原发病，精神因素引起者需进行精神治疗。

可进行一些特殊的治疗，如有垂体前叶功能减退者可根据靶腺功能减退程度补充各项激素进行药物替代治疗；尿崩症可用双氢克尿噻，重者需肌注尿崩停；溢乳者可用溴隐亭治疗；对促性腺激素不足引起的生殖无能症，可用绒毛膜促性腺激素联合丙酸睾丸酮治疗等。同时针对症状来进行治疗，如下丘脑性发热者可用阿司匹林等退热或物理降温以及人工冬眠等方法治疗。

兴趣链接

下丘脑的干细胞与延缓衰老

《自然》杂志上发表的一项研究表明，大脑中的干细胞是延长寿命和延缓衰老的关键因素。这些干细胞位于能够产生多种激素和信号分子的下丘脑区域，能够恢复中年小鼠的大脑功能和防止肌肉力量的衰退。

来自纽约的蔡东升教授及其团队研究发现，随着小鼠年龄的增加，小鼠下丘脑中的干细胞逐渐消失了。研究人员提取新生小鼠下丘脑中的干细胞并将其注射到中年小鼠的大脑中，在完成实验的四个月后，这些注射了干细胞的小鼠比未经过处理的同龄小鼠拥有更好的认知能力和肌肉功能，此外它们的寿命也平均被延长了10%。

参考文献

[1] 杨小辉，周义惠，钟超.胰岛素与糖尿病的关系 [J].幸福家庭，2020
（14）：128.

[2] 王秀连.你真的了解内分泌失调吗 [J].家庭医药.快乐养生，2021
（1）：87.

[3] 季晖.药理学 [M].南京：东南大学出版社，2019：351.

[4] 顾锋.尿崩症的病因和临床特点以及基因突变检测分析 [D].北京：
中国协和医科大学，2002.

[5] 骆溢，万沁，陈庄，等.糖尿病研究进展综述 [J].人人健康，2016
（24）：6-7.

人体每时每刻都会受到病原体的干扰，而我们并不经常生病，这是因为人体有强大的免疫系统，其能够抵御病原体的侵袭，识别并清除机体内衰老、死亡或异常的细胞，实现机体稳态。

第十一章

人体的防御——免疫系统

免疫是机体实现自我保护和维持稳态的过程。这一过程由免疫系统来执行，具有识别并清除外来抗原或体内"非己"物质的作用。本章先从免疫系统的组成和功能入手，再对部分常见的疾病种类，包括艾滋病、类风湿性关节炎、系统性红斑狼疮、过敏反应做进一步的介绍，最后介绍有关免疫学的应用，包括疫苗的接种和器官的移植。

第一节　免疫系统的组成和功能

1. 免疫系统是由什么组成的?

2. 免疫系统各组成部分对应的功能是怎样的呢?

基本知识

　　免疫系统是由执行机体免疫功能的器官、细胞和分子所组成的。核心成分是淋巴细胞,通过淋巴细胞在血液、淋巴内的不断循环,将身体各处的淋巴及淋巴器官连成一个有机整体,执行防卫、监控和清除功能。此系统中的各组成部分的存在和功能的正常进行是维持机体免疫功能稳定性的基本保证,任何一方异常,均可导致免疫功能的紊乱或不全,发生与免疫有关的疾病。

1. 免疫器官

　　免疫器官是免疫细胞产生、成熟、贮存的场所,分为中枢免疫器官和外周免疫器官。中枢免疫器官,即一级淋巴器官,包括骨髓、胸腺等,它们产生不同的淋巴细胞输送到外周免疫器官。外周免疫器官又称二级淋巴器官,包括淋巴结、脾脏、扁桃体等,它们是接受抗原刺激并产生免疫应答的重要场所。

　　骨髓是各种淋巴细胞、巨噬细胞和各种血细胞生成的场所,是B、T淋巴细胞的生成地,又是B淋巴细胞成熟的场所。

　　胸腺是T淋巴细胞分化和成熟的场所。胸腺可分泌十多种胸腺因子,对T淋巴细胞的分化和成熟具有重要作用。因此T细胞是胸腺依赖性淋巴细胞。

　　淋巴结,一个人全身有500~600个,主要分布在颈部、肠系膜、腋窝等处，其中存在大量巨噬细胞、淋巴细胞等，是滤过淋巴液和清除异物的重要器官，有"淋巴滤器"之称。人体各处淋巴结群分别接受身体一定区域淋巴回流，身体如果出现某处淋巴结群肿大，往往是因为该区域出现了炎症等问题。

脾脏是人体内最大的免疫器官，位于淋巴循环和血液循环通路上，具有过滤血液，储存以及清除衰老细胞等功能。

2. 免疫细胞

免疫细胞是不同功能类型和不同分化阶段淋巴细胞的混合体。淋巴细胞使免疫系统具备识别、记忆及特异性免疫能力，是机体内最复杂的细胞系统，占白细胞的20%，能特异地识别外来异物。其中T淋巴细胞和B淋巴细胞在免疫反应中扮演着重要角色。

（1）T淋巴细胞。一种具有免疫活性的淋巴细胞，起源于骨髓，在胸腺中成熟，其功能主要是执行细胞免疫。受到抗原刺激后，T细胞进一步增殖分化形成效应T细胞发挥特异性免疫功能。根据功能分类，T细胞有以下4个主要功能类型：辅助性T细胞，主要是辅助B细胞，使其增殖分化和产生抗体，有些抗原刺激B细胞产生抗体时，必须有辅助性T细胞参与；细胞毒性T细胞（又称杀伤性T细胞），能通过接触杀灭带抗原的靶细胞，例如移植细胞、肿瘤细胞、受病毒和某些细菌感染的细胞等；迟发型超敏T细胞，能被活化增殖而释放出50多种淋巴因子，这些淋巴因子可以引起迟发型超敏反应，即在反应的局部引起炎症，这些细胞与移植排斥、过敏有关；抑制性T细胞，可以抑制某些T细胞和B细胞等的功能，当有关抗原消失后，机体有关的淋巴细胞增殖受到控制。

（2）B淋巴细胞。骨髓中的多能干细胞分化为前B细胞，前B细胞在骨髓中分化成熟为B细胞。成熟的B细胞进入外周免疫器官的淋巴结和脾脏中。在适当的刺激下，B细胞增殖分化为浆细胞并产生抗体，与抗原结合形成细胞集团或沉淀，被吞噬细胞吞噬。

（3）单核吞噬细胞。人体内具有强烈吞噬能力的巨噬细胞及其前身，能吞噬、清除异物和衰老伤亡细胞，也参与特异性免疫应答。

（4）其他抗原呈递细胞。以巨噬细胞为主，有许多细长分支的胞质突起伸展于淋巴细胞间，具有捕获或传递抗原作用。

3. 免疫分子

免疫分子是广义上具有免疫能力的物质，包括免疫蛋白、免疫因子、干扰素等。

（1）膜表面的抗原或受体。主要包括B细胞和T细胞表面特异性受体，其能够识别不同的抗原并与之结合，启动特异性免疫。还包括主要组织相容性抗原、白细胞分化抗原和黏附分子。主要组织相容性抗原是人体细胞膜表面的一类蛋白质，在同种异体组织或器官移植后会引起排斥反应。

（2）体液的免疫分子。免疫分子主要包括抗体、补体和细胞因子等。补体和抗体分别是非特异性免疫和特异性免疫的主要体液成分。补体是存在于体液中的一类蛋白质，在抗原刺激下被激活，最终形成使细菌等抗原外膜穿孔而死亡的破膜复合体。细胞因子是具有对细胞功能多方面调节作用的物质（如淋巴因子），其中有些还具有细胞毒性（如肿瘤坏死因子）和抗病毒功能（如干扰素），直接参与免疫应答的效应过程。

科学思维

根据以上内容，查阅收集相关资料，尝试列表归纳一下机体的免疫细胞，从分类、特点与功能等方面进行概括比较，请补充完成表11-1。

表11-1　免疫细胞的分类、特点与功能

分类			特点与功能
淋巴细胞	T淋巴细胞	杀伤性T细胞	数量最多的T细胞，攻击性强。受辅助性T细胞的指挥集体出动，攻击癌细胞、变异细胞和受病毒感染的细胞。对胞内寄生菌同样有效。能够释放T细胞穿孔素瞬间杀死病原物。
		……	……
……	……	……	……

兴趣链接

克隆选择学说

大家知道，抗原和机体都有特异性。抗原种类有千万种，那么浆细胞和抗体种类也应有千万种，这么多种类的淋巴细胞是怎样来的？是天生的还是后天分化出来的？

请同学们就此先做一个大胆的推测，并说说你的理由。

有科学家认为B淋巴细胞只有在与抗原分子接触之后，在抗原分子的刺激下才分化为特定的淋巴细胞，释放特异性抗体。后来又有科学家认为B淋巴细胞不需要抗原的作用，就已分化为多种淋巴细胞。一种抗原侵入人体后，在无数种淋巴细胞中，只有表面本来就带有和这种抗原互补的受体的少数淋巴细胞能和抗原结合。一经结合，这种淋巴细胞就恢复了分裂的能力，连续分裂产生大量能分泌同样抗体的B淋巴细胞群，这被称作克隆选择学说。科学家通过同位素标记实验证明了该学说的正确性。

📖 科学探究

同位素标记的抗原与特定淋巴细胞结合后会杀死该细胞，动物不再有相应的免疫反应，但其他抗原的免疫应答不受影响。请同学们模拟科学家的思维，结合该资料，设计合理的实验证明克隆选择学说——各种B淋巴细胞的特异性是先天存在的，而不是受抗原影响而产生的。

第二节　免疫系统相关疾病

1. 艾滋病病毒如何感染人体？有哪些症状？有什么检测治疗预防方法？

2. 类风湿关节炎的发病机制、发病原因和临床表现如何？

3. 系统性红斑狼疮的病因和症状如何？有什么检查手段？

4. 过敏反应的发病机理是怎样的？有什么常见症状呢？

5. 以上这些疾病分别属于哪种免疫失调情况？

一、艾滋病

基本知识

艾滋病即获得性免疫缺陷综合征（AIDS），病原体为人类免疫缺陷病毒，也称为艾滋病病毒（HIV）。目前，艾滋病病毒给全世界的公共卫生带来了巨大的威胁。

HIV属于反转录病毒，呈球形颗粒，由核心和包膜两部分组成。HIV核心包括两条单股RNA链，结构蛋白和复制所需的酶如反转录酶等。HIV核心外面为病毒的衣壳蛋白，最外层包膜嵌有糖蛋白。

HIV侵染人体细胞的过程（图11-1）：①HIV与靶细胞的CD4受体结合，进入宿主细胞；②病毒RNA反转录为DNA，在DNA聚合酶的作用下形成双股DNA，整合入宿主细胞染色体；③双股DNA被活化并转录形成RNA，一部分成为子代基因组RNA，一些RNA翻译为蛋白质；④蛋白质和RNA结合装配成核壳体，以胞吐方式释放时获得包膜，形成成熟的病毒颗粒。

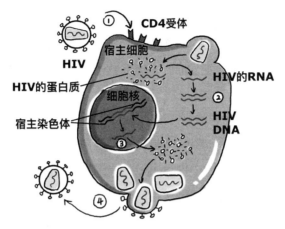

图11-1　HIV侵染细胞过程

1. 症状表现

艾滋病患者初次感染HIV后2～4周内为急性期，大多数临床症状为发热，可伴有咽痛、恶心、呕吐、盗汗、腹泻、关节痛、淋巴结肿大及神经系统症状，持续1～3周后缓解，然后进入6～8年无症状期，或无明显的急性期症状而直接进入此期。由于HIV在感染者体内不断复制，免疫系统受损，T淋巴细胞计数逐渐下降，同时具有传染性。艾滋病期为感染HIV后的最终阶段。患者T淋巴细胞计数明显下降，此期主要表现为持续1个月以上的发热、盗汗、腹泻，体重减轻10%以上，另外还可出现持续性全身性淋巴结肿大。部分患者表现为精神异常症状，如记忆力减退、精神淡漠、性格改变、头痛及痴呆等。因为患者免疫缺损，所以感染种类极多，如结核病、弓形虫脑病（弓形虫可感染器官）、真菌感染等。此外，各种淋巴瘤在艾滋病群体中的发生率是普通人群的数十倍乃至数百倍。

2. 发病机制

HIV感染可损害体内的多种免疫细胞，包括T淋巴细胞、巨噬细胞和树突状细胞等。主要表现为T淋巴细胞数量不断减少，最终导致人体细胞免疫功能缺陷，引发各种机会性感染和肿瘤。

社会责任

1. 艾滋病检测手段

（1）血常规检测。常见的有红细胞、白细胞、淋巴细胞、血红蛋白降低。

（2）病毒检测。HIV抗体、抗原、病毒载量、HIV核酸、HIV基因型耐药以及细胞免疫功能检测等。

（3）影像学检查。检查各种感染和肿瘤，如结核病、弓形虫感染、淋巴瘤等。

如果HIV抗体由阴性转为阳性，T淋巴细胞数<200个/μL，加之临床表现的任何一项，如原因不明的持续不规则发热38℃以上，持续1个月或以上；腹泻（每日大便次数多于3次），持续1个月或以上；6个月之内体重下降10%以上；各种反复发作的感染；中枢神经系统病变；中青年人出现痴呆；淋巴瘤等，可判断为艾滋病。

2. 艾滋病传染途径

艾滋病的传染源是HIV的无症状携带者和AIDS患者。HIV存在于血液、精液、阴道分泌物、乳汁、唾液和脑脊液中，主要是血源传播，传播方式有3种：性传播；血液传播（输入HIV感染者的血液或被HIV污染的血制品、共用HIV污染的针头或注射器等）；母婴传播（可经胎盘或产程的母血或阴道分泌物传播，产后可通过乳汁传播）。拥抱、同吃同饮等日常接触不会传播HIV。

3. 艾滋病治疗方案

混合药物疗法，也称鸡尾酒疗法，是通过三种或三种以上的抗病毒药物联合使用来治疗艾滋病的方法，是目前公认的对付艾滋病的最有效治疗方法。该疗法的应用可以减少单一用药产生的抗药性，最大限度地抑制病毒的复制，使被破坏的机体免疫功能部分甚至全部恢复，从而延缓病程进展，延长患者生命，提高生活质量。该疗法把蛋白酶抑制剂与多种抗病毒的药物混合使用，从而使艾滋病得到有效的控制。

二、类风湿关节炎

基本知识

类风湿关节炎是一种自身免疫疾病，以关节慢性炎症为主要表现。该病主要与外周关节、心、血液、肺等其他器官或组织有关。主要病理变化为滑膜细胞增生（滑膜是关节囊的内层），炎症导致关节结构的破坏、畸形和功能丧失。

1. 症状表现

关节部分表现为多关节和外周关节炎症。关节因炎症充血水肿，当活动减少时，水肿液蓄积在炎症部位，故晨起或关节休息后僵硬和疼痛更为明显，称此现象为晨僵。关节外表现为肺部、心脏等某一器官或多个内脏受影响，如类风湿尘肺、心肌炎、神经系统受损、肌无力和萎缩、角膜炎等。

2. 发病机制

类风湿关节炎是在易感基因的基础上，由环境因素如感染结核杆菌、EB病毒，吸烟或自身细胞病变等启动了自身免疫反应（图11-3）。由于关节滑膜组织的某些结构与结核杆菌、EB病毒相似，免疫细胞将滑膜细胞视为"非己"细胞清除。滑膜细胞不断增生，增生的滑膜一边往骨头方向生长，一边啃食软骨和骨头。骨头被啃掉的地方都会有纤维组织出来修复，不断地破坏、修复，最后整个关节腔都被纤维组织占满了，再加上钙的沉积，慢慢就钙化了，于是两块骨头之间被硬邦邦的组织连接成了一块，关节消失了。

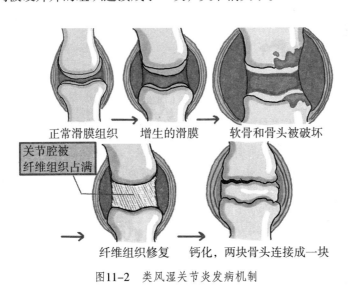

正常滑膜组织　增生的滑膜　软骨和骨头被破坏

关节腔被纤维组织占满

纤维组织修复　钙化，两块骨头连接成一块

图11-2　类风湿关节炎发病机制

❤ 社会责任

1. 致病因素

（1）遗传因素。基因中存在患类风湿关节炎的易感基因。

（2）感染因素。结核杆菌、支原体、EB病毒、风疹病毒等病原体都被认为可能是类风湿关节炎发生的病因。

（3）性激素。绝经期前妇女的发病率显著高于同龄期的男性；75%患者妊娠期间病情缓解，尤其在妊娠最后三个月症状明显改善。

（4）吸烟。吸烟引发肺部慢性炎症与自身抗体。

2. 检测手段与诊断依据

检测手段有血常规、自身抗体检查、滑膜液检查、关节X射线、CT和核磁共振、超声检查等。符合以下标准中的4项即可确诊：（1）晨僵至少1小时（持续6周以上）；（2）3个或3个以上关节肿（持续6周以上）；（3）腕、掌指关节或近端指间关节肿（持续6周以上）；（4）对称性关节肿（持续6周以上）；（5）皮下结节；（6）手X线片改变；（7）类风湿因子阳性。

三、系统性红斑狼疮

📖 基本知识

红斑狼疮是一种主要侵犯结缔组织的自身免疫性疾病，包括盘状红斑狼疮、亚急性皮肤型红斑狼疮、系统性红斑狼疮等多种分型，其中，系统性红斑狼疮恶名最响。患者体内会产生大量自身抗体，使免疫系统攻击自身的组织，患者的全身各个系统与脏器都会受到累及。系统性红斑狼疮的年发病率随地区、种族、性别和年龄等而异。有色人种发病率显著高于白种人，多发于20～40岁的育龄期女性。在我国，每十万人中就有30到70人患有红斑狼疮，其中87.5%以上都是女性。

1. 症状表现

发热为红斑狼疮的常见症状之一，多为长期，中、低度发热。光过敏也是红斑狼疮的症状之一，阳光照射后，皮肤会出现丘疹、红斑、风团等皮损。在鼻梁和双颧颊部出现蝶形分布的红斑，这是对疾病诊断的重要依据，红斑也可出现在手足掌面。

无痛性口腔溃疡也是红斑狼疮的常见症状。红斑狼疮患者常出现对称性、多关节肿痛症状，常见于指、腕、膝等关节。红斑狼疮会导致红细胞数量减少而出现贫血；并且能造成神经损伤，患者会表现出记忆力减退、嗜睡等症状，严重的还会引起昏迷；还能造成胃、肠损伤，出现食欲减退、腹痛、呕吐、腹泻等消化不良症状；也可能造成肾脏损伤，导致蛋白尿、血尿、水肿、高血压等症状；还可引起心脏损伤，引发心肌炎、心包炎等疾病。

2. 致病原因

致病原因至今尚未确认，但研究显示与遗传、内分泌、环境因素（如感染、紫外线、药物）、表观遗传学及免疫异常有关。

（1）阳光。系统性红斑狼疮患者常在晒太阳后发病，可能与紫外线使皮肤部分细胞凋亡，引起抗原暴露或新抗原暴露成为自身抗原有关。

（2）药物及化学试剂。其可能使DNA甲基化程度降低，从而诱发药物相关的狼疮。

（3）感染。病原微生物也是常见的引起免疫系统产生自身抗体的外来物质。

（4）雌激素。妊娠期的雌激素分泌量急剧增加，而系统性红斑狼疮的病情也会加重。另外，口服雌激素类避孕药或长期口服雌激素进行激素替代治疗者，系统性红斑狼疮发病风险均增加。

♥ **社会责任**

红斑狼疮的检查手段

（1）查体。视诊观察是否在鼻梁和双颧颊部出现蝶形分布的红斑、眼和口是否异常干燥；叩诊是否有胸腔积液、肝脏脾脏是否有异常增大或缩小；听诊可以发现较为明显的心包积液、心功能异常等。

（2）实验室检查。血常规检查红细胞、白细胞或血小板是否减少；检查指示肝功能的转氨酶、胆红素等指标；检查尿常规是否出现蛋白尿、血尿等；检查脑脊液中细胞数、白蛋白的含量。影像学检查包括超声、CT等，可发现有无心脏、肺部、脑部等的受损。

📖 科学思维

经调查，红斑狼疮存在以下现象：

（1）系统性红斑狼疮患者的一级亲属患该病的风险是普通人的8倍；

（2）同卵双生双胞胎的发病率是异卵双生的5~10倍；

（3）系统性红斑狼疮患者的家族中，也常有人患有其他种类的结缔组织病。

讨论：

（1）根据以上现象，请推测系统性红斑狼疮的发病与什么病因有关？为什么？

（2）根据系统性红斑狼疮的病因与发病机制，你认为患者日常应注意什么？

⚙️ 兴趣链接

治疗新思路——靶向B细胞疗法

针对系统性红斑狼疮的标准疗法主要是糖皮质激素和免疫抑制药物治疗，但传统的方法具有较大的副作用。科研人员尝试用靶向B细胞疗法，包括耗竭B细胞疗法、抑制B细胞存活因子和调节B细胞的最终成熟阶段等。该疗法通过静脉给药靶向结合可溶性B淋巴细胞刺激因子，抑制B细胞的增殖及分化，诱导自身反应性B细胞凋亡，从而减少血清中的自身抗体，达到治疗系统性红斑狼疮的目的。

四、过敏反应

📖 基本知识

过敏反应又称变态反应，是指已免疫的机体在再次接受相同物质的刺激时，所发生的异常或病理性的免疫反应，表现为自身组织损伤或生物功能紊乱。

过敏反应的特点是发作迅速、反应强烈、消退较快，一般在再次接触过敏原后的几分钟至几十分钟，甚至更短时间内发生反应，有明显的个体差异和遗传倾向。生活中常会看到这样一些现象：有的人吃了鱼、虾等食物后，会发生腹泻、呕吐，或皮肤瘙痒等症状；有的人吸入花粉或尘土后，会发生流涕或哮喘。但如果离开这些物质，症状也消退得很快。这些就是过敏反应的表现。

1. 发病机制

具有过敏体质的人，初次接触过敏原（引起过敏反应的物质）时，在过敏原的刺激下，效应B细胞（浆细胞）会产生抗体。这些抗体会吸附在呼吸道、消化道或者皮肤表面的一些肥大细胞和嗜碱性粒细胞上。这种特异性抗体积累到一定数量，当相同的过敏原再次入侵时，就会与上述的抗体特异性结合，使被抗体吸附的上述细胞释放出组织胺等物质，引起血管壁的通透性增强、毛细血管扩张、平滑肌收缩和腺体分泌增加等。上述反应如果发生在皮肤上，则会出现红肿、荨麻疹等；如果发生在呼吸道上，则会出现流涕、喷嚏、哮喘、呼吸困难等；如果发生在消化道上，则会出现呕吐、腹痛、腹泻等。个别病情严重的，可导致支气管痉挛、窒息或过敏性休克而死亡。

2. 常见过敏原

（1）吸入式：冷空气、雾气、花粉、粉尘、螨虫、柳絮、动物皮屑、汽车尾气、香烟等。

（2）食入式：90%的食物过敏源自这八大类食物：蛋类、奶制品、花生、坚果类、鱼类、甲壳类、小麦、豆制品。

（3）接触式：冷空气、热空气、紫外线、辐射、洗发水、洗洁精、化妆品、染发剂、肥皂、化纤用品、塑料、金属饰品、细菌、霉菌、病毒、寄生虫等。

（4）注射式：如青霉素、链霉素、异种血清等。

（5）自身组织抗原：精神紧张、工作压力大、受微生物感染、电离辐射、烧伤等生物、理化因素影响而使自身组织抗原组成发生改变的，以及由于外伤或感染而释放的自身抗原，也可成为过敏原。

3. 过敏反应类型

（1）全身过敏反应。常见的有药物过敏性休克和血清过敏性休克。药物过敏性休克以青霉素引起的过敏性休克最常见，此外链霉素、维生素B1和维生素B2也可引起。血清过敏性休克因再次使用动物免疫血清引起，例如注射破伤风抗毒素。

（2）局部过敏反应。①呼吸道过敏反应（图11-3）：最常见的是吸入微小的花粉颗粒引发的花粉症。过敏体质者的免疫系统会攻击花粉颗粒，这一过程会刺激鼻子及喉咙的黏膜，导致打喷嚏、流鼻涕以及眼睛发痒等症状。此外，还有吸入细菌、尘螨、动物皮毛等而发生支气管哮喘或过敏性鼻炎。②消化道过敏反应。食用某些食物如甲壳动物、鸡蛋、面包、牛奶、花生、奶酪等也可能引发过敏。可能会在进食后几分钟内出现，也可能在几小时后出现。过敏者有时会产生恶心、呕吐感、腹泻，严重时，还会诱发水肿以及呼吸困难，需要及时治疗。③皮肤过敏反应。一些人摄入或者接触某些食物、药物、花粉等物质或肠道内有寄生虫感染时，可发生皮肤过敏，主要表现为皮肤荨麻疹。

图11-3 过敏反应

社会责任

预防过敏小贴士

预防原则是从过敏原和机体免疫状态两方面考虑。一方面尽可能地找出过敏原，避免再接触，"避、忌、替、移"是最重要的。使用青霉素或血清前，必须进行皮肤测试。另一方面切断或干扰过敏环节，终止发病。如使用药物治疗，起到抑制生物活性介质如组织胺等的释放，竞争组织胺受体，减缓组织器官过敏反应等作用。值得注意的是，皮肤、眼耳口鼻及肠道等体表组织是防御过敏原的天然屏障。另外，注意生活起居、饮食调理得当和适当的体育锻炼，可以增强体质，预防过敏。

科学探究

（1）如果某患者需要通过注射某种药物来治疗疾病，但不知道自己是否对该药物过敏，应该怎么办呢？

（2）你能否依据过敏反应发病机理，提出一两种治疗过敏反应的方法呢？

兴趣链接

喝牛奶腹泻是过敏反应吗？

有些人一喝牛奶就会腹泻，便认为自己肯定是对牛奶过敏。但其实，对乳制品过敏和乳糖不耐受是两种不同的概念。乳制品过敏是指人对牛奶中的蛋白质过敏，甚至滴在皮肤上就能引起红肿和瘙痒（也有人称它为"奶藓"）。而乳糖不耐受是指人体缺乏分解乳糖的酶，对奶制品中乳糖的消化不良导致腹泻，这是消化系统的不良反应。所以喝牛奶腹泻不一定是过敏反应。

第三节　免疫学应用

导读

1. 常见的疫苗种类有哪些？为什么要进行疫苗接种？
2. 什么是器官移植？有哪些临床的器官移植实例？

一、免疫预防

基本知识

疫苗为生物制品，由致病原（如细菌、立克次氏体、病毒等）的蛋白、多肽、多糖或核酸，以单一成分或含有效成分的复杂颗粒形式，通过灭活、人工减毒或利用转基因等方法消除病原微生物的病原性或致病性，保留并利用病原微生物及其代谢产物的抗原性，制成的用于预防传染病的自动免疫制品。疫苗进入机体后引发机体产生灭活、破坏或抑制致病原的特异性免疫应答，从而保护宿主不发生此传染病，同时中断此传染病原在宿主群体中的传播。

疫苗接种是预防传染病的最有效方法，将疫苗通过注射或者口服方式接种到人体内，激活体内免疫系统，通过对外来病原体的辨认来产生对抗该病原或相似病原的抗体和记忆细胞，使其获得抵抗某一特定或与疫苗相似病原的免疫力。疫苗接种的普及，极大地降低了群体的死亡率，世界各国政府均将预防接种列为最优先的公共预防服务项目。

社会责任

1. 接种的疫苗种类

表11–2　接种的疫苗种类

种类	概念	优点	局限性	代表产品
灭活疫苗	采用物理和化学的方法，使病毒或微生物没有了活性，失去了致病能力的疫苗	比较安全，生产过程简单，稳定性好，易于保存，生产速度快，技术成熟度高	产生的抗体力度不大，需要反复多次注射，而且抗体维持的时间也不长	百日咳/白喉/破伤风混合疫苗（简称百白破疫苗）、乙型脑炎灭活疫苗、流行性感冒病毒裂解疫苗、甲肝灭活疫苗、乙肝灭活疫苗等
减毒活疫苗	对病原体进行减毒处理，减弱甚至消除其致病性，但保留其生长或复制和引起免疫的能力制成的疫苗	免疫时间长，接种次数少，生产速度快，技术成熟度高	可能引起类似病原自然感染的症状，也就是接种后会出现疾病样反应，所以，接种后一定要注意观察，加强护理	卡介苗、脊髓灰质炎减毒活疫苗（小儿麻痹症糖丸）、麻疹疫苗、风疹疫苗、腮腺炎疫苗、乙脑疫苗、水痘疫苗、甲肝疫苗等
基因工程疫苗	通过基因工程对抗原基因与其他细胞、病毒、质粒重组或将其作为载体，甚至通过技术平台直接合成基因序列制备的疫苗，包括病毒载体疫苗、核酸疫苗（DNA疫苗和mRNA疫苗）等	基因传递效率高，腺病毒载体构建技术成熟，生产速度较快，容易大量生产	技术难度较大，具有潜在性安全风险，免疫原性易受宿主固有受体影响	埃博拉疫苗等
蛋白亚单位	提取或者合成病原体外壳的一部分具有特征性的蛋白结构来制成的疫苗，和重组疫苗有部分重合	减少疫苗引起不良反应的风险，安全性更好	免疫原性弱，需要佐剂增强免疫原性等，生产速度慢	流感、乙型肝炎疫苗等

2. 新冠疫苗新进展

根据研发原理和生产工艺的不同，世界卫生组织将新冠疫苗分为10类，全球还有至少52款候选疫苗处于临床前研究阶段，这些正在研发的新冠疫苗包括哪些类型？

第一类是此前无同类疫苗获批过的新型疫苗，主要指核酸疫苗，分为RNA（核糖核酸）疫苗和DNA（脱氧核糖核酸）疫苗，这类疫苗是将编码抗原蛋白的RNA或DNA片段直接导入人体细胞内。

第二类是此前已得到广泛应用的传统类型疫苗，包括灭活病毒疫苗、基因工程亚单位疫苗、重组病毒载体疫苗等，多数在研新冠病毒疫苗属于此类。比如中国团队研发的"重组新冠疫苗"就属于重组病毒载体疫苗，采用5型腺病毒作载体向人体内输送表达新冠病毒刺突蛋白的基因。

🔖 科学思维

（1）有兴趣的同学可结合人教版选择性必修一第四章《免疫调节》内容，谈谈疫苗激活体内免疫系统的具体过程。

（2）结合所学知识谈谈对"人工主动免疫"和"人工被动免疫"的认识。

⚙ 兴趣链接

疫苗的起源

疫苗的英语为"vaccine"，源自爱德华·琴纳所使用的牛痘。"vacc"为拉丁文，意即牛。人类接种牛痘后，能对人类历史上最可怕的传染病之一——天花产生免疫。医书记载，中国人于11世纪初就发明了种痘术，当时使用的是天花病人的痘痂，研成细末后塞入儿童鼻孔，来预防儿童感染天花。但人痘常因弱化不够而引起小儿强烈反应。18世纪英国医生爱德华·琴纳发现挤牛奶的少女因为从牛身上染得牛痘，所以不会得天花，因此他进行了重复实验并获得成功。1805年，种牛痘法传入中国。因为牛痘比人痘更为安全，所以中国民间也逐渐开始种牛痘。此法安全有效，很快被推广到世界各地，现在天花在全世界也几乎绝迹了。牛痘苗可算作第一种安全有效的生物制品。

二、器官移植

📖 基本知识

采用组织、细胞或者器官替代已丧失功能的组织、细胞或器官的方法称为移植。提供移植物的个体称为供体，接受移植的个体称为受者。器官移植是治疗人类那些功能不可逆转或丧失的器官的主要手段之一。自体移植和同种同基因移植不会产生排斥反应；而在进行同种异基因移植或异种移植前虽然需要进行检测配型，已挑选合适的供者，并使用免疫抑制剂，但是也可能会发生排斥反应，以致移植器官的功能丧失甚至对受者的其他器官造成很大危害。受者对移植物的排斥反应发生与否、严重程度如何是影响移植能否成功的重要因素。

随着免疫学、外科学和免疫抑制剂研究的不断发展，移植物的存活率不断提高和生存时间延长，器官、组织和细胞的移植范围不断增大。下面具体介绍肾移植、骨髓移植和异种移植。

1. 肾移植

在临床各种器官移植中，肾移植效果最好，开展得最多。供肾主要来源于尸体或有血缘关系的活体亲属志愿者。虽然同种异基因肾性抗原可引起受者免疫应答，但由于离体肾的保存已得到解决，受者可经透析以等待手术，有时间去选择HLA抗原（人类白细胞抗原，主要组织相容性抗原）相对一致的供体。若第一次移植失败，则再次移植存活率下降15%～20%。

2. 骨髓移植

骨髓移植实质是造血干细胞移植，因为干细胞有自我增殖并分化为造血细胞和免疫活性细胞的能力，所以异基因骨髓移植比肾、肝、心移植更易发生移植排斥反应。所以移植前必须进行免疫抑制剂预处理，供、受体间必须进行严格的组织配型。异基因骨髓移植主要用于治疗恶性血液病、遗传性疾病、白血病等。

3. 异种移植

对人类而言，最适宜的异种供体应为灵长类动物，但存在诸多条件限制。在非灵长类动物中，最受关注的动物是猪，猪的来源广易获取。其脏器大小、代谢与人类相似。特别是猪的红细胞体积和脏器的代谢特点也与人类相似，还可对猪进行基因修饰，培养转基因猪。1995年美国批准将经基因工程修饰的猪肝移植给人，可见转基因猪将是今后人类异种移植的理想供体，用以解决供体器官不足的问题。

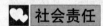 **社会责任**

器官捐献

每年中国约有30万患者因器官功能衰竭需要器官移植，但每年器官移植手术仅为1万余例，许多患者仍在苦苦等待。

当一个人不幸去世，根据本人和家属意愿，可以将其功能良好的器官捐献给因器官功能衰竭急需器官移植的患者，以挽救患者生命。可以移植的器官包括肾脏、肝脏、心脏、肺脏、胰腺、小肠等；组织包括心脏瓣膜、骨、皮肤、角膜等。器官捐献完全遵循"自愿、无偿"的原则。

器官捐献登记方式有以下几种：到当地红十字会器官捐献管理机构，填写并递交《中国人体器官捐献志愿登记表》；登录中国人体器官捐献管理中心网站（www.codac.org.cn）或微信公众号（中国人体器官捐献），进行线上登记；通过中国人体器官捐献管理中心授权的其他信息平台报名登记器官捐献意愿。登记完成，将获得中国人体器官捐献志愿实体或电子登记卡。

第四节　传染病

1. 什么是传染病？

2. 传染病流行的三个基本环节分别是什么？什么因素会影响流行环节？

3. 面对本次暴发的新型冠状肺炎疫情，我们公民该如何进行防疫？

基本知识

传染病是由各种病原体引起的一组具有传染性的疾病。传染又称感染，是指病原体从有病的生物体侵入别的生物体，在一定条件下攻破机体的防御机能，破坏机体内部环境的相对稳定性，在一定部位生长繁殖，引起不同程度的病理过程。

传染病流行有三个基本环节：传染源、传播途径、人群易感性。

1. 传染源

传染源指体内带有病原体，并不断向体外排出病原体的人和动物，包括病人、病原携带者、动物传染源。野生动物为传染源的传染病，称为自然疫源性传染病，如鼠疫、流行性出血热等。

2. 传播途径

病原体更换宿主在外界环境下所经历的途径，称为传播途径。传播途径具体包括三个阶段，病原体自宿主机体排出→病原体停留在外界环境中→病原体侵入新的易感宿主体内。

（1）经空气传播。经空气传播是呼吸系统传染病的主要传播方式，包括经飞沫传播：含有大量病原体的飞沫在病人呼气、喷嚏、咳嗽时经口鼻排入环境，大的飞沫迅速降落到地面，小的飞沫在空气里短暂停留，局限于传染源周围；经飞沫核传播：飞沫核是飞沫在空气中失去水分后由剩下的蛋白质和病原体组成。飞沫核可以气溶胶的形式漂流到远处，在空气中存留的时间较长。一些耐干燥的病原体如白喉杆菌、结核杆菌等可以此方式传播。

（2）经水传播。经水传播包括经饮用水传播和接触水传播两种方式，一般肠道传染病经此途径传播。

（3）经食物传播。经食物传播主要为肠道传染病、某些寄生虫病、少数呼吸系统疾病的传播方式。当食物本身含有病原体或受病原体污染时，可引起传染病的传播。

（4）接触传播。接触传播通常分为直接接触传播和间接接触传播两种。直接接触传播：在没有任何外界因素参与下，传染源与易感者直接接触而引起疾病的传播，例如性病、狂犬病等。间接接触传播：易感者接触被传染源排泄物或分泌物污染的日常生活用品，如毛巾、餐具、门把手、电话柄等所造成的传播。此种传播方式又称为日常生活接触传播。

此外还有很多传播途径，如经土壤、节肢动物等的传播。

3. 人群易感性

人群作为一个整体对传染病易感的程度称人群易感性。人群易感性以人群中非免疫人口占全部人口的百分比表示。某一人群对某种传染病的易感水平的高低，可根据该病以往在人群中的流行情况、该病的预防接种情况及对人群进行该病抗体水平检测结果而确定。

❤ 社会责任

影响传染病流行的因素

流行因素是指影响传染病流行的外界因素，主要包括自然因素和社会因素，又因社会因素可以作用于自然因素，故为主导因素。它们通过对传染病流行的三个环节的作用，促进或抑制传染病的流行过程。

2019年底2020年初暴发的新型冠状肺炎疫情是百年来全球发生的最严重的传染病大流行，是新中国成立以来我国遭遇的传播速度最快、感染范围最广、防控难度最大的重大突发公共卫生事件。以习近平同志为核心的党中央统揽全局、果断决策，全国疫情防控阻击战取得重大战略成果，统筹推进疫情防控和经济社会发展。国务院应对新冠肺炎疫情联防联控机制先后发布了65类防护指南和55个技术方案，指导各行各业按照"三环节两因素"（三环节：传染源、传播途径、人群易感性；两因素：自然因素和社会因素），开展疫情防控，推动恢复社会生产生活秩序。与此同时，我们也要做好长期准备，坚决打好全民防疫持久战。

兴趣链接

新冠病毒可能不会被人类消灭

新冠病毒不断变异，那人类有没有可能消灭它呢？残酷的现实告诉大家，人类几乎不可能消灭新冠病毒，人类与病毒共存，几乎是必然的事情。

新冠病毒传染性强，基本传染数（R0）是衡量病毒传染能力的重要指标，指在没有外力介入的情况下，一个感染到某种传染病的人会把疾病传染给其他多少个人的平均数。R0值越大，则病毒的传染性越强。目前新一代delta突变毒株R0为8～9，如此强的传播能力，与水痘，天花一样迅速。而且其传染方法很多，包括食物、冷冻产品、呼吸道传播，使绝对防治新冠病毒的难度加大。

无症状感染者的出现让新冠病毒更加难以对付，他们使病毒不断传播，很难直接消灭，甚至还可能会出现免疫逃逸现象，更难以对付。

新冠病毒的变异性让其难以捉摸。目前已经发现许多病毒分型，而且短短一年多时间，新冠病毒的突变高达数万种。未来新冠部分毒株可能通过不断突变，毒性越来越小，但是也存在这样的可能，即通过某种形式的突破，产生毒力更强的毒株！同时，因为高度变异性，使药物、疫苗的防护能力大大下降。人类很难研发出一劳永逸的疫苗或药物，使病毒很难被完全消灭。

天花、水痘一旦感染人体，人体会产生抗体，而且这些抗体会终生存在，因此，一般感染一次就不再感染。然而，新冠病毒，从目前来看，不管是自然感染后产生的抗体，还是通过接种疫苗后产生的抗体，维持时间都很短，半衰期均在3个月左右，即3个月后，中和抗体水平只有起始的一半。这就正如为什么流感也没有办法消灭一样，因为人体一旦感染流感，也会产生抗体，但是抗体维持时间一般为1个月左右，因此，一次流感以后，到下个月，可能会再次得流感。

新冠病毒为人畜共患病毒，能跨物种传播。对于许多种类的哺乳动物来说，它们感染新冠病毒似乎不存在生物学障碍。事实证明，诸如仓鼠、猕猴和其他一些哺乳动物对这种病毒的易感程度与人类一样。

人类会在新冠病毒不断突变、毒力下降，且疫苗接种到一定水平时，学会与新冠病毒共存。而且，新冠病毒很有可能会取代流感，成为未来几十年人类流行性疾病的主力军。

科学思维

（1）请再次结合传染病流行的三个基本环节，思考如何预防传染病。

（2）面对本次新型冠状肺炎疫情，举国上下一心攻坚克难，防控阻击战取得重大成果。作为我国公民，你认为我们该如何打好这场防疫持久战？请查阅资料，谈谈公民防疫准则。

参考文献

[1] 英国DK公司.DK儿童人体百科：人体的奥秘［M］.北京：北京联合出版公司，2018.

[2] 肖芳.接种疫苗早知道［M］.武汉：湖北科学技术出版社，2011.

[3] 马福宝.社区预防接种实用手册［M］.苏州：苏州大学出版社，2016.

[4] Lam SD, Ashford P, Díaz-Sánchez S, Villar M, Gortázar C, de la Fuente J, Orengo C. Arthropod Ectoparasites Have Potential to Bind SARS-CoV-2 via ACE［J］. Viruses, 2021, 13（4）: 708.

[5] Ekstrand K, Flanagan AJ, Lin IE, et al. Animal Transmission of SARS-CoV-2 and the Welfare of Animals during the COVID-19 Pandemic［J］. Animals（Basel）, 2021, 11（7）: 20-44.